大型社会调查纪实

中国式奋斗

北京青年1%抽样调查

共青团北京市委员会 编

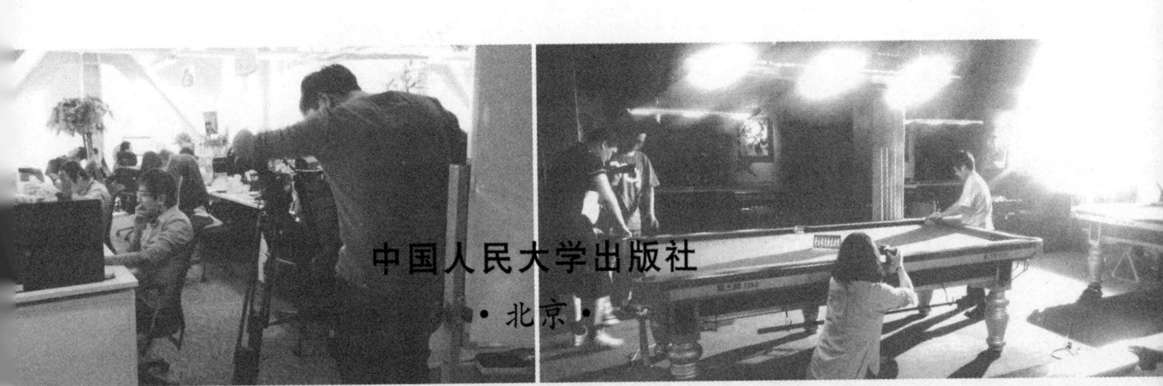

中国人民大学出版社

· 北京 ·

总 策 划: 常　宇　熊　卓

策　　划: 杨立宪　黄克瀛　杨海滨
郭文杰　王洪涛　郭新保

项目执行: 何筱娜　刘怡麟　孙学伟　李雪红　张庆武
孙　明　郑品石　赵金艳　李海娟　张　楠
孙力强　郑　雄　杜新峰　代　兵　林　宇
张秀峰　任海宏　张　华　高　博　李　婧
陈炳具　王　赢　陈淑惠　杨　斌　钱蓉晖
刘炳全

前　言

近两年的时光，十余万份问卷，六千余人的深度访问，这些数字共同构建起“北京青年1%抽样调查”的骨骼肌理；而那些深入基层、深入青年人中的团干部和青年工作者们，他们的实践与思考共同凝结成“北京青年1%抽样调查”的精气神。因为，如果缺少了缜密的思考与一步一个脚印的践行，没有了面对面的交流与沟通，不能把心真正地放在青年人的身上，去了解他们的所想，去探求他们的所感，就不能成就“北京青年1%抽样调查”丰硕的成果。

在多样与纷繁的社会里，想要去了解日渐多元化和复杂化的年轻人的社会生活和内心世界，是不容易的，但“北京青年1%抽样调查”给出了属于我们的答案，就是利用大数据去科学地了解青年，进而再通过影像的方式记录下他们的生活和那些真实的社会存在。随后，《中国青年报》就调研结果做了21篇系列专版报道，北京青年报社拍摄了基于调研成果的大型社会学纪录片《中国式奋斗》，并已在电视及网络媒体上播出，这些都引起了广泛的关注与热烈的反响。

为了更好地记录这来之不易的成果，并将其运用到共青团改革的具体实践中来，我们将《中国青年报》关于“北京青年1%抽样调查”的全部报道，以及《中国式奋斗》纪录片的脚本和部分珍贵剧照结集出版。

在《中国式奋斗》里，你会看到很多生活在我们身边的平凡青年人的故事，他们也会遇到困难，遇到困惑，他们也会逃避，也会落泪，因为面对生活的磨砺与未来的不可知，我们都会感到孤独。但是如何战胜这份孤独？如何不让自己因为陷入整天的忙忙碌碌，沉溺于人世浮华，专注于利益法则，而听不到自己灵魂深处的声音？其实这些平凡的年轻人亦用他们平凡的“中国式奋斗”给了我们答案。

经历了调研过程的人都深有体会，其间任何一项工作都不简单，“北京青年1%抽样调查”开花结果，包含了很多人辛勤的付出。我们相信，这些辛勤的付出终会带给那些参与者们成长，为共青团这个充满活力的集体带来新的动力，我们更加希望把这种精神与力量带到每一个青年人的身边。

目 录

Z H O N G G U O S H I F E N D O U

奋斗

中专中职学生

不良行为青少年

贫困家庭青少年

纪实

奋斗

聚焦千万当代北京青少年

记者　李新玲

《中国青年报》（2015年04月23日　01版）

为贯彻落实习近平总书记对共青团提出的“提高团的吸引力和凝聚力”“扩大团的工作有效覆盖面”两大战略性课题，全面掌握首都青少年群体的数量结构、区域分布、群体特征和利益诉求，团北京市委自2013年10月启动了“北京青年1%抽样调查”，调查历时一年半，近日圆满结束。

团北京市委组建了由全市各系统团干部、社区青年汇社工、12所高校的研究团队、6所青少年研究机构、多个专业调查公司和数据分析公司等组成的5 000余人的专业调研团队，将全市青少年按“全体青年”和“特征及新兴青年”两大板块，划分为22类群体，按1%的抽样比例，共计完成问卷10.8万份。

其中，按从业及状态划分的“全体青年”11类群体包括：党政机关和事业单位青年、社会组织从业青年、国有企业青年、非公企业青年、农业青年、大学生（含高职）、中学生、小学生、中专中职学生、大学青年教师、中小学青年教师。

群体特征明显的“特征及新兴青年”11类群体包括：外来流动青年、流动人口二代、在京创业青年、外国在京青年、新闻出版行业从业青年、网络从业青年、“北漂”艺术青年、青年志愿者、残疾青少年、城乡贫困家庭青少年、不良行为青少年。

这是相关部门第一次全面掌握北京青少年的结构情况。截至2013年年底，全市6岁至35岁常住青少年约990万。从户籍来看，京籍青少年约460万，非京籍青少年约530万；从构成来看，学生约230万，从业青年约670万。

青年是谁，他们在哪里

仲青平

《中国青年报》（2015年04月23日　01版）

每隔18个月，计算机性能就会提升一倍，这就是“摩尔定律”。科技日新月异的今天，网络发展、存储技术、数据产生量，其实已超越摩尔定律。快速的科技变革带来社会生活方式、交往方式、观念的变革，青年无疑是这场变革中最具活力和创造性的群体。

那么，青年在哪里？分属什么样的群体？他们有着怎样的人生规划和社会诉求？青年的发展决定社会的未来。在青年成长成才的过程中，我们的社会，尤其是共青团组织，应该为青年提供怎样的服务，助力他们成长？

不得不说，很多时候，青年的面目是模糊的——所谓80后、90后、00后，不过是基于年龄的粗略划分；而本该吸引青年、服务青年的共青团组织，时常面临找不到青年、脱离青年的尴尬。这显然与“提高团的吸引力和凝聚力”“扩大团的工作有效覆盖面”两大战略课题的要求不相符合。

如何在网络时代贴近青年、了解青年，进而服务青年、引导青年？如何在新形势下推进团的组织和工作创新，打造网上网下相互促进、有机融合的青年工作新格局，加强基层服务型团组织建设，是共青团组织面临的现实难题和艰巨任务。

而这一切的起点，是找到青年——弄清楚他们是谁，在哪里，生活状态如何，有着怎样的诉求。为此，共青团北京市委从2013年10月启动了“北京青年1%抽样调查”，这项大型调查涉及上千万生活在北京的青年，共收回有效问卷10.8万份。调查之细致，涵盖面之广，时间持续之久都属少见。

1%的抽样，100%的责任。调查是否细致扎实，抽样统计是否科学，问卷设计是否合理，都将影响结果的真实可靠。此次调查选取了6个维度：基本信息、生活状态、思想状况、社会参与、发展需求，以及对共青团和青年工作的认知。在严格按照社会科学的方法进行调研的基础上，课题组将全市青少年按“全体青年”和“特征及新兴青年”两大板块，划分为22大类群体。

“全体青年”是按其就学和就业状况划分的。比如党政机关和事业单位青年、社会组织从业青年、国企青年、各类教师、大中小学生（含高职）等较为清晰；对于外来流动青年、在京创业青年、外国在京青年、“北漂”艺术青年、青年志愿者等群体特征明显的，共青团北京市委课题组则归纳为“特征及新兴青年”，可以说，这是符合首都时代特征的分类创新。

青年数据庞大，对于那些有总量可查的青年群体，如大学生、中小学生、青年教师等，课题组通过与相关部门沟通确定总量；而对于无准确数据可查的特征群体，比如网络从业青年、城乡贫困家庭青少年等，课题组成员与有关部门反复沟通、协调，通过数据的比对、加和以及根据实际调研情况测算等，得出合理的总量。

随机抽样、分层抽样、整群抽样等都是本次大型调查用到的科学方法。比如，调研“北漂”艺术青年时，由于群体数量难以核定，调研人员深入“北漂”艺术青年群体聚集区，逐一寻找，再采用“滚雪球”的方式，通过采访对象的关系网络，顺藤摸瓜，开展调研，杜绝通过组织形式“撒网式”下发问卷。

为了更加全面真实地了解青年所思所想所做，调查者对每个群体，又进行了一定数量的深度访谈。课题组成员深入基层、走入一线，召开了上百场的会议，走到青年身边，与各类青年面对面，倾听真实的要求和呼声。22类群体，1%的严格抽样，一年半的时间，与6 000余名青年直接面对面深入访谈，巨大的工作量，在快速奔跑的拇指时代显得“笨”且“慢”。而恰恰是这种笨办法、慢工作，最后拿出来了客观精练的数据和结论。

找到青年了解青年，才能服务青年。抽样虽然只有1%，责任却是100%。这种责任，是共青团组织联系青年吸引青年的使命所在，也是“虚功实做、难事长做”的“新常态思维”所在，更是把团的根本任务、政治责任等“虚功”和难事做深、做细、做持久、做出实效的职责所在。

可以说，共青团北京市委的此次调查活动，为团组织转变工作方式，加强自身建设与创新树立了样本。调查只是开始，在“精准”定位青年的基础上，一系列相关工作将随之展开。对于转变职能的团组织而言，唯有放下身段贴近青年，细致务实服务青年，才可能吸引青年赢得青年，汇聚更多年轻的力量，投入推动社会进步的创造创新中。

57万创业青年凸显首都精气神儿

记者 刘 星 **实习生** 谢亚乔

《中国青年报》（2015年04月23日 04版）

"创业"，无疑是时下最火的一个词，而首都北京更是创业青年云集之地。无论是中关村创业大街的咖啡馆，还是三里屯SOHO的写字楼隔间，乃至你可能路过的某个肉夹馍摊位，都涌动着蓬勃的创业热情。

或许你已经对诸如互联网思维、90后CEO（首席执行官）等词语耳熟能详，但是你是否了解：北京的创业青年到底有多少人？他们的创业项目集中在哪？什么行业创业最挣钱？创业者的收入又如何？

首次完整披露的《北京市创业青年群体调查报告》（以下简称《报告》）或许能够回答这些问题。这份由团北京市委主导的调查历时一年多，对全市工商注册登记5年以内、年龄在18至40周岁的57.15万创业青年（数字截至2013年年底）进行了系统的抽样调查。

这份基于工商数据资料、1 916份调查问卷和100人次访谈的报告，让我们可以大致勾勒出一个典型北京创业青年的面貌：他应该32岁左右，毕业4到7年后开始第一次创业；他有超过六成的可能从事的是批发零售等服务行业，超过两成的可能从事的是科学研究和技术服务业及信息传输、计算机服务和软件业；他的收入并不高，没房没车是大概率事件，他认同“奋斗成就人生”，还在为个人生活和企业发展而努力。

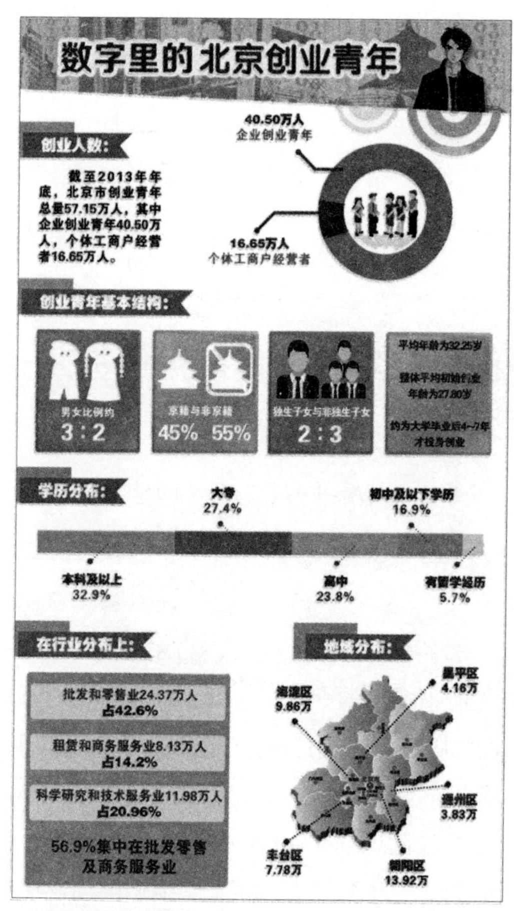

7个聚集过万创业青年的街乡

在北京这座人口超过2 000万的超级都市里，算得上创业青年“据点”的街乡镇共有7个，分别是朝阳区的建外、三里屯、望京街道，海淀区的中关村、上地街道，丰台区的新村街道和昌平区的回龙观镇。《报告》的数据显示，以上地区创业青年的人数都超过了1万人。而在北京各区县中，朝阳创业青年人数达到13.92万，海淀有

9.86万人，丰台也有7.78万人，明显高于其他区县。

团市委创业青年调研团队专家组成员、北京理工大学教授刘平青表示，这些聚集区与全市经济产业园区和流动人口的分布情况一致，多受产业特性、相关政策和历史原因的影响，“例如中关村就聚集了大量的信息产业，有聚集效应”。

刘建强就很喜欢自己位于中关村西区鼎好大厦8楼的办公室。这是一个名为厚德创新谷的创业孵化器，3 000多平方米的办公场地里，分布着30多个创业公司，不定期会有投资人来考察项目。在他们的楼上，是李开复创办的创新工场。而走出鼎好大厦，沿北四环往西走不远，就到了去年6月刚刚更名的中关村创业大街。晚上没那么忙的时候，刘建强常会溜达到那儿，参加3W咖啡或者Binggo咖啡举办的各种创业沙龙，或者跟投资人聊上两句。

选择办公场地时，刘建强曾经犹豫过，公司是随便租一个商住两用的民居，还是到中关村找一个孵化器。可跑了几次中关村以后，他没再犹豫，因为周边环绕着创业者、投资人，让他“更有创业的感觉”，也“更方便”。

身处在一群创业者中，刘建强能很强烈地感觉到创业的氛围。入驻半年多的时间里，同在一个办公区的公司，有的被大公司作价千万元收购，有的成功地拿到了B轮融资，也有的烧完了钱还是没有找到盈利模式，最终黯然离场。这让今年32岁的刘建强时刻提醒自己要更努力地奋斗。

某种程度上，刘建强跟报告中的典型创业者很像。报告显示，北京创业青年的基本结构为，男女比例约3∶2，非京籍占55%，主要集中的三个行业是批发和零售业（42.6%）、科学研究和技术服务业（20.96%）及租赁和商务服务业（14.2%），平均年龄为32.25岁，平均初始创业年龄为27.80岁，大约在大学毕业后4～7年才投身创业，毕业即创业的比例不高。

河北人刘建强目前的创业项目是一款预定运动场馆的手机App“E运动”。在这一波移动互联网催生的创业热潮中，手机App无疑是资本市场的宠儿。在前一份工作中，刘建强对接的就是一些App的推广业务，这也让他更能体会到移动互联网的魔力。去年6月，他最终决定辞职，离开年收入50多万元的广告公司，开了自己的公司，每个月领着公司最低的5 000元工资，他的理由是，“到了这个年纪，想做点自己想做的事情”。

算起来，刘建强是在毕业后的第九年才踏上自己的创业路，相比平均初始创业年纪显得大了一些。而《报告》也指出，如今北京创业青年有年轻化的趋势。如今，越来越多的90后CEO开始频繁见诸媒体。刘建强说自己很羡慕当下的年轻人，“创业的环境越来越好了”。

六成创业为“自我就业式创业”　集中在批发零售和服务业

跟直接从事手机App开发的移动互联网行业比起来，31岁的北京大兴区大学生村官李彪开的那家经营国内旅游、出境旅游、汽车租赁等业务的“北京福地青云旅游有限公司”显得有些传统，但李彪觉得这种传统服务业“机会多”，而且“自己喜欢”。

实际上，李彪的选择仍是北京创业者的主流选择之一。《报告》显示，与传统上认为创业大多集中于高精尖行业不同，北京青年创业有近一半集中在批发和零售业，有约24.37万人，占全体创业青年的42.6%；而从事租赁和商务服务业的创业青年则有8.13万人，占全体创业青年的14.2%，即接近六成的创业青年集中在传统服务行业。

刘青平教授表示，调研反馈的结果显示，大多数创业者实际上是属于“自我就业式创业”，而零售批发及服务业门槛更低也更传统，所以有更多的创业者聚集。

李彪是土生土长的北京大兴小伙，2007年毕业后又回到了大兴区青云店镇小铺头村做大学生村官。他的第一次创业就很“传统”，那是在他大三的时候，还在当学生会主席的李彪把同学借了个遍，凑足8 000元买了一辆19座的红叶客车，开始做汽车租赁。他载着客人跑遍了附近的十里八乡，还一度跟驴友穿越过无人沙漠，因为赶上旅游旺季，没多久李彪就回了本，还买了新车，生意越做越大。

不过，因为缺少管理经验，租赁生意总是出一些意外，后来李彪就停了这部分生意，转而承包了一家旅行社。

2012年，同镇的东辛屯村着手打造“民俗旅游文化村”，因为有做旅行社的经验，李彪被调了过去，协助东辛屯村的旅游开发和管理。也是同一年，李彪觉得这是个机遇，于是开了一家旅游公司。

那时候，李彪每天一边要忙着跟村民沟通文化村的改造，一边要管理公司。为了新公司，李彪押上了自己的房子、车子乃至土地，每个月要还4个银行的贷款，“感觉整个人都被掏空了”。

最初要村民开户接待游客，没人愿意，最后只能先由6个老党员带头开户。出乎意料的是，民俗村项目很快就获得了成功，“开业后手忙脚乱，因为没想到会来这么多人”。如今的大兴青云店镇东辛屯村已经成了旅游热点，日均接待游客300至1 000多人次，并解决了本村100多人的就业问题。而李彪的旅行社2014年的全年产值也做到了950万元左右，“基本走上了正轨”。

最挣钱和最有潜力的

约30%有盈利，约40%收支平衡，约30%没有盈利，这是这次调研给出的北京青年创业绩效的基本状况。

这其中，盈利丰厚的约占3.8%，难以维系的则占7.3%。什么行业最挣钱？答案是房地产业。《报告》数据显示，房地产业盈利丰厚的比例高达21.05%。相比之下，排第二的是住宿和餐饮行业，但比例仅有8.51%，还不到房地产业的一半。

在各个行业中尚未盈利比例最高的，是信息传输、软件和信息技术服务业，这个包含了互联网信息服务、计算机信息服务等门类的行业，未盈利比例达到36.67%。不过《报告》也指出，该行业中有很多是投入期长、收益期滞后但发展潜力巨大的高新技术企业。

某种程度上，房地产和互联网分别代表着当下和未来的行业，37岁的孙鸿飞正试图打通两者，而他的创业经历也正恰巧对应着两个行业的特点。“传统的房地产中介业的人工成本、店铺成本都很高，中介费也很高，讲究一口吃个胖子。”孙鸿飞说，“我们现在是走线上，中介费低80%，剩下的20%也都给经纪人，我们收一笔3 000元的代办费，其实是一种互联网思维。”

孙鸿飞2003年年底就进入了北京房地产业，那是北京房价暴涨的前夜，孙鸿飞被母亲领着到了舅舅开的房地产中介公司鸿基建业入了行。最初他很抵触房地产中介，觉得都是黑中介，在公司待了一个星期什么都没干。舅舅没办法，只得让孙鸿飞先自己找个公司感受感受，孙鸿飞于是去了当时的第一大中介中大恒基。

在中大恒基，孙鸿飞很快成了片区的销售冠军，他说自己喜欢上了那种帮别人选房子、成家的感觉，每个月的提成也有一两万元。没多久，孙鸿飞回到了鸿基建业，最初他被派去负责新开的两家门店。那正是房地产价格不断上扬的时期，因为信息不对等，很多中介可以吃差价：卖方想30万元卖，中介就向买方开价35万元，差价就进了中介的口袋。

孙鸿飞则重点开辟了另一种方向：直接吃下卖方的房子，然后自己再转手卖出去。孙鸿飞说自己的策略很成功，“不到一年，那个区域我们一家公司的营业额就是其他十几家公司的总和。我们坐在公司里，就有大量的房源送上门”。

没多久，孙鸿飞全面接手了公司的管理，也成了股东之一。“盈利丰厚”的房地产行业让孙鸿飞先后买了4套房，基本实现了财务自由。

2008年，北京房地产价格动荡，孙鸿飞觉得传统的地产中介不是长久之计，于是离开鸿基建业，成立了完全属于自己的新中介公司丁丁置业。他试图走拼服务、口碑的中介道路，但在链家、我爱我家的夹击下，大量扩张的门店没能带来相应的效益，过高的运营成本反而拖垮了自己。

2012年的时候，孙鸿飞卖掉了自己在北京南五环的最后一套房子，没过多久，他关掉了所有的店面，宣布自己在房地产业的第二次创业失败。

这次失败让孙鸿飞反思了半年多的时间，最后他觉得，传统的中介模式还是有问题，“租金、人力成本都太高，一旦市场波动就很不稳定”。

他现在做的美宅网，则是希望去掉租金、人力成本，做一个房产中介的淘宝，网站只是一个平台，负责业务代办和监管。孙鸿飞坦言，虽然还没正式上线的美宅网也已经有了盈利，但互联网行业肯定是要用钱来换时间，大规模推广需要更多的钱和互联网资源。

“3 000元的代办费当然只是一个基础，只要站住市场，房地产金融产品也会是一个盈利点。”孙鸿飞说，“互联网的想象空间很大。”

一件让世界更美好的事情

记者 刘　星　　**实习生** 谢亚乔

《中国青年报》（2015年04月23日　04版）

赵晓朴第一次创业的原因很简单：他实在无法在一个暮气沉沉、一眼望到头的单位待下去，他想要奋斗。

那是2009年，父母托关系给赵晓朴找了一份某中央媒体下属广告公司的实习工作。第一次来北京的赵晓朴，对这座城市的印象来源于那部热播电视剧《奋斗》，他觉得自己该像主角们一样大干一场。可在那个托关系才能进的公司里，他失望地发现，工作的日常就是上班、闲聊、喝茶、看电视、发呆、下班。

赵晓朴决定离开那份让旁人羡慕的工作，开始“创业”。“我觉得离开这么牛的一个平台，只能干一件更牛的事儿才能说服我父母，那就只能创业了。”赵晓朴说，“其实那时候创业这个词还不火，没人说我创业了，就说我自己干了。”

这和《报告》的结论一致。调查显示，北京青年在创业动机上的“生存型”特征并不突出，对财富积累和把握命运、成就人生的愿望更为强烈。在创业动机中，追求个人财富的占30%，希望把握自己命运，决定自己生活的占29.6%，实现一定成就，证明自己能力的占14.6%。

那时候微博还没出现，广告业里最火的，还是电梯门上的小广告。赵晓朴思来想去，觉得小区门禁的车栏杆也可以像电梯门那样做广告，并且没有门槛，于是说服一位朋友投资，自己技术入股，干了起来。

那是一段很奇异的生活，当周围的同学每天都在睡懒觉、打魔兽世界的时候，住在700元一个月的地下室的赵晓朴每天早早起床，上午提着香烟去跟小区物业套近乎，谈合作，下午接客户的订单，晚上九十点回到家开始设计广告的样式，搞到半夜一两点。

最初赵晓朴每个月只有2 000元的底薪，到那一年年底分钱，他发现卡上的数字从5位数很快变成了6位数，到毕业的时候，卡上已经有了大几十万。习惯了2 000元生活费的日子，赵晓朴还不能适应银行卡里的数字，很长一段时间，他还是住在地下室。

毕业以后，赵晓朴的“广告事业”进入了瓶颈——他想正式成立一个公司，可手续太烦琐，需要很多审批手续，业务上客户的要求也越来越多，赵晓朴最终放弃了这份事业，去一家广告公司做了白领。“那时候有一种小富即安的心态，不是遇见问题解决问题，而是算了，反正我也有钱了。”

工作没几年，赵晓朴又被自己的客户拉出来创业了，做了一款手机没有成功，现在的项目则是一个互联网白酒品牌——“燃点白酒”。

最初跳槽时，赵晓朴还只是给对方打工，本来约定先一个月拿5 000元钱，等公司过了困难期，再提到1.5万元左右。可公司一直没能挺过困难期。后来项目做到一半，大老板撤了，赵晓朴和几个朋友觉得就这样放弃不甘心，接下了公司的盘子，自己技术入股成了老板，仍然是每个月领着5 000多元的工资。直到业务上了正轨，赵晓朴的收入才略有上升。

实际上，创业青年的收入普遍不高。《报告》显示，大多数青年创业者月收入集中在6 000～12 000元，以租房为主，自有住房比例为37.2%，23.3%的创业青年的居住条件为合租，仅35.7%的创业青年较多使用的出行方式为私家车，“有房有车”依旧是许多创业青年的梦想。此外，调查还显示，创业青年的平均收入在前4年的增长率为7.60%、5.05%、31.77%，即在经历3年的积累后，收入开始提升。

不过，经历了这么多，赵晓朴并不过于关注钱的事儿。2013年年底，在上一个项目失败时，赵晓朴当年大学创业挣下的钱已经花得差不多了。几个合伙人一度聚在一起，讨论大家是不是该各自散了，去找份安稳的工作，“按照我们的资历，找份收入不错的工作不难”。

赵晓朴觉得，创业这个事情不只是赚钱，更关乎价值观。团队最终选择白酒，是觉得互联网改变了这么多行业，为什么白酒业没有什么变化。他们希望让白酒更现代，更有设计感，把白酒做成一款文化产品，“做一件自己觉得正确的事情，这件事情让世界变得更美好了，同时你还能挣钱，这才叫创业”。

此地，有文化可立足

记者 孙 震　实习生 柳 青

《中国青年报》（2015年05月04日 05版）

在刚结束的第五届北京国际电影节上，1.2万余名业界人士参与招商会，36个签约项目总额达138.45亿元，而其间展映的360部影片，更吸引了21万人买票观影，票房收入近800万元。

毫无疑问，北京文化艺术和产业的土壤肥沃，底蕴深厚，吸引着美术、音乐、舞蹈、戏剧、影视等全国各类文艺青年聚集于此，哪怕成为“北漂”。他们在宋庄的朴素院子中、在西单的过街通道里、在北影厂门口、在逼仄的出租屋里……不停丈量着现实和舞台的距离。

团北京市委发起的“北京青年1%抽样调查”进一步揭示，截至2013年年底，年龄在16岁至35岁、未拥有北京户籍且以艺术相关工作为收入来源的“北漂”艺术青年，有95 236人。

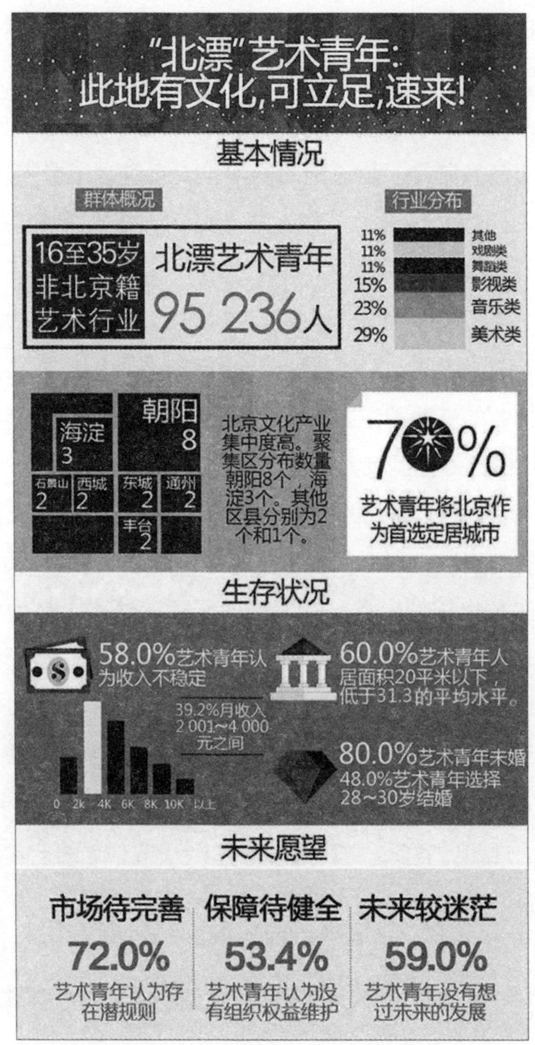

艺术青年学历较高，北京是他们择业首选地

调查报告还原出的是一个男性居多、学历较高的群体：艺术青年62.6%都是男性，44.0%都有本科以上的教育学历。

该群体大多是非京籍生源，来自河北的最多，为18.0%，其次为山东（11.0%）、辽宁（10.0%）和黑龙江（9.4%），这些地区艺术教育活跃，是艺考生的重要来源地。其中外地非农户籍的艺术青年占到66%，多生活在城镇，反映出农村家庭培养艺术生存在较大经济压力。

周欣（化名）3年前从北京电影学院戏文系毕业后，进入一家国内首屈一指的传媒公司，在电影事业部做制片。她说她的同学也大多走上了影视这条道路，“他们的家在新疆、山东、四川等全国各地，但在毕业后，大多选择留在北京干本行。做这样的决定，是非常需要勇气的。”

“我们做编剧，大多没有规范长期的工作合同，只能关在房间里日夜不停地逼自己写，刚毕业很难接到活儿，生活状态和预期的差距可想而知。”虽然是这样，但周欣说整个影视行业的链条和生态，北京最健全。“而且，除了有钱，‘有文化’在北京也是可以立足的标签，这在其他城市就难说了。”

有的艺术青年，是为了崇高的艺术而一直坚持，但毕业于天津美术学院视觉传达系展示设计专业的刘奕彤，却不认为自己是个理想主义者。“我是在学习过程中发现了内心的一些想法，也挖掘出自己这方面的天赋。谈不上是为了艺术，更多是幸运地察觉到自己的长处，想坚持下去。”冲着市场和氛围，她现在和别人合伙在北京开了一家视觉设计工作室。

调查发现，70.0%的艺术青年将北京作为首选定居城市，接近七成希望在北京择业。

北京的文化产业聚集程度较高，朝阳有8个市级聚集区，海淀有3个，东城、西城、丰台、石景山、通州区各2个，其他区县各1个。62.0%的艺术青年选择生活在朝阳区、通州区及海淀区。

58.0%的艺术青年收入不稳定，80.0%的艺术青年未结婚

毕业于中国传媒大学2008级播音与主持艺术专业的王礼琨（化名），身上并没有太鲜艳的颜色，黑上衣白裤子，静坐在沙发上。见到记者，他夹着一根烟的手指朝前一指：“你好，坐！”显得十分内敛和平静。他说自己已不是典型的文艺青年了，毕业后他在传媒行业做了一段时间新闻编辑，现在在某高校政治学专业继续深造。

“艺术只是一种表达形式，而内容最终来源于你自己，生活经历、知识结构等。”他说播音与主持行业经历了一段飞速扩张后，现在已经渐趋饱和，主持人更替也比较慢。因此，考虑到一些新人都在待岗状态，王礼琨毕业后决定先从新闻采

编干起。“与其等待，不如先补充短板，有点曲线救国的意思，不过，意识提升了，艺术才不会空洞和单一。”

对于走上艺术道路青年的生存状况，课题组的调查揭示，2013年，艺术青年月平均收入约为4 551元，整体上他们对工资收入感到不满。将近58.0%的艺术青年认为收入不稳定，其中39.2%的群体收入在2 001元到4 000元之间。

在支出上，总体呈现高消费的特点。他们月生活支出约为3 828元，远高于北京市2013年城镇居民人均月消费2 190元的支出水平。该群体月租房支出平均高达1 600元左右，占月均收入的35%，占月均支出的42%。

该群体租房支出在整体支出中占比很高，不仅负担较重，且居住状况较差，超过60%的艺术青年的人均居住面积在20平方米以下，低于2013年北京市城镇居民人均住房建筑面积31.31平方米的水平。总的来说，感到压力较大和非常大的人占到了近一半，其中49%的青年反映压力来源于经济方面。

周欣说自己虽然去了家上市大公司，但第一年每个月收入只有1 900元，现在也才8 000元左右。“影视行业还是很封闭的。一来属于文化产业，创作创意人员多，很难引入现代公司治理机制；二来看着高大上，但都是大玩家们的角斗场，真正的从业人员非常辛苦，收入微薄，谈不上什么保障，在北京月薪5 000元各方面保障能有多少？连房租都交不起。”

周欣和两个大学室友在定福庄北面合租了个三室一厅，一个月租金近7 000元。她现在仍然单身，“不是不想找男朋友，工作时间不固定，未来充满不确定性，很难有脑子去想别的事，而且，同行也都在捉襟见肘的状态中，折腾不起”。

另外，80.0%的受访艺术青年都未结婚。48.0%的艺术青年选择在28岁至30岁结婚。综上来说，艺术青年的生存压力大，精神诉求和生活质量不成正比，内心感到无助。

72.0%的艺术青年认为存在潜规则

对于自己所从事工作的态度，60.0%以上的艺术青年倾向于选择自由职业。71.0%的艺术青年日工作时间在8小时以下。在事业发展上，他们更多依靠朋友亲戚，56.0%的艺术青年会通过朋友介绍寻找工作。

刘奕彤说，选择创业是为了实现人生价值。“当然创业不会一帆风顺，经常遇到客户中途撤出，导致作品没有着落的情况，每天也要跑很多地方去拉业务见客户。”

她的工作室的收入也主要靠家人朋友介绍的客户。“所以会打一些折扣，说不上特别赚钱，我们也正在探索一种新的经营方式，会根据每个人的能力和对设计的理解，去研发产品。”刘奕彤说。

2008年以来，国内艺术市场下滑，艺术青年们表示受市场影响很大，收入一直未涨。然而，艺术行业中的规则不明确，是令他们最头痛的事情。72.0%的艺术青年认为存在潜规则。“黑画廊”“群头”等组织和个人盘剥青年利益等问题，形成艺术市场的恶性循环。

周欣说，她的室友已经签约到一位导演旗下，做一部爱情片的剧本创作。“这位导演原来是做演员的，很有票房号召力。虽然是签约，但编剧在产业链条上，除个别知名的，大多没有话语权，连基本的创作权也得不到尊重。一个大纲写个七八遍能通过就不错了，剧本被大幅度修改、重写甚至剽窃，都是家常便饭。”她说，无处维权很大程度上是因为单兵作战，“不像国外有演员工会和相应的用人机制。再加上一个活儿都要靠朋友介绍，不敢坏了和气，只能靠忍耐度过这段黑暗的职业初期和中期。”

当发生纠纷时，53.4%的艺术青年没有组织为其维护权益，只有27.6%会选择向政府或相关组织寻求帮助。

83.0%的艺术青年认同奋斗会成就人生

在83.0%的艺术青年眼中，奋斗会成就人生。在业余时间里，34.0%的艺术青年希望参与志愿公益事业，33.0%会选择提升自己，只有9.0%希望拼命挣钱成为有钱人。

在对未来的看法上，王礼琨有着同龄人身上少有的坚定。“未来我可能不会走艺术的道路。艺术很重要，但一个人是不可避免地要与社会主流接轨的。很多艺术青年都会在学习过程中，发现自己的艺术才能达到一个高度，有的人可以继续绽放，有的人就停滞了，这是一个不断领悟的过程。”

他表示，到了艺术生涯的后期，才华更多表现为去繁就简。“虽然现在我会寻求一些现实的收获，但我不后悔走过这条路，它会成为日后自己的一个闪光点，即使以后从事主流职业，我依然会保持一个艺术青年的气节。”

周欣来自新疆一个高收入家庭，她的父母多次劝她回去当老师，将人生安定下来，但她还是愿意坚持。“虽然有很多现实问题，但我知道有很多和我同样有着梦想的人，在这里坚持，一起成长，我相信茫茫北京，一定会有我的位置。”

调查显示，97.0%的艺术青年认为自己的生活会越来越好，95.0%的艺术青年对北京的发展充满期待。

能把工作室开在北京是我的梦想

记者 孙 震　　**实习生** 柳 青

《中国青年报》（2015年05月04日　05版）

早在上幼儿园的时候，王雨就已经有追求艺术的打算了，当时的她非常喜欢画画，虽然画得不怎么样，但是这种热情却一直无法磨灭。高中的时候她一直想学美术，但因为各种原因没学成。填报志愿的时候，王雨喜欢的动画专业要求考生必须是艺术生，所以她没法填报，但是她意外发现数字媒体艺术专业的课程设置跟动画差不多，于是喜滋滋地踏上了自己盼望已久的艺术征程。

毕业之后，王雨也做过朝九晚五的上班族，虽然工作压力不大，但是这种规律性的生活却不是她想要的，她想要的是拍自己的片子。

辞职之后的生活并不是一帆风顺的，迷茫也好，胆怯也罢，王雨拥有的除了囊中羞涩，更多的是坚持拍片的决心。“最开始的一单生意也不贵，只有1 500元”，但是这单小生意却成为她坚持下去的动力，用她的话来说，就是“我觉得梦想在帮我坚定这件事情，就那句广告语是怎么说的来着，如果你知道去哪儿，全世界都会为你让路”。虽然后期也经历过资金匮乏、设备只有一台D90相机等这样那样的困窘，她仍然认真地在自己梦想的道路上一路前行。

现在，26岁的王雨创业了，跟人合开了一家制作网络宣传片的工作室，客户源比较稳定，“前段时间刚给一个游戏公司做了一个商业宣传片”。虽然工作室目前选在了她的家乡张店，“但主要客户源是在北京和南京，能够把工作室开在北京是我的梦想”。

她说自己除了作息不规律，体质比较差，追求完美，对自己水平有诸多不满之外，并没有其他困扰。跟“一年跑15座城市”的忙碌时期相比，显然生活正向她所期待的悠闲慢慢靠拢。

对于未来，王雨觉得自己没必要有太大野心：“就做点有趣的片子、有趣的事，如果可以的话，希望能当上一个真正的导演。”

国企青年

稳定是红利　发展费思量

记者　崔玉娟

《中国青年报》（2015年04月30日　04版）

在北京市自来水集团第九水厂工作的佟洁，是个1986年出生的北京大男孩，出生在西城，目前住在东城亲戚的房子里。那是个10平方米的平房，住在那里是因为班车能路过。他报名参加了自住房摇号，但不知道“摇号能否摇到自己头上，最大的压力就是在房子上”。

根据团北京市委日前开展的北京青年1%抽样调查结果显示，北京市属国企青年平均月收入为4 261元，支出中吃穿住行和家庭所需生存型支出占比接近80%。

收入行业差异大，住房压力大

团北京市委根据第三次经济普查等数据测算，北京市从业青年为671.8万人，其中国有企业从业青年为188.29万人，占从业青年总数的28%。按照中央和地方归属划分，中央所属企业从业青年为68.19万人，地方所属企业从业青年约为120万人。

团北京市委选调75名企业团干部和10名专家团队组成调研组，从北京市人保局社保中心提供的养老保险缴费人员数据库中进行抽样，完成了此次调研。

根据调研报告，北京市属国企青年平均收入为4 261元／月，略低于非公企业从业青年的平均收入4 413元／月，且行业收入差异较大，收入最高的前三个行业是金融业（6 223元）、房地产业（6 153元）、建筑业（5 409元），收入最低的三个行业是批发和零售业（2 622元），交通运输、仓储和邮政业（3 510元）、居民服务和其他服务业（3 551元），最高的金融业青年平均收入是最低的批发零售业的2.4倍。

刘水是青岛姑娘，1989年出生，2007年考入北京体育大学，2011年毕业，进入北京市自来水集团第九水厂工作，解决了北京户口。她现在每个月收入是2 000多元，住在单身员工宿舍，“3人间，不收费”，这样的好处是“吃住在水厂，如果不花钱，基本上都能攒下来”。

但是，刘水目前最大的苦恼是缺乏私人空间，“毕业3年了还住在单身宿舍，感觉不太好，毕竟不同于学生时代”。她觉得自己应该有更多的个人空间，但收入还不足以支持她去租更大的房子或者买房，她现在的年龄不到30岁，又不够资格申请公租房。

团北京市委的调研报告显示，当前，住房是从业青年最主要的需求之一，也是最大的压力之一。在有住房支出的市属国企青年中，每月用在住房上的费用（房租房贷）平均为1 940元。在当前最主要的困难中，住房困难以22%的比例排名第二。租房成为住房最主要的形态，住在单位宿舍中的青年比例不高。

工作稳定是最大吸引力

根据团北京市委的调研，接近半数青年认为工作稳定是市属国企工作的最大吸引力，同时，在满意度调查中，工作稳定性也以3.68分高居首位，工作前景为3.11分，职业声望为2.98分，社会地位为2.85分。

北京自来水集团第九水厂团总支书记陈佳丽的想法也印证了这一调研结果。

1984年出生的陈佳丽是北京人，大学毕业后一直在第九水厂上班。陈佳丽两年前结婚，她说自己和老公一直持续“啃老”的状态：平时跟双方父母住在一起，因为跟父母一起住方便照顾孩子，小两口也负担不起房价，所以也没有单独买房的打算。

陈佳丽每月收入为3 500元左右，她习惯了稳定的工作和收入，“未来10年内都没有换工作的打算”。她认为稳定性对于女性更加重要。

调研报告同时显示，如果有机会再次择业，中央机关企事业单位仍是北京市属国企青年的第一选择。

一直以来，国企青年笼罩着高收入等光环，但从调研看，当前北京市属国企青年收入较中央企业青年收入低，在信息传输、计算机服务和软件业、制造业、批发零售业等行业也低于非公青年，导致职业前景、职业声望、社会地位得分较低，职业满意度不高。

但是，市属国企青年由于北京户籍比例高，无须买房或可以更多得到来自家庭的支持和充分利用住房政策，因此，自购房的比例为40%，高于非公企业青年20.9%的自购房比例。市属国企青年合租比例为20.3%，也远低于非公企业青年34.2%的比例。53%的市属国企青年近3年来没有搬过家，平均搬家次数为0.97次，远低于非公企业青年的1.3次。

调研组织者认为，综合来看，市属国企青年在住房开支、居住稳定性和环境上稍优于非公企业青年。

发展的困惑

刘铭涛是北京地铁运营四分公司南邵站区值班站长，最初到站区工作的时候是一名中控员。刚刚工作时的一次经历让他记忆犹新。

“那天我们是夜班，当天晚上7点多，高峰刚过，发生了一个道岔故障。”当控制台显示道岔故障后，刘铭涛感觉大脑一片空白，“加上自己紧张，心理素质那时候不是特别好，处理的过程中有些小瑕疵，致使列车有几趟晚点。”

这次经历让刘铭涛开始钻研学习业务，并取得北京市地铁技能大赛的第一名。随着不断努力，刘铭涛从技术主管升职为值班站长，工资也在原来3 000多元的基础上有所增加。

刘铭涛的工作时间长，尤其是在冬天气温下降，客流量增加的时候，他每天站立的时间超过了十几个小时。

根据团北京市委的调研报告，北京市属国企青年群体中，92.7%是工作在一线的办事人员和专业技术人员，在首都经济社会发展、城市安全运行保障和人民群众生活服务的各个方面发挥重要作用。

这些青年平均每天工作8.78小时，平均每周工作43.9小时，但平均每天用于通勤的时间为2.16小时，每周学习时间平均仅为3.05小时。

采访中，记者了解到，互联网技术的融合应用、京津冀协同发展等都给国企带来了更大的机遇和挑战，对国企青年的成长成才提出了更高的要求。

而根据调研报告，在当前最主要的困难中，31.3%的人选择了“经济困难”，因此，排在首位，其次是住房（22%）和发展提升（18.7%）。在最需要得到的帮助中，“学习辅导”和“职业培训”仅占比6.2%，排名靠后。同时，调研报告显示，北京市属国有企业青年用于学习培训、社会交往等的发展型支出明显不足。

为此，团北京市委建议，建立京津冀三地青年技能人才交流成长机制，构筑国企青年人才培养工作体系，联合北京、河北、天津共青团，协同推进活动开展，服务青年成长成才。

国企青年如何更上一层楼

王钟的

《中国青年报》（2015年04月30日　04版）

进入国企就等于获得高收入、金饭碗？共青团北京市委对北京市属国企青年的调查颠覆了人们的这种印象。北京市属国企青年平均月收入为4 261元，支出中吃穿住行和家庭所需生存型支出占比接近80%。尽管他们的工作相对稳定，但是如果有机会再次择业，中央机关企事业单位仍是北京市属国企青年的第一选择。

“幸福的家庭都是相似的，不幸的家庭各有各的不幸。”托尔斯泰的这句名言正可以用来形容国有企业青年遇到的困惑。一方面，垄断性央企仍然是青年择业的香饽饽，央企仍然能以较优厚的待遇吸引人才；另一方面，尤其在各项消费水平都比较高的一线城市，地方国企的各项待遇只能用差强人意来形容。北京市属国企青年有92.7%是工作在一线的办事人员和专业技术人员，他们的工作状态并非是有人想象的“坐办公室、喝茶看报”。

应该说，地方国企青年遇到的这些问题，很多青年从业者都能遇到。2013年北京市职工月平均工资为5 793元，如果扣除个税、医保、公积金等费用，与上述市属国企青年平均月收入已经很接近。更何况，市属国企青年北京户籍比例高，能够享受到住房等政策的倾斜。所以，市属国企青年遇到的生存问题，不仅简简单单集中在物质层面。他们面临发展机遇的困惑，才更值得我们来关注。

正因为地方国企青年大多从事一线工作，所以他们的发展难免遭遇职业“天花板”。与央企青年相比，他们的职位上升空间有限；与非公企业青年相比，收入提升的优势并不明显。开了8年出租车的戴金辉无疑树立了一个榜样：不怕辛苦、不怕流汗，抓紧时间学习。他从一线出租车司机转岗到管理人员的经历，启发这一类的国企青年——不要因为稳定而安于现状，不要因为忙碌而放弃学习。

在互联网技术融合应用、京津冀协同发展等背景下，国有企业遇到机遇和挑战，国企青年同样也要学会应对挑战。面临新技术的冲击，国有企业要顺利实现产业升级，关键要看在里面工作的人。充满活力的青年将是促进国企升级的中坚力量。即使对诸如供水、供电等基础性行业的企业来说，从业青年也要注重培养自己的创新能力。时代在变化，你不跟上时代的进步，你就会被时代淘汰。

地方国企青年不应该是沉睡的狮子，只要他们醒来，就可以发挥无尽的活力。目前，“稳定”对国企青年来说，仍然是一项不容忽视的红利。他们如果好好利用稳定的从业环境，势必能够为所在行业创造更大的价值。提高国企青年的职业满意度，要看有关部门、社会各界的帮助与促进，但根本上还是看国企青年自身，有了努力和创新，就没有不能跨过的“天花板”。

关注网络信息　情绪表达理性

记者　崔玉娟

《中国青年报》（2015年04月30日　04版）

北京地铁运营四分公司南邵站区值班站长刘铭涛和他的爱人在地铁行业工作。因为工作的特殊性，他们没有固定的周末休息，就连结婚，也是在举行婚礼的第二天就上班了。由于没有时间联络交际，久而久之，身边的朋友圈子都很难维持。

根据团北京市委开展的调研，北京市属国企青年的社会交往多为学缘、业缘关系，公共参与也以工作和居住空间为主。

根据调研报告，北京市属国企青年，朋友中最多的类别依次为同学（65.1%）、同事（13.4%）、同乡（9.1%）、亲戚（4.1%）、邻居（2.8%）。业缘关系的同学、同事，与亲缘关系的亲属、邻居相比，占比更高，是他们社会交往的主要对象。

同时，北京市属国企青年公共事务的参与以单位（41.3%）、社区（14.5%）、群团组织（12.3%）为主。50.9%的国企青年未参加过任何社会组织，21.7%、19.6%的国企青年参加同学组织、兴趣类组织，参加网络组织（11.3%）、行业组织（9%）、公益志愿组织（8.9%）等组织总计不足30%，参加同乡组织的占比不到

4%，参与组织的主要动力来自“丰富业余生活”。

对他们交往方式的调查数据显示，上网是企业青年业余生活的首选，37.1%的受访青年每天上网时间在“4小时以上”。QQ、微信已经成为青年交往时最常使用的联络工具，市属国企青年选择占比分别为32.1%和25.2%。交往手段的转变，使青年的远距离交往变得更方便、更快捷，交往范围扩大，而传统的语言沟通和书面沟通方式受到挤压。

北京市属国企青年对信息的了解渠道中，传统网站占52.2%，微信占22.9%。

根据调研报告，他们关注网络负面信息，但是转发率较低，情绪表达较理性。在面对网络空间中例如“人肉搜索”等网络暴力信息，五成国企青年会点击浏览，有16.8%的受访者会与人讨论相关消息，但转发和在线讨论此消息的比例较低。会将消极情绪带到网络中跟帖宣泄的很少。

调研数据同时显示，北京市属国企青年普遍认同主流价值观，在满分5分的测评中，“作为中国人非常自豪”“没有共产党就没有新中国”“共产党一定能带领中国走向强大”“中国梦一定能够实现”4个选项得到的分值最高，分别是4.02分、3.96分、3.90分和3.80分，普遍认同“奋斗成就人生”（4.08分），愿意帮助他人（4.01分）。对家庭和个人未来发展有信心，“生活会越来越好”得分为4.36分，但是，对于“这个社会很公平”选项得分为2.85分，得分较低，表明他们对社会公平有更高期待。对于单位组织思想教育的方式，最乐于接受看书、看电影、参观访问和典型人物现身说法等方式。

团北京市委建议，新时期做好国企青年工作，就必须主动适应变化，注重与社会融合、与社区接轨。通过基于青年居住、工作聚集区域的新的组织形态，依托社区青年汇、商务楼宇，以青年城市融入、交友联谊、文体娱乐、教育培训、志愿服务、法律心理服务以及青年自组织发育等为活动内容，为青年的社会认知、社会参与提供有效支持。

一个北京国企青年的非典型成长路径

记者　崔玉娟

《中国青年报》（2015年04月30日　04 版）

开了8年的出租车，因为工作岗位变化要交车的前一天，戴金辉让儿子在自己的出租车前拍了一张照片。18岁工作，经历了3份工作后，戴金辉才找到了把自己的兴趣和工作结合起来的职业：开出租车。

去年7月开始，戴金辉转到管理岗位，成为首汽集团第四运营分公司的车队队长助理。整个车队一共220人，其中3名管理人员，217名一线司机。

戴金辉1980年出生，是北京本地人。1998年，学习驾驶专业的戴金辉从职高学校毕业后，先后在3个单位工作过，其中包括出版社和数码科技公司。2003年，他结婚了。

婚后，还在公司做驾驶员的戴金辉最大的困惑就是跟爱人约会，常常因为工作时间不固定要爽约，后来有了孩子，也没时间多照顾。戴金辉想到了改变："我去开出租车吧。"

虽然沾了80后的名，但是戴金辉认为自己骨子里还是一个受传统观念影响比较深的人。他的首选是国企，又听开出租车的街坊邻居的议论，更坚定了他的信心。现在，说起首汽的历史，戴金辉如数家珍——1951年成立，承担国内外大型会议相关的保障工作，执行中非论坛、全国两会任务……这让戴金辉充满了自豪感。

出租车一开就是8年，戴金辉在北京没有住房压力，出租车司机的工作也让他对自己的时间有了更多的支配权，有更多的时间陪家人。“我们开出租的人不怕辛苦、不怕流汗，能得到别人的尊重，开心就好。”

戴金辉说，现在是信息时代，出租车司机和乘客之间发生误会是难免的，“也会有人拿着放大镜看我们”。

但戴金辉还是为自己的同事感到骄傲：“每年的春运、暑运期间，我们都有‘保点’任务，就是保障北京的火车站、飞机场的运力，所谓‘四站两场’。”戴金辉说，有时候首都机场没车了，因为航班延误等原因出现旅客滞留了，不论多晚，一个电话打过去，出租车司机就得马上出车，“这是我们的社会责任”。

在戴金辉看来，工作无轻重之分，只要用心提高业务素质，就能成为业务精英，每个人只要做好本职工作，就是一种爱岗敬业的最好体现。“比如我们休息的时候，大家可以讨论一下从A地到B地，什么线路是最佳线路，因为我们是职业司机。”

戴金辉本人还长期帮助一个残疾人。起初，只是因为这名残疾人士坐过戴金辉的车，两人住得很近，就彼此认识了。后来，这名残疾乘客家里有换水桶、修窗子、修门之类的事情，戴金辉都上门帮他解决。

随着孩子逐渐长大，戴金辉意识到，作为父亲，言传身教最重要，学生时代耽误了很多时光，他现在不想再浪费时间。

2014年，戴金辉拿到了红旗大学工商管理专业的大专学位，这是他用3年的时间攻下的。戴金辉想给儿子做个榜样。

现在，戴金辉已经从每天出车的一线出租车司机转岗，成为单位的基层管理人员。虽然避免了每天十几个小时的辛苦劳累和每月几千元的“份子钱”，但月收入也降低了。岗位变了，责任没有变，他对于职责有了更深的理解。

现在的工作内容对戴金辉来说是全新的，工作的挑战对他是最大的吸引力，他希望能再次证明自己。

做好人、敬业、不浪费时间，家庭和孩子是让戴金辉做出改变、不断进取的动力，他也正在用行动影响着自己的孩子。

非公企业青年

是临时停靠还是幸福终点

实习生　章　正

《中国青年报》（2015年05月06日　04版）

26岁的小彭自称有“选择困难症”，她是武汉某高校的研三学生，在北京实习快一年，即将毕业。最近，她一直沉浸在是否要留在北京工作的艰难选择中。

“我一复习公务员的书就头痛，加上我在互联网企业实习，觉得企业的氛围不错，挺想留在北京多学点东西。”她显得有些不好意思，“虽然父母嘴上说同意我的选择，但他们并不希望我成为北漂，想帮我在老家找一份体制内的工作。”

其实，与小彭一样，不少北京的非公企业青年都面临类似的选择。北京，留，大城市机会多，能学到更多的东西，但生活压力大。不留，回老家生活质量高，但仿佛生活开启了“单曲循环模式”，太单调。

团北京市委采集非公企业从业青年样本9 264份，非公企业样本746家进行调查，结果表明：在北京，非公企业青年是青年中的“主力”，约为400.4万人（含个体工商户），占全市从业青年的59.6%，非公企业青年占企业从业青年的68%。

按行业分类，非公企业青年人数前五位分别为批发和零售业71.42万人、租赁和商务服务业61.16万人、信息传输软件和信息技术服务业58.28万人、制造业52.34万人、科学研究和技术服务业25.6万人。

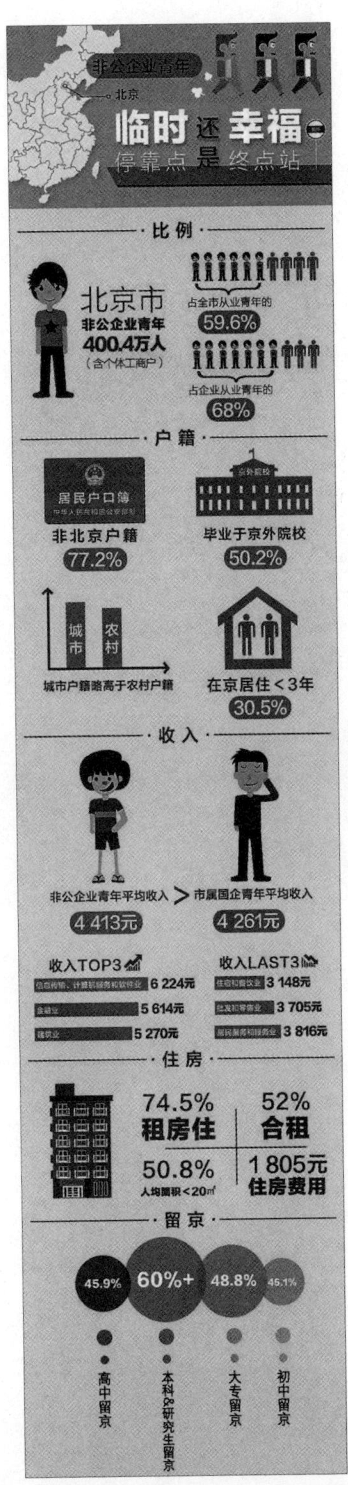

收入比国企高，三分之一用于住房

谁也想不到，这位“身材高挑＋皮肤白皙＋颜值很高”的“80末”女孩黄源，是“黑客”界为数不多的“女汉子”。2013年，在北京的一家电商企业担任总监助理的她，跳槽到奇虎360公司。

“我刚来到公司的时候，从事数据分析岗位，可来了公司之后工作业绩表现得不是很好，领导经常找我谈话，说实话那时候压力挺大的。”黄源讲述自己进公司的“糗事”。

为了更加了解产品，对计算机知识了解不多的她，开始啃起了专业书籍。她说：“只要遇到不懂的地方，我就请教同事，有时候‘IT男’不会直接回答问题，但会敲一行代码，让我自己理解。”

在3个月的高负荷学习中，她的潜能意外地被激发出来，竟然发现自己“爱上了”冷冰冰的代码，成为安全领域小有名气的“女黑客”。

“代码是可控的，输入什么样的代码，结果就会按照预期的方式呈现出来，自己完全可以‘hold（控制）住’，可是与人打交道就感觉复杂得多了。”黄源一边演示，一边说出了自己喜爱现在工作的原因。

目前，黄源的月收入已经过万元，依然单身的她选择了与公司女同事合租，即便在经济上没有太大压力，但是对象问题依然没有着落。

“现在有压力呀！”黄源感叹道，“高峰的时候每周都会相亲，谁不想放开谈一场恋爱，但是在北京毕竟压力大，住房、孩子、家庭呀，还是要有经济基础的。”东北女孩的她，性格直率，坦言自己面临的压力。

根据团北京市委的调查，国企和非公企业从业青年在收入上没有明显差异。非公企业从业青年月平均收入4 413元，略高于市属国企从业青年的4 261元。

从户籍看，非公企业从业青年的外地户籍比例较高，77.2%的非公企业从业青年是非北京户籍。从毕业院校看，非公企业从业青年毕业于北京以外院校的比例（50.2%）明显高于国企从业青年（31.2%）。非公企业从业青年平均在京居住时间较短，在京居住时间短于三年的比例（30.5%）明显高于国企（14.9%）。

由于外地户籍比例高，租房成为非公企业从业青年在北京居住的主要方式。有74.5%的非公企业青年租房住，一半以上的人选择与他人合租。同时，住房面积普遍不大，也有一半的人蜗居（50.8%），人均住房面积低于20平米。住房费用是支出的主要部分，有住房支出的非公企业青年平均每月用于住房的费用为1 805元，占该群体平均月收入的三分之一以上。

生存压力挤占“生活时间”

35岁的程永锋，是北方工业大学的校警队长。今年是他在北京从事保安工作的第10个年头。不过，从小拥有军人梦想的他，并没有因此产生职业倦怠感。他是学校最注重仪表的校警，喜欢扎上腰带，穿上作战靴。每天早上六点多，到晚上一两点，他都会拿着对讲机在办公室值班，有时也会去学校各个执勤点检查，一年基本无休。

“都习惯了，我也没觉得累，本来也没什么文化，现在做到了大队长，我也感到非常满足了。”程永锋说话的时候，眼睛显得炯炯有神，言语间透露出一股自信。

2005年，他从陕西三原农村刚到北京时，只是一名普通的保安，每个月工资500元，如今的收入已经是十倍。“我做事还算是认真，你看，我满头的白头发，以前都是黑的。”他笑着调侃自己的头发。乍一看，感觉比他实际年龄大许多。

“工作没有十全十美的，这些年，我一共回家了三次，一次是弟弟结婚，一次是妹妹结婚，还有一次是母亲生病。”说起家乡，这位陕西汉子流露出失落的神色，

“刚出来的时候，老家的朋友来北京还会来看我。可是，朋友家一旦有事，我在外地帮不上，而农村最讲究相互帮忙，久而久之，与朋友亲戚之间的关系就疏远了。”而他现在的朋友圈，主要集中在安保行业。

据团北京市委调查，非公企业受访青年平均每天工作8.8小时，每天用于通勤的时间2.09小时，两者相加约11小时，每天24小时，扣除吃饭睡觉等必需的时间，还有空余时间3小时。大部分青年表示上班比较累，上网（29.9%）、看电视（16%）、逛街（11%）是空余时间最常做的事情。可见，原本用于生活的休闲和充电时间，被生存压力挤占了。

与此同时，受访群体中每周锻炼1次以上的占60%，还有40%的受访者从不锻炼；受访群体中从来不读书学习的占比20.8%，28.1%每周花不到一个小时读书或者学习，仅有9.1%的受访者每周用于读书或者学习的时间超过5小时。

而通信软件成为维系人际关系的重要手段，受访群体中选择QQ、微信作为最常用联络方式的分别占比30.1%、26.1%。约五分之一（21.8%）的受访者每天的上网时间在“五小时及以上”。

认同奋斗是主流价值观，51.9%的人选择留在北京

“周总好！”周丽萍经过员工身边时，员工就停下来和她打招呼。1984年出生的她，穿着制服，举止干练，只要是用餐高峰期，她就会在现场盯着，处理各种事情。让人想不到的是，她是从最普通的服务员一步一步成长起来的。目前，她是北京眉州东坡酒楼北区区域经理。

2001年，刚上高中的她，心里感觉比较烦闷，决定走出去闯荡一下，干脆远离家乡来到了北京。

2002年，她来到现在工作的酒楼。又过了一年，她发现与她同来的服务员，有的已经升职为领班，而自己却原地踏步。

“我刚开始比较腼腆，不善于与人沟通。直到第四年的时候，领导找我谈话，觉得不能继续‘混日子’了。”她说，彼时的她，在工作中有意识地调整心态与人沟通。一年之内，她就“组长—领班—经理—店长”一路上升，这是连她自己都没有想到的。

“说实话，我还是比较茫然的，现在企业的平台很好，我还是想好好工作。现在已到了谈婚论嫁的年龄，还没有遇到合适的人，我特别担心结婚之后再离婚。”她笑着说，自己对婚姻不会放低要求。

对于留京的青年来说，通过自己的奋斗获得应有的成就，这是很多人留在北京的理由。团北京市委的调研印证了这个结论。在他们眼中，奋斗并不是空洞的词，而是选择留下的动力。国企和非公企业从业青年都高度认同社会主流价值观，高度认同奋斗的意义。其中，非公企业从业青年受访者最认同“奋斗成就人生”，愿意通过奋斗实现自我价值，努力拼搏，追逐梦想。

不过，“工作稳定”对受访者最有吸引力。工作吸引力是企业青年工作需求的直接体现，本次调查发现，“工作稳定”对受访者最有吸引力（37.6%），之后依次是“工作轻松”（14.4%）和“为社会进步作贡献”（11.5%）。整体来看，奋斗与工作稳定之间并没有产生冲突，非公企业从业青年的工作诉求整体呈现出“求稳定、求贡献、求轻松”的特征。

北京，究竟是临时停靠点还是幸福终点站?

受访者中85后居多，外地户籍居多，他们的职业生涯刚起步，未来还有很多的可能性。约九成（89.6%）的非公企业受访者都考虑过未来五年的发展规划，一半以上（51.9%）的受访者还是会留在北京打拼。

调查还表明，学历越高的受访者，留在北京的愿望越高。本科及研究生学历选择留在北京的比例均超过60%，而大专学历选择继续留在北京的仅有48.8%，高中和初中学历的选择比例分别为45.9%和45.1%。

然而，创业意愿与学历相反。高中学历者希望在北京创业的意愿最高（14.5%），研究生学历者的创业意愿较低（6.2%）。一般来说，高学历的青年创业的机会成本更高，而且他们对创业的规划也会更清晰，因此导致他们对创业持相对谨慎的态度。从这一点可以看出，青年对创业依然保持相对理性的态度。

让生活与理想“和解”

章　正

《中国青年报》（2015年05月06日　04 版）

快到毕业季了，最近身边有个朋友抱怨，选择工作比选择女朋友更难。摆在他面前的有两个选择：一个是民营企业，收入高有诱惑，另一个是某高校的临时岗位，收入少但是兴趣所在。

团北京市委调查显示，61.7%的非公企业青年期望能到企事业机关单位中工作。一手是现实生活，一手是理想追求。可以推断，有的青年在当初选择非公企业时，也少不了同样的纠结与彷徨。

面对生活与理想，我们该如何平衡？20世纪80年代初，“潘晓讨论”深深地影响着一代年轻人。在署名为潘晓的来信中有这样一段话：“对人生的看透，使我成了一个双重性格的人。一方面我谴责这个庸俗的现实；另外一个方面，我又随波逐流。”其讨论的观点现在看来充满着浪漫主义气息，青年要有理想，理想先行才能获得更大的利益。

与潘晓一样，在不少人的观念里，生活与理想总是“互斥”的，而如何选择，已经成为钟摆的两端——非此即彼。从小学到大学，主流的教育让学生要树立远大理想，而不能只顾现实利益。而一旦进入社会，生活成本大、房价高、工资低……现实压力扑面而来，以至于年轻人不得不低头。于是，现实的生活成为第一选择，逐渐影响着理想的实现。

可是，社会价值变得多元，现实生活与理想追求的选择，有时也会产生冲突。在云南鲁甸地震之后，一位河北的志愿者放弃工作，因为热心公益，只身来到灾区。他选择了理想，但也遭到了家人的强烈反对，认为辛苦培养起来的孩子，应该安安心心上班，做志愿者并不能“当饭吃”。这让他十分苦恼，感到生活和理想之间的矛盾无法调和。

为什么生活与理想总是无法实现“和解”，甚至会产生矛盾？正如手表定理一样，当一个人有一块表时，可以知道几点钟。而当他同时拥有两块表时，却无法确定时间。因为有两块手表，价值尺度多了，反而找不到准确的时间。对于青年而言，标准多了后，反而阻碍了他们的自我实现。

其实，互联网的普及也带来了个体化的时代，人类的生活以个体化的形式呈现出来，选择也更加自由了。许多问题的答案，无须采用传统的方法求解，可以回归到个体直接寻得答案。对于青年而言，是走一条别人走过无数遍的路，还是自己选择起点，这并不是问题。正如一句话：选择你所爱，爱你所选择，反而是最优选择。生活与理想，不必偏执地选择一端，如果将两者对立，反而将自己禁锢。一旦这般“认真”，或许你就输了。

选择自己喜欢的就好，这不是年轻人的自私，只要符合自己的偏好，权衡之后做出的选择，应当得到尊重。在当下，不能让他们因过早背负太大压力而难以前行。选择本身无关生活与现实，也无关对与错。事实上，很多历史都不是刻意选择出来的，而是由那些看似不计后果，甚至是看似癫狂的年轻人所创造的，我们不必让年轻人过多纠结于生活与理想之间。毕竟，把选择交给他们自己，或许下一个乔布斯就会诞生。

对于年轻人而言，即便是蜗居在出租屋，也不影响他们看艺术展的心情；即便是在非公企业苦哈哈地干活，他们的心情依然舒畅；即便是上班挤着公交地铁，他们仍保持着热情。如此，年轻人的生活与理想“和解”，至少可以避免类似阿Q的遗憾：把不奋斗的原因，归结于生活或者理想。

他们，没你想象的那么“悲情”

实习生　章　正

《中国青年报》（2015年05月06日　04 版）

非公企业青年中，“外地的孩子”比较多，77.2%的非公企业从业青年是非北京户籍，城市户籍略高于农村户籍。北漂、没户口、工作不稳定、工作距离远……这些标签是很多人对在京非公企业青年的认识。

2012年在浙江卫视热播的电视剧《北京爱情故事》，为不少人构建了一种社会性的文本，里面有典型的“富二代”，也有北漂的蚁族，通过剧情悉心安排的冲突，反映出了青年在北京这样的大城市，所处的社会地位与认同的尴尬。

然而，在本次调查中对他们价值观的评价方面，出乎意料的是，非公企业从业青年受访者最认同“奋斗成就人生”（4.11分），愿意通过奋斗实现自我价值，努力拼搏，追逐梦想。这一选择，高于其他选项。

80后、90后为主的现代青年，他们是谁？有什么特征？未来如何？这些谁也说不完整，但是可以确定的是，他们本身就是传统单位体制解体与新经济组织成熟之间“夹缝中的一代”，是人口红利消失、老龄化、城镇化过程中“拐点上的一代”。如今，他们已经成为了非公企业青年的主力。

在不少北漂青年的父母眼里，让孩子进入到像北京这样的一个陌生社会，没有亲戚、没有关系、没有房子，如果没有谋得一份体制内的工作，留在北京无疑是一次巨大的人生冒险。可是，在不少年轻人看来，这一切不利条件恰恰可以“权利反转”。没有亲戚，就可以不用顾忌因失败而失面子；没有关系，正好不用处理交错复杂的人情往来；没有房子，暂时租房也没有什么不妥。毕竟，在大城市中的自由，也是一种幸福。

当然，在工作上，这些年轻人和单位的关系不再那么紧密。他们的自主和独立意识更加明显，被炒鱿鱼和自己跳槽都不是新鲜事，更换工作的次数更加频繁，在成才与发展需求上呈现出更加明显的社会化特征。非公企业多数处于竞争性行业，其从业青年普遍肯吃苦，能奋斗，竞争的意识更加强烈，改善生活、实现价值的动力更加充足。

可是，一些留京的非公企业青年被贴上了“北漂”的标签。一些媒体习惯用夸张的手法，一旦发现一些极端案例就大肆报道，误认为这些青年生活在水深火热之中。实际上，这已经成为一种刻板印象。在很多年轻人看来，类似的报道并没有改善他们的境遇，过度渲染的悲情反而影响了他们父母的观点，为他们继续留在北京工作增加了阻力。

从这一点来看，改善非公企业青年的生活状况，并不需要社会的同情，他们完全可以通过自己的努力证明自己的社会价值。非公企业青年所得的平均工资收入达到了4 413元，比市属国企的收入更高。不过，根据调查，非公企业青年依然对“体制内”比较向往，同时也很期待工作能更加稳定。

其实，非公企业的青年本没有这么悲情，社会除了以同情的视角看待之外，不妨来一点实在的帮助。比如，帮助青年消除劳动力市场分割的不合理制度，消除非公企业青年在意的“体制内”与“体制外”工作的区别。如此，非公企业就业青年在工作中感到更多公平，少一些焦虑，也能在工作选择中多一份自由，少一点世俗的阻力。或许，这才是他们所真正需要的。

北京80后公务员生存状态“曝光”

压力虽大但更追求发展

记者　李新玲

《中国青年报》（2015年02月12日　04版）

核心提示

在人们的印象中，公务员的福利好、工作清闲、压力小。但最近的一份调查“曝光”了北京80后公务员的真实心态：职业认同感高；生存压力虽大，但发展是更大追求；九成年轻公务员渴望投身改革。

“‘福利好’‘工作清闲’‘压力小’是前几年社会给公务员群体贴的标签。而近几年，又不断有各类吐槽，说‘待遇低’、‘压力大’、工作‘强度大’，甚至有人愿意曝光工资单以证‘清白’。”这似乎是许多公务员的困惑，社会舆论评论差异巨大，甚至是冰火两重天，但同时，考公务员的热度不减，近年来考生数仍

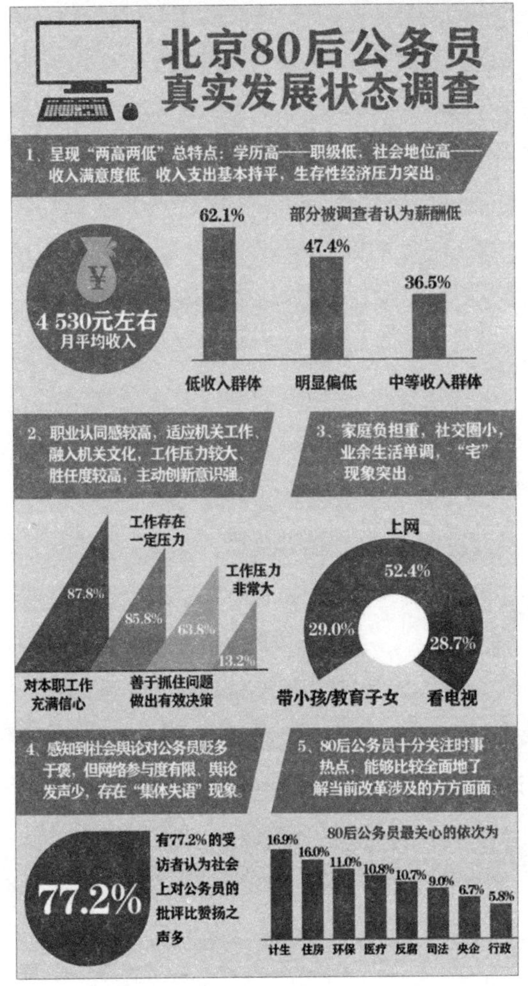

不时创出新高。

那么，公务员尤其是年轻公务员究竟处于什么样的生活和职业状态？有着什么样的群体心态？他们对未来的设想是什么？

2015年年初，《北京80后公务员真实发展状态调查》出炉。这是团北京市委联合课题组通过问卷调查和面对面访谈，对全市80后公务员群体进行的一次深入调研。问卷共发放2 417份，回收2 327份。样本按调研对象总体结构确定，覆盖市、区县及街乡各层级，包括党委、政府、法院检察院等各类机关，综合管理、行政执法等各类岗位。

此外，课题组对200名北京市机关事业单位青年工作者（其中公务员150人，事业单位工作人员50人）进行了面对面的访谈。

职业认同感高，“离职”只是一种抱怨

2008年从外地一所高校毕业到北京一家企业工作，单位落实了北京户口，3年前，参加北京市公务员考试，进入公务员队伍。这是一位不愿透露姓名的司法系统年轻公务员的职业历程。

“因为本科专业是法律，到大四时，同学中有80%～90%考公务员，自己家里6口人有5个人是公务员，所以目标还是比较明确。”这名年轻人觉得自己入职之前已经对公务员这个行业有了基本了解。

他现在所做的工作和所学专业对口，加上有工作经验，所以在思维方式、技术业务上有优势，入手快，第二年的时候工作就比较熟练了。但是，困扰他的是人际交往。

“和原来在企业有很大不同，交往人群有差别。”这名80后公务员经常会想，有些话说出来是否会影响他人的评价，“正在慢慢适应这个环境，虚心接受领导对自己的教育、老同事的指导，慢慢磨炼自己的意志，提高自己的综合素质。”

“一些舆论对公务员存在一定的误读：福利很高，灰色收入很多，权力很大。其实不是那样。”在新工作岗位上工作了两年半的时间，这名年轻人对公务员群体有了更为清晰的认识，“在机关里，我们80后比较有责任心，内心很要强。公务员的工作强度并不小，我们是业务部门，特别是年轻人，肯定要多分担。”

“我的工作岗位主要是辅助性的工作，提上副科至少得等十几年，还必须有职级，晋升压力还是比较大的。”这名年轻人很清楚自己的晋升路线，因此，计划努力通过律考，到时就可以转入专业部门。

他的公务员职业体验，颇具代表性。调查显示，“总体来说，80后公务员群体的职业自豪感和认同感较高，平均得分均为3.9分（满分5.0分）。大多数人对机关的工作环境和人际关系给予较高评价，他们能够谦虚谨慎地接受同事的优点（90.6%），和同事很好地合作（69.6%），在单位中工作愉快（63.3%），有机会充分表达自己的想法（59.4%）”。有76.4%的受访者认为年轻人应该主动做好“打水扫地”这样的小事。

不过，68.0%的80后公务员表示，入职后的感受与预期有出入。课题组成员从面对面访谈中了解到，这种差异主要表现在工作内容上，比如参加公务员考试时认为机关工作是轻松而简单的，但上班后才发现工作不仅有挑战性，还是对社会大有贡献的；还有人本以为会有“灰色收入”，但实际上并非如此。

统计显示，刚刚入职的公务员对工作的认同度不如工作了一段时间的人，说明随着时间的推移，对工作的认识不断深入，认同度也随之提升。

年轻公务员的职业发展规划也呈多元化，有13.2%考虑未来选择创业／自由职业，7.2%考虑选择学业深造。通过访谈发现，当前，他们“离职”的想法大多只是一种抱怨。

生存压力虽大，但发展是更大追求

调研报告显示，大多数80后公务员对胜任本职工作充满信心（87.8%），63.8%的人认为自己“善于抓住问题症结而作出有效决策”。但对于工作压力，测定得分为3.4分（满分5.0分），压力为中等偏上。有85.8%的人表示目前的工作存在一定压力，其中有13.2%的人表示工作压力非常大。他们日均工作时间为8.8小时，加上往返通勤时间，大多数人处于过劳状态。工作压力值与工作负荷呈正相关，也就是说工作越忙，就会感觉压力越大。

“工作几年之后，觉得自己需要提升的方面很多，在我们这个行业，来虚的不行，没有真本事别人是不认你的。我们单位的学习氛围还是很浓的。”一名政府管理部门的年轻公务员说，单位许多年轻人都在读在职硕士，都是自费的。

调研显示，年轻公务员普遍努力进取，有强烈的主动创新意愿：71.8%的人会因为想要更好地完成本职工作和感受到身边同事积极创新的氛围而创新，14.3%的人会基于个人的兴趣和追求而创新。工作中，69.8%的人为自己不断设定目标，70.6%的人认为即使在工作中遇到困难也不放弃。

80后公务员群体呈现“两高两低”：学历高职级低，社会地位高收入满意度低。这是这项调研课题的主要结论之一。不过，虽然年轻公务员经济压力突出，渴望提高工资收入，但还是淡然对待“福利”，并且希望获得更多的培训和教育机会。

“希望能把青年的学习进修机会通过机制固定下来。青年对学习、学历教育有独特的需求，所以希望能出台一个规范性、指导性的意见，比如鼓励本科学历的继续深造，是不是可以给予经费支持甚至能有学习的专门假期。”一名公安系统的公务员提出这样的建议，并表示对目前培训不是特别满意。

年轻公务员是否家庭背景较好、存在“代际传递”现象，也是本次调研的一个关注点。调研显示并非如此。来自二三线城市、县乡镇村的公务员占到了41.0%。其次，家庭背景也呈多元化格局，父母在行政／事业单位工作的仅占1/3，其他行业均有一定比例：在国有企业工作的占16%，农业生产／务工人员占7.7%，教育科研单位占7.1%，个体私营企业及外企占7.0%。

一起吃苦成就简单人际关系

人际关系比较微妙，与人交往谈话有时有顾虑，对领导的意见执行为主，这些是在调研中，年轻公务员普遍反映的人际交往的特点。

但是，在一些特殊的岗位上，人际关系简单而亲密。

城市地质监测是一个特殊岗位，一名从西南某大学地质专业的毕业生，毕业到北京从事这项工作后，有了非常特殊的职业体验："只要出现地质灾害，我们就要立马出动，24小时待命。比如2008年我们去汶川地震灾区做一级排查，一段路上，我们的车一过去，石头就开始往下掉，第二辆车就过不去了，眼看着石头往下滚。"

他的同事说："我们面对的不仅仅是安全事故，更多的是自然灾害。有危险我们必须往前冲，下大雨的时候，别人转移，我们向前，去看看哪些人还需要转移。这是行业性质要求，也是职业道德要求。"

他的一位女同事说："对于女职工，在野外上厕所是个问题。我们练就了一项本领，中午去饭馆吃饭喝一瓶矿泉水，吃完饭之后去上厕所，然后一天不用再去。我觉得做这个工作还是要有一点点情怀才可以。"

"从事这个行业，我们的声音和整个时代的声音是相反的。现在城市建设发展注重的是经济效益，比如大家关心高铁给城市交通带来什么便利和发展机会，我们看到是怎样让高铁安全运行；大家关注南水北调的益处，我们关注的是对城市会有什么影响。我们这个行业认为最重要的东西不是经济发展，而是城市安全。"谈起工作，这名公务员感慨良多，"我们的贡献就是发现问题，然后建议政府怎么去解决这个问题，希望让更多部门听到我们的声音。所以说如果不喜欢这个行业，根本就无法工作。这是我们骄傲的地方，也体现了我们的个人价值。我们热爱这个行业，乐在其中，入职时间长了会有一种莫名的成就感。"

"人家单位叫做同事，其实我们出去后就是战友。我们是这种相互吃过苦的人，有这种生命依托。"一名女同事开玩笑说，我们和领导一起外出，领导就会帮我们背着包，就是这么简单的人际关系。

九成年轻公务员渴望投身改革

2014年，100多家北京市属机关事业单位的年轻人多了一项工作——参与“我为改革献一策”活动，围绕制约首都可持续发展的重大问题，群众关心的热点难点问题，“城市病”治理难题，本单位本岗位改进方法4个方面，提出创新建议、改革措施。

这是团北京市委、北京市直机关工委、北京市委全面深化改革领导小组办公室和市人力社保局联合推出的一项活动。

“年轻公务员的参与热情出乎我们意料。有一份关于城市管理的报告，16开厚厚的一大本。”曾经负责这个活动的团市委干部孙明介绍，活动采用项目制，各单位的年轻人提出创新项目后，主办者组织专家担任评委，从规划创新、管理创新、服务创新和技术创新4个维度确定重点支持项目，以问题为导向进一步研究、孵化，“我们鼓励从自身工作出发，提出有针对性、创新性、科学性和实际推广价值的创新项目”。

孙明的感觉与调查相吻合，调查显示，80后公务员十分关注时事热点，能够比较全面地了解当前改革涉及的方方面面。在改革步入深水期的阶段，他们能够理解改革面临的阻力，有45.0%的受访者认为改革顺应民意，一定会取得成功；同时还有40.6%的人认为，改革环境较为复杂，需要进一步观察成效。但他们更有积极投身改革的锐气和决心，接近九成认为“年轻人要有投身改革的使命感和紧迫感”，“我们大显身手的机会来了”。

这个群体对提高治理能力的现代化水平也有独特的思考。调查显示，为推进“治理能力的现代化”，受访者认为公务员最需要提高沟通协调能力、执行能力和创新能力。具体到最应当通过怎样的方式提高公务员的现代治理能力这一问题时，分别有27.6%、27.1%和24.9%的受访者认为“构建政府现代治理体系”“加强对公务员履职能力的培训”和“健全公务员的管理制度”是切实有效的途径。对于是从宏观的制度背景入手，还是从微观的公务员管理入手，去提高现代治理能力，都能提出自己的见解。

年轻公务员“集体失语”面对批评八成选择沉默

记者　李新玲

《中国青年报》（2015年02月12日　04版）

因为职业特殊，许多公务员认为自己是“强势群体”，一言一行备受媒体关注。今年年初的《北京80后公务员真实发展状态调查》结果显示，有77.2%的受访者认为社会上对公务员的批评声比赞扬声多。但为了避免矛盾扩大、引发更多误会、给单位添麻烦，80后公务员几乎都选择沉默应对，因而形成了在社会舆论中“集体失语”的局面。

这种“集体失语”的现象，集中体现在网络舆论空间中。调研显示，这个群体有着与同龄人一样的网络习惯，网络使用频繁，每天上网1小时左右的接近四分之一，上网2小时左右的占18.4%，3到4小时的占19.4%，5小时及以上的达到17.6%。微信和微博使用频率较高。但基于“与本人无关”“怕惹麻烦”等考虑，大多数人都不愿意在网上发声。

面对社会舆论，他们一方面认为这些批评是对自己的警示，“当公务员就要具备听得进骂、受得起骂然后避免被骂的素质”，要获得他人的认可，更出色地完成本职工作才是关键。另一方面，他们也迫切希望改变社会形象，赢得社会理解；期待媒体能更多地关注、了解他们真实的工作状态，同时作出正确引导，努力达成公众与公务员之间的相互了解、理解和信任。

南京大学社会学院彭华民教授认为：“有批评是正常的。现在社会开放多元，每个人都有表达的权利，渠道也多。不单是针对公务员，教师、医生也会受到许多批评。公务员受到批评和质疑是正常的。”

在接受《中国青年报》记者采访时，彭华民建议，公务员作为一种职业，也应该学习其他行业的公关宣传，要让社会了解他们的职业、理想，就需要公关宣传。所有的行业都应该正面宣传自己的职业，树立正面形象，特别是窗口服务行业，要建立自己的平台。

对于“认为这些批评是对自己的警示”，彭华民认为年轻公务员能够认识到这一点非常好，年轻公务员希望用自己的努力改变社会，当然他们也要有勇气改正自己的问题，也要正面回应社会批评，改变自己的行为。

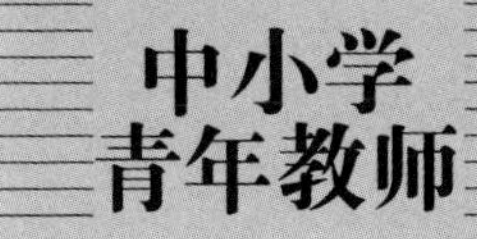

中小学青年教师

“园丁情结”对冲“职业压力”

记者　樊未晨

《中国青年报》（2015年04月28日　04版）

张悦是北京某小学一年级的班主任老师，她的QQ签名是：“1个和40个。”

1和40可以大致描述出张悦的生活轮廓。

白天，对于班里的40个孩子来说，张悦是那1个地地道道的“头儿”，她要统领他们在学校的全部生活，还要保证他们的安全。

下午放学，当把每个孩子送到家长手上时，家长们总是用期待的眼光看着她，对于这些孩子背后的40个家庭来说，她背负着40份“希望”。

到了晚上，张悦从面对40个人变成了面对1个人。她还是一个四年级小学生的妈妈。跟所有的妈妈一样，她要为孩子的晚饭操心，还要专门拿出时间花在孩子的学习上。

虽然刚刚步入而立之年，但张悦常常觉得有些力不从心，她知道要想更好地面对那40个孩子和家庭，她还要读更多的书，还要付出更多的心血；她也知道要想更好地面对自己的那1个孩子，她应该拿出更多的时间来陪伴，至少晚饭不能经常吃速冻食品。

张悦是北京中小学青年教师中极为普通的一员。权威统计数据显示，截至2013年年底，北京市普通中学和小学35周岁以下专任教师共有47 926人。

那么，张悦这1名青年老师与那4万多名老师的生活状态是否相似呢？北京的年轻中小学教师究竟是什么样的？

2014年前后，共青团北京市委成立北京青年1%抽样调查课题组，对北京市普通中学和小学35周岁以下47 926名专任教师进行了调查。

本次调查采用分层整群抽样的原则进行取样，16个区县总计发放问卷2 396份。以16个区县为单位，每个区县抽样的总量即为中小学青年专任教师人数5%的总数。为确保取样全面，在确定全市抽样总数、各区县抽样总数的基础上，按照各区县不同学校类型随机抽取学校发放问卷。收回有效问卷2 244份，有效样本量总计2 244个。

课题组发布的调查报告中的描述和分析主要基于本次大调研的样本数据，同时也结合了北京市教育委员会发布的2013—2014学年度北京教育事业发展统计概况。

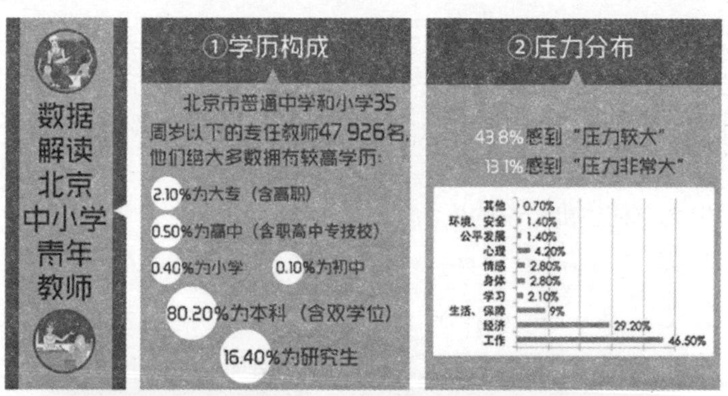

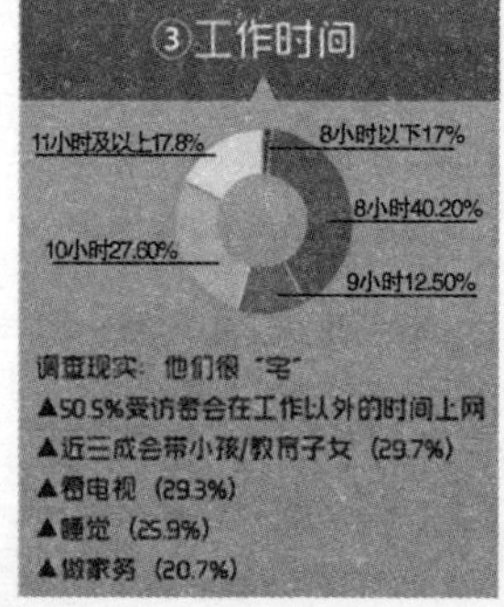

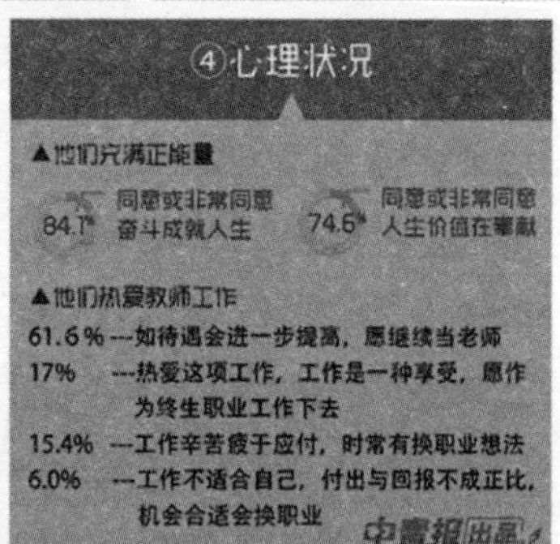

工作是青年教师压力的主要来源　但62%的教师仍喜爱这个职业

调查显示，近六成的受访教师表示压力大，其中43.8%表示“压力较大”，13.1%表示“压力非常大”。

具体来说，调查显示，46.5%的受访教师表示，工作是其主要压力来源。

随着教育改革的不断深入，北京的教育正在经历着翻天覆地的变化，改革的顶层设计已经基本清晰。现在改革的成败与效果与一线教师的关系已经越来越密切了，而方案设计得再完美也需要由具体的操作者实现。不少教师的压力就源于此，“就拿减负来说，以前我可以通过让学生练习来达到巩固知识的目的，也可以通过练习来迅速找到学生在知识掌握上存在的问题”。张悦说，现在市教委对作业量有了明确的规定，虽然批改作业的量小了，但是，随之而来的是如何更好地提高课堂教学的效率，这个压力远比多判几份作业大得多。

调研显示，对于这样的压力，有些教师处于承受极限的边缘。调查中，11.5%的受访教师表示不太能承受，1.1%的受访教师表示根本承受不了。

虽然工作是让青年教师产生压力的最大原因，但是这并不妨碍他们对这份工作的喜爱，调查显示62.0%的受访教师表示喜爱这项工作。

不过，值得注意的是，调查同时显示，教师对工作的满意度随着年龄的增加也在降低。可以看出，随着教龄的增加，教师的职业倦怠感日益凸显出来，需要引起教育管理部门的重视。

朋友圈=同事+家人　青年教师的社交圈较为封闭

调查显示，在中小学青年教师群体中，有一半以上的受访者没有参加任何组织群体，而那些参加了组织群体的受访者中，有44.6%的受访教师从不参加活动，36.0%的受访教师表示偶尔参加活动。这表明，绝大多数青年教师日常不参加组织群体的活动。

那么他们的日常生活怎么过呢?

调研报告称，58%的受访者每天工作时间超过8小时，其中每天工作10小时的为

27.6%，11小时以上的为17.8%。“我每天早上6点半就离开家了，而晚上一般在18点之后到家。”张悦《对中国青年报》记者说。

一直以来被誉为“园丁”和“灵魂工程师”的教师群体都是奉献精神的代表，在年轻一代的教师身上仍然能看到这种精神。

那么，离开学校后这些青年教师都做些什么呢？

调查显示，一半（50.5%）的受访者会在工作以外的时间上网，还有近三成的人会“带小孩／教育子女”（29.7%）、看电视（29.3%），“睡觉”（25.9%）和“做家务”（20.7%）的也不少。

课题组认为，无论受访者只做其中的一项还是做其中的几项，可以肯定的是，这些青年教师是比较“宅”的，他们下班之后的活动主要是在家中完成的。

同时，调查还显示，在遇到困难或紧急情况时，他们的“援手”也多是身边人，“家人及亲戚”给予的帮助最大，比例超过3/4（75.8%），其次为朋友（12.4%）和同学（5.6%）。由此，可以推知，北京的这些年轻教师们不仅比较“宅”，而且他们的“朋友圈”也不宽泛，青年教师通过实体组织进行社会交往的频率较低，而与家人、朋友和同事的交互较为紧密。

“家庭—学校”两点一线的活动主线，再加上熟人构成的朋友圈，可以说，中小学青年教师的日常生活是较为封闭的。

随着网络的发展，现代人的生活空间往往要分成“线下”和“线上”，中小学青年教师群体也不例外。

调查显示，受访教师中，每天上网时间在0.5～2个小时的最为集中，比例占61.4%。他们中有1/3（33.3%）会在朋友圈里舒缓情绪。有41.3%的受访教师有过在博客、论坛中所发文章或帖子被大量转载或回帖的经历，24.0%有过在微博中评论社会现象或社会事件吸引大量网友关注的经历，7.7%的受访教师表示自己制作的视频被大量下载或浏览。

由此可见，在现实生活中社会交往相对封闭的青年教师，在网络中相对更加活跃些，他们往往会积极表达态度，且能够用公共行为准则进行自我约束，具有一定的网络影响力。

教师群体充满正能量　超八成相信“奋斗成就人生”

虽然不少青年教师抱怨自己的生活和工作“累”“压力大”，但其实，他们的内心还是充满正能量的。

调查显示，84.1%的受访者对“奋斗成就人生”的观点持同意或非常同意的态度，74.6%的受访者对“人生的价值在于奉献”的观点持同意或非常同意的态度。在调查中，仅有不足1/4（24.9%）的人对收入满意，但仍有61.6%的受访教师表示“如果待遇会进一步提高，愿意继续从事教育工作”；有17%的受访教师表示热爱这项工作，工作是一种享受，愿作为终生职业工作下去。可见，即便该群体的收入满意率较低，但大部分受访者对教师这一职业有较为深厚的情感。这也表现在他们跟学生的日常互动上。调查显示，有39.1%的受访教师表示每天至少与1名学生交流，47.6%的受访教师表示每周至少与1名学生交流。同时，有73.7%的受访教师表示是在课间休息时或课后与学生聊天，12.6%的受访教师表示是专门找时间与学生沟通。这说明，中小学青年教师在学生成长过程中发挥着重要作用，他们与学生的交流互动非常频繁，显著高于高校青年教师等其他群体。

面对正在进行的教育改革，大多数的教师的态度也是非常积极的。58.2%的受访教师表示接受过系统培训，主动适应改革；34.7%的受访教师表示迫切需要学习，怕不适应改革。对于城镇教师是否愿意调动到农村学校进行工作，有39.2%的受访教师表示愿意；对于未来职业发展，有74.3%的受访教师表示是加强学科专业化学习，成为学科骨干和带头人。

不能夸大青年教师的压力感

记者 樊未晨

《中国青年报》（2015年04月28日　04 版）

看到共青团北京市委联合课题组针对北京市中小学青年教师群体的调查报告后，首都师范大学王建平教授首先注意到“近六成的受访教师表示压力大，其中43.8%表示‘压力较大’，13.1%表示‘压力非常大’”这组数据。

“我们不能笼统地谈中小学青年教师的压力。”王建平教授说，如果没有把青年教师内心的压力清晰化，找到压力的真正根源，既不利于化解他们的压力，同时也不利于青年教师的成长。

王建平指出，现在年轻教师普遍都觉得“累”“压力大”，这其实跟社会整体的生存环境相关，也跟教育和文化的生态有关。

压力首先来自于没有准确参照系的比较。

王建平教授指出，青年教师这种“累”和“压力大”并不是一个客观比较的结果，如果进行纵向比较，现在的教师仅从工作强度上看并不比以前的教师更大。现在的教师的工作量化程度更高，而以前的教师经常做的家访、课后辅导都是很难计入工作量的。如果进行横向比较，青年教师也并不是在跟自己行业的标准比较，而是跟身边的金融行业和资本行业比。中国社会发展到现在这个阶段，经济成为了整个社会的显学，形成了单一的价值取向。“必须对青年教师进行正确的引导。”王建平教授说。

其实，现在青年教师的压力绝不仅仅来自工作。现在哪个学校门口每天不都围着送快递的。“这无形中就在给青年教师带来焦虑！”王建平教授说。

随着新技术的普及，教师的生活已经发生了极大的变化。如果假设过去的教师和现在的教师在工作量上没有差别，以前的教师上完课后会安静地在办公室完成剩下的工作，他们的内心是平静的。而现在的教师下了课后要用电脑或者手机上网。“他们的时间、精力被这些分流了很多。”

虽然，互联网也有沟通功能，“但是，这种虚拟的沟通不真正具有排解压力的功能”，王建平教授说，因为极丰富的信息反而会给人们带来更多的困扰和焦虑，而过去的教师因为没有互联网，他们会有更多的人际间的交流和沟通。“工作上的一点儿不顺心，课间跟同事聊聊可能就过去了。”

很多青年教师的压力并不完全来自工作。“但是工作属于公共空间，人们很容易把公共空间作为自己转移压力的空间。”王建平教授说，“人们更愿意拿公共空间说事儿。”

另外，这些30岁上下的青年教师大多数是独生子女，并且成长在比较富裕的改革开放年代，他们在成长过程中没有承受太大的压力，因此缺少化解和缓解压力的能力。

当他们踏上社会，真正开始承受真实的压力时，会因为缺乏应对的本领而在内心放大这些压力。

因此，面对青年教师的压力，社会舆论不能一哄而上，这样既不利于他们找到自己压力的根源，也会增加他们的焦虑。

“所以，在制度建设过程中要清晰地划分出教师应该承担的公共职责。”王建平说，以便青年教师更好地厘清职责与付出之间的关系，不盲目地夸大自己的压力。

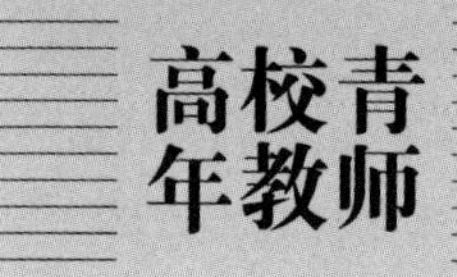

高校“青椒”坐冷板凳担大事业

记者　诸葛亚寒

《中国青年报》（2015年05月11日　05版）

工作4年来，王敏（化名）手机里的日程表始终重复着“老三样”——查资料写论文、备课讲课以及看邮件回邮件。

尽管如此，王敏已经“焦头烂额”，恨不得把一天当作两天过，“看看我的黑眼圈和白头发，再看看名片上的职称，查查我的银行卡……如果不是还有些教育理想、育人情怀，早就另谋出路了”。

王敏是北京高校青年教师群体中极为普通但又颇具代表性的一员。在网络上，他们被称作“青椒”——二十几年寒窗苦读修成“正果”，在大学校园争得一席教职。可未曾料想，职称晋升、教学科研、结婚生子、赚钱养家等人生大课题让他们面临比以往更大的压力。

2014年前后，共青团北京市委成立北京青年1%抽样调查课题组，对在京普通高等学校中35周岁以下的26 781名专任教师、行政以及教辅人员（不包括后勤和校办产业等机构中的工勤人员和其他人员）进行了调查，其中，专任教师16 738人，行政教辅人员10 043人。

此次调研按照5%的比例分高校、分院系、分专业，在北京的91所普通高校进行抽样，发放问卷1 340份。同时，调研通过座谈会、访谈等方式抽取160份样本并发放问卷。总计发放问卷1 500份，收回有效问卷1 409份，有效样本量总计1 255个。

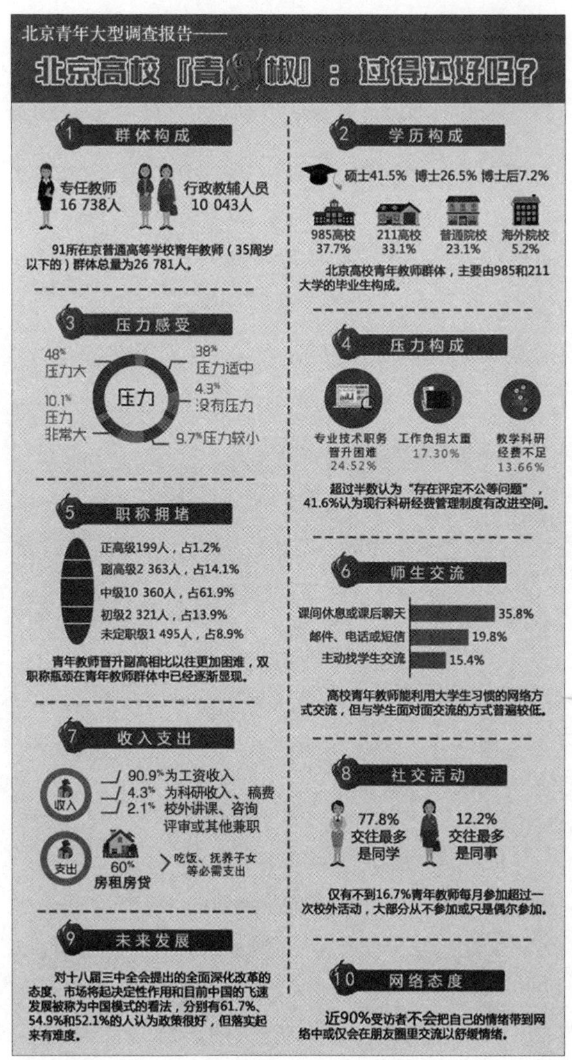

晋升副高出现“职称拥堵”　科研领域的“马太效应”是压力来源

根据团北京市委的调查结果，在接受调查的高校青年教师中，48.0%的受访者表示压力大，其中10.1%表示压力非常大，另外还有38.0%的受访者表示压力适中，仅有4.3%和9.7%的受访者表示自己没有压力或压力较小。

在造成工作压力大的原因中，“专业职务晋升困难”成为最主要的一项。

王敏是北京一所高校新闻学院的教师。在同事眼中，他是科研和教学双丰收的“年轻榜样”。然而，尽管达到了学校评定副高职称的标准，可由于“排队的优秀者太多”，他只好着急地“默默”等待。

中央民族大学的徐伟也面临和王敏相同的情况。他以自己所在的管理学院为例，目前学院在岗超编的副教授已有8位，符合条件的讲师更有十余位，职称晋升的拥堵现象极其严重，“很多优秀的人短时间都无法晋升”。

职称晋升是大多数青年教师所面临的困境。根据团市委调研结果，北京高校青年教师“以中级职称为主，初级职称为辅”。

具体来看，16 738名专任青年教师按照专业技术职务来划分，正高级199人，占1.2%；副高级2 363人，占14.1%；中级10 360人，占61.9%；初级2 321人，占13.9%；未定职级1 495人，占8.9%。整体情况呈现出中间大两头小的纺锤状。

课题组称，在过去的青年教师评定中，副高级职称主要与工龄及学历相关，存在一定的“论资排辈、熬年头”现象。以往由副高晋升正高很难，现在不仅评上正高更加困难，由讲师晋升副高也变得越来越不容易，副高职称的评定已经成为青年教师职业生涯中的瓶颈，“第二次职称拥堵”或者说“双职称瓶颈”在青年教师群体中已经逐渐显现。

然而，“青椒”压力大不仅仅是因为“专业技术职务晋升困难”（占24.52%），“工作负担太重”（占17.30%）、“教学科研经费不足”（占13.66%）也是主要原因。

“现在的青年教师早不是从前那种安安稳稳、悠闲自得的教书先生了，既要搞科研，也要抓教学。”王敏说，现在不少青年教师身上都压着很重的教学任务，可绝大多数的考核都以科研为主，发表论文的数量和期刊等级、申请的课题数量和大小等等都是摆在眼前的“难题”。

但最大的“难题”在于，如徐伟所说，越有头衔的教授越能拿到高级别课题，年轻人几乎没机会。另一方面，量化的考核标准让不少急需职称改变生存状况的青年教师写了大量质量很差的文章。

值得注意的是，调查显示，从科研经费的分配和激励上来看，超过半数的受访者认为“存在评定不公等问题”，41.6%的人认为现行科研经费管理制度有改进空间。

报告分析认为，从技术职务上来看，依托于掌握丰富资源的“学术权威”的青年教师更容易获得科研项目和发展机会，进而获得更多提升空间和展示平台，优势资源向优势青年教师集中，使其变得“越来越好”，而那些缺乏依附关系和相关资源的青年教师，则很难获得机会和空间。这在一定程度上形成了高校内科研资源配置强者越强、弱者愈弱的“马太效应”。

“青年教师根本没有真正独立科研的机会，都得‘攀’着老教授们。”一位不愿意透露姓名的副教授告诉记者，现在不少老师都很“忙”，忙着“编”课题申请书，“炮制”论文，“找”发票，和老教授、期刊编辑拉关系，“谁还有心思好好上课？”

“不管怎样，青年教师还是得有‘板凳坐得十年冷’的学者气质和耐心。”徐伟说。

期望收入与实际收入反差较大　住房是最主要的困难

尽管“青椒”面临着职称晋升难、工作负担重等压力，但同时，调查显示，在对工作满意度的测评中，青年教师最认可工作的稳定性。在受访青年教师中，79.0%的受访者为北京非农业户籍。显然，这也为他们在京工作、生活的稳定和子女的照顾奠定了较好的基础。

然而，工资收入成为青年教师工作满意度测评中最不满意的因素。

心态积极的徐伟称自己“物质方面没什么压力”，原因在于父母比较支持他选择教师这一行业，给他提供了购房资金。他算了算，像他这样的青年教师年薪约在9万元左右，“如果没有父母的支持，完全凭自己的收入想在北京安家，那实在是太辛苦了”。

从具体支出上看，60.0%的受访者表示房租和房贷是最大的开支项目，居于其次的最主要开支是吃饭、抚养子女等。报告分析称，住房困难是青年教师们面临的最主要困难，“可见，高校教师群体的生活还主要处于物质资料满足和积累阶段”。

北京理工大学化学学院教授王博认为，以往说让年轻教师不再为明天的面包发愁才能安心工作，现在看来，要解决的问题是年轻教师住哪儿。他建议：学校附近的廉租房可以优先考虑年轻教师。

调研显示，从具体收入上来看，青年教师工资收入相对固定，收支基本平衡，略有结余。90.9%的受访者表示，工资收入占其收入比例最高。

除此之外，青年教师还能通过其他方式获得收入。比如4.3%的受访者表示科研收入和稿费占其收入比例的首位，2.1%的受访者最高比例的收入为校外讲课、咨询、评审或其他兼职收入。

值得一提的是，在被调查的青年教师中，41.5%的受访者为硕士，拥有博士学位者为26.5%。毕业于985和211大学的高达70.8%，两者各占37.7%和33.1%，普通院校毕业的仅占23.1%，海外院校毕业的占5.2%。课题组认为，这一数据显示北京高校青年教师群体主要由985和211大学的毕业生构成。

因此，他们分析认为，造成青年教师对工资收入不满意的主要原因是，高校青年教师这个群体学历高，又是名校毕业，期望收入与实际收入之间有较大反差。

社交以同学为中心　单位是问题诉求和解决的主渠道

社交，是不少青年教师最头疼的事情。在各种重压之下，“青椒”们的社交圈又是怎样的呢?

调查显示，仅有不到16.7%的青年教师每月会参加超过一次的校外活动，大部分青年教师从不参加或只是偶尔参加。

“别看大学老师还有寒暑假，其实不少老师依然在‘忙’。”王敏说，平常教学任务重，没有一段时间可以专心用来写论文、研究课题，所以双休日、寒暑假就非常适合静下心来做科研，“还得挤出时间陪家人，所以社交活动少了很多。”

调查结果显示，77.8%的青年教师交往朋友中最多的是同学，12.2%表示最多的是同事。报告认为，学校、单位这两个社会网络是目前青年群体，特别是青年教师群体中最强的社会关系纽带。

课题组对此认为，相对稳定的工作环境，相对单调的工作之外的生活圈，使得高校校园成为青年教师群体后天形成的熟人社会。

同时，报告还显示，在公共事务管理方面，61.7%的青年教师选择通过学校、单位参加公共事务管理；在维权调查中，青年教师群体在遇到侵害时，排在首位的是求助于本单位（学校）领导（占比38.7%）。在问题解决上，同中央国家机关和事业单位青年群体一样，青年教师群体单位房的租住比例相对其他群体较高；他们在医疗、子女入学等方面还享受着高校提供的保障。

从以上数据分析中，课题组认为，可以判断，单位依然是青年教师问题诉求和解决的主渠道。

网络表达理性　对未来发展谨慎乐观

对于高校“青椒”来说，科研和教学固然重要，但出于教书育人的责任感，与学生的互动和交流也不可缺少。

调研显示，在师生课外沟通与交流的方式和途径上，高校青年教师主要以“课间休息或下课后聊天”（占比35.8%）和“答复学生邮件、电话或短信”（占19.8%）为主，很少“主动找学生交流”（占比仅为15.4%）。

而徐伟就是主动找学生交流的老师中的一员。他坦言，现在自己用了很多时间和精力与学生交流互动。至少每半个月，他便会与一批本科生、研究生或者自己指导的校辩论队学生进行面对面交流，有时推荐书目给他们阅读，有时围绕某个主题聊聊，“但这些都是老师自己花时间、精力去做，制度上不会有要求和保障”。

在他看来，“教师与学生面对面交流很重要，网络、电话总是存在沟通瓶颈，能交换的信息、产生的灵感和火花是有限的”。

报告指出，虽然高校青年教师能利用大学生习惯的网络方式进行交流，但与学生面对面交流的普遍较少。课题组认为，这与国外高校教师的惯常做法，如设定专门接待时间与学生交流相比，还有进一步的改进空间。

在青年教师的网络经历方面，调查显示，18.3%的受访者表示其所发文章或帖子会被大量转载或回帖，11.6%受访者表示其在微博中对社会现象或事件的评论会吸引大量网友关注与转发，5.2%受访者表示曾经担任过某知名论坛的版主，2.7%受访者表示其制作的视频曾被大量下载或浏览。

此外，报告称，近90%的受访者表示不会把自己的情绪带到网络中或仅会在朋友圈里交流以舒缓情绪。

分析以上数据，课题组认为，青年教师群体除了通过学术创新和教书育人来影响社会外，较强的专业能力和思辨能力使其在网络特别是自媒体中的影响力也不容小觑，其专业影响力有待进一步挖掘、发挥。

报告提到，作为具有“身份双重性”的特殊青年群体，“讲台上的青年”与学生年龄相近、接触较多，传道授业过程对学生的思想行为影响更直接，对学生的健康成长起到了非常重要的示范引导作用。

这一点，徐伟认为，青年教师要有自觉意识去积极引导学生，对自身困难要有一个积极乐观的态度，不要把自己的压力通过课堂传递给学生，要对学生保持关爱，以及不敢误人子弟的惶恐感。

“教书育人这种工作，情怀总是要有的。”徐伟说，现实再怎么残酷也要保持理想化的精神境界。

此外，调研结果显示，对“全面深化改革”“市场将起决定性作用”和“目前中国的飞速发展被称为中国模式”，分别有61.7%、54.9%和52.1%的人认为“政策很好，但落实起来有难度”，可见青年教师群体对未来发展前景持谨慎乐观态度。

如何让青年教师甘心十年磨一剑

记者　诸葛亚寒

《中国青年报》（2015年05月11日　05版）

看完共青团北京市委联合课题组针对北京高校青年教师群体的调查报告，中国人民大学教育学院李立国教授明显感觉到，作为北京市教师主体和未来希望的高校青年教师，他们生存面临的困难和压力会直接影响他们对教学工作的投入，一定程度上造成他们的职业倦态，“不能静下心来十年磨一剑”。

李立国首先注意到的是关于青年教师收入状况的调查结果。

根据调研结果，在对工作满意度的测评中，工资收入是青年教师最不满意的因素。90.9%的受访者表示工资收入占其收入比例最高。此外，青年教师还通过其他方式获得收入：比如4.3%的受访者表示科研收入和稿费占其收入比例的首位，2.1%的受访者最高比例的收入为校外讲课、咨询、评审或其他兼职收入。

对此，李立国认为，在任何一个职业或行业，薪酬体系都影响着人的工作热情。就青年教师来说，相对于其他行业的青年群体，他们的收入是偏低的。

“这就导致一些青年教师为了维持生计，把一部分精力，甚至是主要精力投入到正常教学之外，到外面企业兼职，忙于挣课题经费。”李立国说。

调查显示，在师生课外沟通与交流的方式和途径上，仅15.4%的青年教师主动找学生交流。报告认为，高校青年教师能利用大学生习惯的网络方式进行交流，但与学生面对面交流的普遍较少。

李立国说：“就我了解，别说课堂外，课堂内部的交流也很少，老师下课就马上忙自己的事情去了。”

对比国际上其他国家青年教师的收入，李立国发现，发达国家青年教师收入基本处于全社会的中上等水平。他们的收入来源于工资，而非像我们国家一些高校教师要依靠大量兼职去挣钱。因此，他认为，薪酬体系改革对目前我国高校青年教师来说是一个重点问题。

其次，报告显示，青年教师晋升副高相比以往更加困难，“第二次职称拥堵”在青年教师群体中已经逐渐显现。此外，从科研经费的分配和激励上来看，超过半数的人认为“存在评定不公等问题”，41.6%的人认为现行科研经费管理制度有改进空间。

这一点，李立国认为，由于不同类型高校承担着不同的教学科研任务，对高校教师应该开展分类评价体系，比如分为教学科研型、科研为主型和教学为主型三类。高校针对不同工作要求和特点，为青年教师设置不同的职业晋升渠道，“这既有利于高校人才培养，也可以改进青年教师的职业晋升空间”。

此外，李立国提到，现在许多高校考核晋升评价中还存在不公平竞争现象。一方面，学校会投入更多指标给重点发展学科，对弱势学科、新兴学科的投入指标较少，这导致不同院系之间有不公平竞争问题；其次，从学术评审上看，由于会存在师生关系、投票制度等问题，一些评委会不完全按照教学能力和科研水平来评审，“这个矛盾现在更为突出一些”。

对此，李立国建议，高校可以进行学术评价体系的改革，比如延长对教师科研成果的评价时间，给教师更多自由时间去做科研；其次，职称评审可以考虑代表作制度，不光看教师的论文数量，而是看他最优秀的论文和著作，倡导以质量评价导向为主。

他建议，要深化高等教育改革，解决青年教师的生存问题，让他们甘做十年冷板凳。

报告也认为，青年教师是当前高等教育改革、科研制度改革等一系列改革的中坚力量。调研组建议有关部门在设计和推进未来的改革工作中，能够充分重视这一青年群体的诉求和利益，充分保障青年教师在评职晋级、课题申报等方面的公平、公正和公开。

报告称，只有把握住青年教师的核心需求，体现该群体的自我价值，提升其自我认同感，才能更好吸引人才，充分发挥他们的积极性，实现教师的专业发展和高校科研及创造力水平的提升。

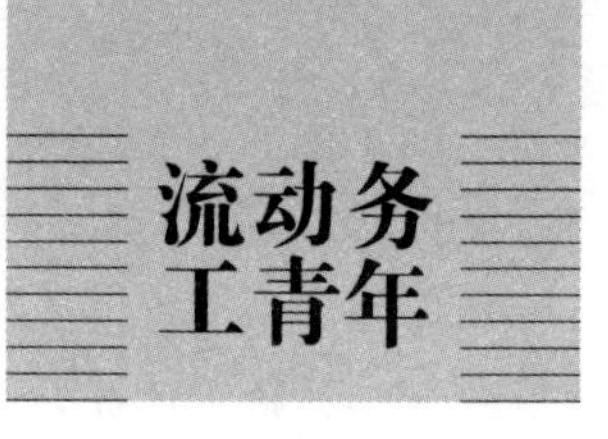

310万流动务工青年：打拼生活　不甘现状

记者　卢义杰　　**实习生**　谢亚乔　阚文琦

《中国青年报》（2015年05月05日　04版）

从乡镇到特大城市，从无到有地打拼奋斗——这样如电影般的冒险故事，每天在北京都上演。

魏则兴把这个故事写了12年。这名成升建设劳务有限公司的建筑工人，2003年来到北京，他从“小工”做到“项目管理员”，如今带领团队负责5栋楼和一个车库的水电安装，“面积大概有5.6万平方米”。

在首都发展的路线图中，魏则兴所在的人群愈发有标本意义。他们在京居住半年以上，年龄在18至35岁之间，而因为没有北京户籍，其生存状态经常被用“流动”来形容。

团北京市委“北京青年1%抽样调查”将这一人群概括为“流动青年群体”，其下又细分为拥有大专以上学历、占比22%的“青年流动大学毕业生”，以及大专以下学历、占比78%的“青年流动务工人员”。

调查组测算，截至2014年12月，北京市流动青年约为400万人，其中310万人为青年流动务工人员。这在818.7万北京市常住外来人口的总数中不容小觑。

中国青年报记者注意到，尽管工种不同，但他们的一些境遇相似：相当一部分人与乡土血亲结缘，工作强度较大，住房条件紧张，而在这座庞大的城市面前，又有相当一部分人保留着提升自己的动力和愿望，并且有的人已经付诸实践。

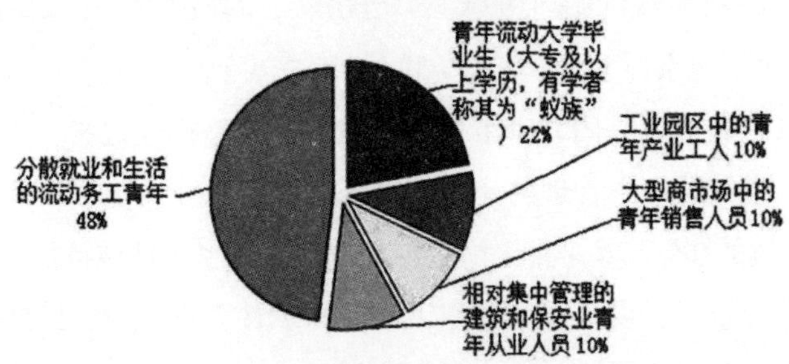

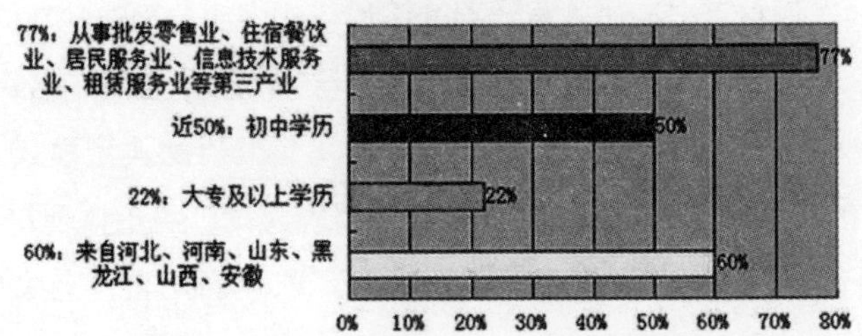

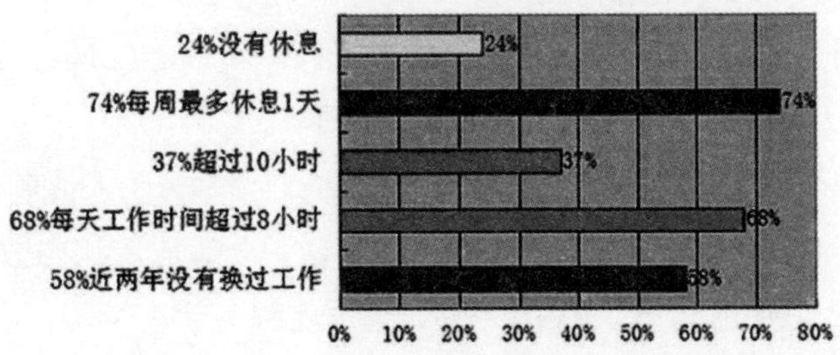

流动务工青年相关调查数据

四分之一来自河北，来京渠道、朋友圈呈现乡土、血亲关系特征

如果没有老乡打招呼，魏则兴的“北京梦”恐怕不会这么快开始。

魏则兴进京前在山东烟台干过一年多保安，2003年春节，他听在北京务工的老乡说他们工地需要招聘工人，就和两个老乡一起来了北京。

北京京客隆望京店生鲜区领班刘磊，其北京生活也是从与老乡结缘开始，“我们村里有人在北京工作，我就想跟他出来”。2001年，刚初中毕业的刘磊一下火车，就被老乡接应着，去了北京怀柔的一家肉类联合加工厂，当天给安排了工作和住宿。

他们的来京之旅，正是团北京市委调研发现的典型模式之一。在调研组的分类中，魏则兴属于“相对集中管理的建筑、保安业青年从业人员”，这一群体大约占青年流动务工人员的10%，其来京渠道呈现出“明显的乡土地域特征”。

“由于技术含量低，由公司统一招工，统一承接工作项目，因此同一地区人员结伴而行、由老乡介绍来同一单位的现象非常多，并且呈现成建制流动的现象。”调研组解释，在此基础上，该群体在可信赖的朋友圈中63%的为老乡。

这一调研共选派数百名调研人员，召开座谈会50多次、面访6 700余人、深访500人，其中，面向青年流动务工人员发放了调查问卷5 827份，其中有效问卷5 494份。

除了乡土地域关系，血亲关系也是来京和就业渠道的典型模式。这在占青年流动务工人员10%的“大型商场市场中的青年销售人员”身上体现得最为明显。调研组发现，该行业常出现“家族式承租商铺”“商户雇用自己老家的亲戚帮助销售”“兄弟姐妹一起来京从事该行业”的现象。

特殊的雇佣关系，也让这一群体与社会接触少，最终形成“信息获取、困难解决严重依赖雇佣和老乡关系”的局面。

这不是个例。调研显示，在占青年流动务工人员48%的“分散就业和生活的流动务工青年”，其遇到困难也更愿意求助于老乡同事。

这些老乡都来自哪些地区呢？调研组发现，青年流动务工人员来源省份前六位的分别是河北、河南、山东、黑龙江、山西、安徽，全部是北京周边的北方省份，约占总量的60%，其中河北一省就占了总量的四分之一。

这种流动人口来源地结构与全国其他地区的分布规律一致。根据2014年《中国流动人口发展报告》，北京居于全国主要流入地省区市第四位，仅次于广东、浙

江、上海。而作为所在聚集城市群的核心城市，上海、广东也有六成以上流动人口来自邻近的省区。

77%从事第三产业，两类工种的六成员工每天工作时间超过8小时

追逐“北京梦”的过程并不轻松。在北京恒安卫士保安公司工作的地铁安检员郭艳茹看来，最直接的感觉是“虽然天不亮就起床，回到寝室已经天黑，但你会很开心”。

郭艳茹把生活描述为“有纪律，也很便利”：吃住都在基地，食宿统一管理，5点开始有早餐供应，上午9点统一检查卫生，晚上12点按时查寝、熄灯。上、下班排队，下班后由中队长统一带回基地点评，晚上还有班务总结会。

魏则兴刚来北京的时候，则经历过多个工地的变化。起初的上班时间是9.5个小时，并要根据工期的长短进行调整。工地先是和平里，后来又到了西直门、北五环外的天通苑，2004年开始又在东边的通州工作了两年。

这在相对集中管理的建筑、保安业青年从业人员群体中已是常态。这一群体多数由建筑劳务公司、保安公司招募、培训、管理，根据需要派驻到各施工工地、驻区单位，不论派遣单位还是使用单位，都有明显的单位制管理特征。

一些群体的工作强度更大一些。在调研组公布的四类群体的数据中，有两类出现六成员工每天工作时间超过8小时的情况，其中“大型商市场的青年销售人员”的情况较突出。

调研组发现，他们集中在服装、蔬菜、建材等行业大型批发市场，就业非常集中，且同质化严重。

调研报告显示，这一群体中68%的人每天工作时间超过8小时，37%的超过10小时；74%的每周最多休息1天，24%的没有休息。调研组还发现，各大型批发市场的营销人员多数未签订劳动合同，单位未缴纳社会保险。

对于北京东港安全印刷有限公司数据事业部生产班班长史靖旭而言，上班的压力他感觉“还可以”。上班时间是每天早上8点到晚上7点，午休1小时，很少加班，“每周六有时义务劳动半天，基本上每周能保证休息一天半”。

他所处的工业园区中的青年产业工人群体，占青年流动务工人员的10%。根据

调研报告，该群体68%平均每天工作超过8小时，超过8小时的绝大多数都有加班工资，64%每周都能休息两天。这一群体的管理规范许多，有98%与单位签订了劳动合同，94%的单位缴纳了社会保险。

《中国青年报》记者注意到，流动青年所从事的工作背后，是北京行业结构调整的大格局。调研组发现，青年流动务工人员从事批发零售业、住宿餐饮业、居民服务业、信息技术服务业、租赁服务业等第三产业的约占77%。这一就业结构与北京第三产业占GDP总量77.9%的产业结构基本吻合。

三个区县聚集近半流动青年人口，多分布于四环至六环间城乡接合部

朝阳、海淀、昌平，这3个流动青年人数各达50万以上的北京区县，容纳了北京近一半的流动青年。调研组发现，这部分群体分布在四环至六环之间的城乡接合部的社区和村庄中。

和2012年团北京市委的调研相比，流动青年的聚集区域逐渐向外扩散。调研组分析，这与北京城市建设和城乡接合部改造的步伐加快有一定关系。

魏则兴经历了房屋的变迁。2003年，他在北京和3名工友租住在和平里，共20平方米，除了两个上下铺、一个小桌之外就放不下别的东西了，每人月租50元。

4年之后，魏则兴兼顾3个项目，但依然住在板房。夏天，铺了一层油毡的石膏式板房很热，夜晚难以入睡，等到晚上11点稍微凉快些才能睡得着。板房是大部分工人的选择。通常每栋板房有3层，共45间，每间可容纳4人到12人不等。

这与调研组的结论相吻合。调研组发现，相对集中管理的建筑、保安业青年以工作地集体住宿为主，日常工作生活基本都是和同事在一起，在外租房居住的仅占13%。

调研报告显示，居住分散且条件较差的算大型商场和市场的青年销售人员。从居住情况来看，该群体大都在工作场所周边自己租房，多数居住在城乡接合部条件较差的村庄中，仅16%居住在配套公寓或单位集体宿舍中。

刘磊的妻子也在京客隆厂家工作，两人每月加起来有8 000元左右的收入。他们居住在工作地附近的一间10平方米左右的地下室，每月房租500元。

相对而言，工业园区的青年产业工人的就业、居住更集中一些。调研显示，在各类园区就业的产业工人约60%居住在园区、单位提供的公寓或宿舍中。主要工作、

生活空间高度一致，与外部接触少，在可信赖的朋友圈中本单位的同事占到53%。

最为分散的是分散就业和生活的流动务工青年，他们60%以上都以各种方式租房居住，仅有部分餐饮业从业人员由单位提供统一住宿。

普遍有提升的动力和愿望，希望获得就业信息、技能培训等帮助

经过数年打拼，一部分青年流动务工人员在北京实现了自己的价值。

刘磊从一名普通员工到领班只用了两年多，“干一份工作就得干好了，刚开始不熟悉，但是现在得心应手”。

他自己买了电脑，回家通过老乡和互联网了解考试信息，“我想考营销管理方面的专业”，“去年想过要考大专，感觉自己的知识还是不够用”。

目前略显尴尬的事实是，流动青年中有78%为大专以下学历的青年流动务工人员，而这当中约200万人为初中学历，占流动青年总数一半。

调研报告认为，大型商场和市场的青年销售人员对未来规划比较模糊，该群体由于业余时间少、工作内容单一，绝大多数对于如何提升自己、未来怎么发展没有明确规划，“有留京意愿，没具体目标，也不清楚如何实现”。

对于分散就业和生活的青年流动务工人员来说，该群体中有44%近两年换过工作，有80%最想得到的帮助是“提供丰富的就业信息”。调研组发现，相当一部分行业没有技术等级和标准体系，缺乏人才培养和选拔的机制，从业人员长期从事单一水平的工作，难以实现技能提升和地位改变。

同样期望改善现状的，还有保安、建筑行业的从业者。调研报告显示，这部分人群中有33%对当前境况表示不满意，对自我身份的认同度普遍较低。

魏则兴便不甘于现状。他月收入8 000元，其中5 000元寄给家人，“留在手上的钱，更多用在了考试上”。去年，魏则兴自学通过了造价员考试，此前他还拿到了施工员证。

史靖旭则已经自考了宁夏大学艺术设计的大专。“现在离自己的理想还有一定距离，但我在印刷方面的理想在慢慢实现。”史靖旭的语气中充满希望。这名2009年中专毕业的辅助工人，如今，早已竞争上岗升级为管理50个人的生产班班长了。

90万北京“蚁族”：沧海“横流”渴望“纵升”

记者 卢义杰　　**实习生** 谢亚乔

《中国青年报》（2015年05月05日　04版）

毕业4年的刘彤习惯以忙碌开始新的一天：上午7点半起床，带上前一天晚上热好的饭菜，骑10分钟自行车，上午8点半之前赶到单位开始工作。

这名来自中部农村的女青年，起居范围是北京四环外一间10平方米的屋子，月租1 000元。房间没有客厅，只有一条昏暗的过道，同住的两名舍友是她在网上发帖招租的。

刘彤的生活状态是北京市90万青年流动大学毕业生的缩影。

共青团北京市委“北京青年1%抽样调查”显示，85.1%的青年流动大学毕业生租房居住，大约77%的人员存在住房条件较差的情况。此前曾有学者将这部分群体称为“蚁族”。

在青年流动大学毕业生聚集区域，调研组租房与其同吃同住，并采取入户分层抽样和街头拦访随机抽样的方法，发放调研问卷1 200份，收回问卷1 150份，其中有效问卷1 007份。调研组还召开座谈会50多次，面访6 700余人，深访500人。

尽管一时的处境并不尽如人意，但不少受访青年流动大学毕业生选择奋斗和坚守。在他们看来，北京的意义在于，能帮助有梦想的青年实现梦想，给不同阶层的青年一份可能性。

19.1%从事信息传输、软件和信息技术服务业，其他行业人数比例均低于10%

刘彤在一家航天领域的单位工作，而毕业于另一所高校的靳凡最终选择了互联网创业。

2007年，本科毕业的靳凡来到北京闯荡。“我非常喜欢互联网行业，当时觉得北京在这方面非常发达，在这儿的第一份工作就是在一家网站，做科技互联网方面的资讯提供。”靳凡说。

他住在南五环每月270元的小平房，“一张床，一个桌子，一个电磁炉，冬天屋内没有自来水也没暖气，洗菜、洗衣服都要去外面”。每天上班都要先坐快速公交再转地铁，“晚上经常能在地铁上睡过站”。

这名非网络专业出身的年轻人，6年后辞去了这份稳定工作，推出创业产品——一款聚焦TMT（科技、媒体和通信）领域的创业创新自媒体平台，“当时和我们同时上线的自媒体有很多，和我们一样关注科技、创业领域的自媒体也不少，竞争激烈是必然的”。

靳凡猜对了这个趋势。团北京市委调研组报告显示，北京青年流动大学毕业生的特征之一，是“围绕高端产业聚集，顺应产业发展方向”，在京的青年流动大学毕业生从事最多的行业为信息传输、软件和信息技术服务业，占19.1%，而其他行业人数比例均低于10%。

这些聚集区域主要分布在北京北部和东部的城乡接合部。调研组发现了3个规律：多数分布在中关村、CBD及综合商业区等高端服务业密集区域，部分毗邻高校集中的地区，多数分布在轨道交通、高速公路较发达地段。

调研组认为，青年流动大学毕业生的聚集和从业特征，与北京市近年来进行产业结构的升级改造有关。北京以科技、文化创新为主的产业发展方向，更多吸纳了具有良好教育背景的流动青年就业，一定程度上逐渐调整了流动人口结构。

据调研组统计，这部分群体目前共73.2%毕业于京外高校，68.6%来自农村和乡镇。

近七成每天触网超过两小时，逾四成网络社交频繁

“95%以上的人员每天都会使用网络”“近七成表示每天触网超过两小时”，调研报告用“该群体均能熟练使用网络”对这组数据作了评价。

刘彤显然是这一群体的典型。每天下班之后，网络成为生活的关键词——通常的娱乐方式是玩游戏、看视频，与好友互动则通过刷QQ空间、朋友圈，她偶尔也给家里打电话沟通近况。因为通信主要依赖微信、QQ，所以“每个月话费不超过30块钱”。

网络带给她另外的便利，那就是她在网上发帖招到了两名舍友。不过，刘彤并不常与她们说话，她更喜欢自己一个人玩手机或电脑。

与刘彤截然不同，靳凡每月的流量和话费加起来超过300元。“我喜欢这个行业，就喜欢交这个圈子的朋友。”靳凡告诉记者，“现在，有机会我就会和朋友聊天吃饭。”

在调研组提供的数据中，他们的行为再普通不过了。数据显示，86%的人员拥有智能手机，近90%的经常使用QQ、微信等即时通信工具，并开通浏览微博。他们上网的主要活动包括浏览新闻、搜索信息、即时通信及收发邮件、观看视频、网络购物等。

调研报告披露，这一群体的网络社交频率比较高，近两成人员参加过网上发起的兴趣类集体活动。这也正是靳凡的爱好。

事实上，他们恐怕并非甘于旁观的一群人。调研组发现，青年流动大学毕业生还普遍关注网络热点问题，部分人员网络表达和行动力较强。

这一结论的依据是，调研发现，43.5%的受访者表示曾参与过网络围观、人肉搜索、意见表达等网络群体活动，32.9%的有“发帖被大量转载”“微博评论社会现象吸引大量网友关注”或“制作的视频被大量下载或浏览”的经历。

收入与京籍青年接近，发展型支出比重大，月均保有储蓄或结余1 246元

对于青年流动大学毕业生而言，实现纵向提升的“梦想”是北京的另一个代名词。调研组发现，从他们的支出结构上，这一点体现得愈发明显。

在毕业的第3年，刘彤重新圆了读研之梦。她报考了电子信息领域的在职研究生，“专业与自己的工作很有关系”。

“因为大学毕业那会也尝试过考研，但没有考上，家里负担又重，就直接参加工作了，但还是有那个心。”刘彤说，她利用双休日和下班后的时间去上课，3年的学费是3万元左右，“这笔钱要自己出，家在农村，并不宽裕，爸妈已经不可能再给自己钱了”。

刘彤算了一笔账，自己每月收入5 000元，扣去1 000元房租、其他生活开销，每月能存2 000元左右。

这个收入尚属中等。调研组从不同行业、区域对80后非京籍大学毕业生、农民工及京籍大学毕业生三类群体各采样1 000人，调查问卷统计显示，80后非京籍大学毕业生月平均工资为4 133元，接近80后京籍大学毕业生，远高于80后非京籍农民工。

调研组进而分析了支出结构，发现“基本生活支出、个人发展及交际支出、结余及其他”大约各占了青年流动大学毕业生的三分之一。其中，用于住房、吃饭和交通的基本生活支出水平较低，月均保有储蓄或结余1 246元，

上升的渴望在这一群体中更加显著。调研组发现，和同龄非京籍农民工、京籍大学毕业生相比，他们明显呈现出用于参加培训学习、移动通信、上网、交友聚会等为未来积蓄力量及扩大交往空间的“发展型支出”比重较大的特征。

调研组分析，保持较低的生活开支和较高的储蓄结余，既体现了青年流动大学毕业生为未来发展进行积累的特点，也反映出这一群体对目前的生活方式和状态具有一定程度的自主选择性。

在靳凡看来，对未来发展的考量，恰恰是他留在北京打拼的原因。他上大学的时候，就做过很多兼职，“一直想着自己在商业方面有一定作为”。他如今喜欢北京的拓展性，可以帮助怀有梦想的年轻人实现梦想，给各阶层的青年一个可能性，“如果在老家，我一定没有机会和平台做这些”。[①]

① 文中大学生姓名为化名。

谁是城市里的陌生人

王钟的

《中国青年报》（2015年05月05日　04版）

对青年流动务工人员的调查，显示出耐人寻味的一面：来京流动务工青年信息获取、困难解决严重依赖雇佣和老乡关系；由老乡介绍来同一单位的现象非常多；保安业青年从业人员在可信赖的朋友圈中63%的为老乡。种种数据都能佐证，尽管来到了“陌生人社会”占主导的大城市，青年流动务工人员依旧存在割不断的故乡情结。

人人都有故乡情结，作为一种朴素的情感，它扎根在很多中国人的内心深处。但是，仅仅用传统文化来解释来京流动务工青年的表现，显然不太全面。很多其他城市人尽管思乡，但不会把老乡群体当成生活重心，而流动务工青年的故乡情结，却表现在日常社会行为中，“老乡”是他们生活中最重要的依靠。现代社会规则大于人情，北京还是竞争环境成熟的一线城市，为何他们还深信抱团取暖好办事的古老法则？

这与城乡壁垒脱离不开干系。青年流动务工人员大多来自农村和乡镇，主要从事第三产业、建筑业和制造业，入行门槛低。在北京这样劳动力来源丰富的城市，只能通过乡情构建群体竞争力。他们的工作多属劳动力密集产业，用人单位为了削减招聘成本和管理成本，也乐于聘用彼此熟悉、“知根知底”的老乡群体。最近一位学者走红网络，他在研究中发现全国复印店老板大多是湖南人，实际上这种现象很多行业领域都存在。

但是，青年流动务工人员自发形成的乡情关系，也为他们真正融入城市构成了障碍。因乡情结缘，亦可因乡情疏离，他们成为城市里的陌生人。工作圈子、生活社交圈子局限在一个个小群体里面，圈子内信息流通的通畅，掩盖不了更大范围内信息渠道的闭塞。此外，一旦乡情群体里的“顶梁柱”没了，就有可能一时“群龙无首”。对于他们而言，群体怎么样，个人也怎么样，脱离群体实现独立发展成为一种奢望。

走出因乡情构成的圈子，是青年流动务工人员获取更广阔发展空间的必然选择。而这一切的实现，离不开社会各界的支持，这也正是打破城乡壁垒的一种努力。比如，在招收务工人员的时候，用人单位要不因地域论英雄，更不能因社会上对某些地区的刻板成见，而对务工人员以有色眼镜相看。青年流动务工人员只能通过家乡的圈子解决困难，其实也是一种社会不公的体现，既然制定了各种社会规则，就不要管求助者来自何方。

青年流动务工人员要实现发展，前提是转变自身观念。只要大胆地向外迈出一步，他们也可以发现城市里不乏善意者，不乏愿意帮助他们融入城市的各方力量。躲在同乡人构成的圈子里，或许可以让人一时感到舒坦，但是长此以往并非好事。既然选择了城市，就不要害怕竞争，不要回避与陌生人打交道。否则，一味依赖家乡人办事，人走出了家乡，心还留在老家，扎根城市就还很遥远。

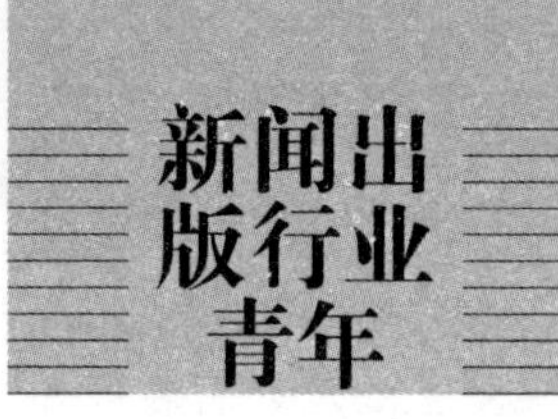

常加班　挣钱不多　整体“满意”

记者　刘　星

《中国青年报》（2015年05月07日　05版）

25岁的杨未感觉有点跟不上这个行业的变化速度了。

他念大学那年，新浪微博才刚刚开始运营，新媒体还只是几大门户网站的代指，App、转型、微信公号、H5，这些如今热门的名词都尚未出场。那时候，当记者看上去是一份可以奋斗终生的职业，而杨未也走了一条“传统”之路，先实习，最终留在一家业内知名媒体。

某种程度上，杨未如今过上的正是自己上学时想要的生活：在一家业内知名的媒体，做一些坚硬无比、关乎公共利益的深度调查。可传统媒体的好日子结束得实在太快，如今和业内的朋友们吃饭，杨未发现大家聊的最多的是“转型”“创业”，而不再是“选题”。

媒体变局时代，新闻人都在想些什么，又面临什么样的困惑？2014年前后，共青团北京市委北京青年1%抽样调查课题组联合中国人民大学新闻学院及多家新闻机构，在北京70家报刊、广播电视、出版社等新闻出版机构开展了调研。

这次调研的对象是指年龄在16至35岁之间，与新闻媒体机构建立了人事或劳动关系者，包括记者、编辑、主持人、播音员等，不包括技术制作、专职摄像或摄影、后勤和行政人员等幕后工作人员。调研共发放问卷1 300份，回收有效问卷1 245份。

职业认同受冲击，超六成受访者想转型

作为全国媒体行业的中心，北京共有中央在京媒体、北京地方媒体、外地媒体在京机构、国外媒体在京机构及北京市出版单位等新闻媒体出版单位总计约4 000家，占全国新闻媒体出版单位近五成。

调研按照第六次人口普查时的比例，推算北京市记者约有0.8万人，编辑约有3.6万人，播音主持约有0.1万人，总计约4.5万人。数据显示，北京新闻媒体从业青年群体文化程度较高，教育程度为本科的比例最大，占60.1%；其次为研究生，占35.5%。毕业院校以北京地区的高等院校为主，占58.7%，北京以外高等院校占比33.0%，有国外留学人员经历的比例不高，只占3.2%。从业青年大部分具有北京市户籍，占62.2%。

媒体人转型无疑是当下传媒界最热的话题，而团北京市委的调查则提供了更直观的数据支撑：报告显示，64.2%的受访者有职业转型的想法，其中36.6%的人想当大学教师。而只有19.6%的人想继续从事新闻媒体这个行业。报告分析认为，新技术、新媒体对传统媒体生存空间造成冲击，从业青年面临职业挑战。

身处传媒业之中，杨未更是能切身体会到这股“转型”风：仅在上个月，他就有两位新闻圈的朋友辞职离开了纸媒，其中一位去做了公关，另一位则去了新媒体。

2013年毕业的杨未正赶上传统新闻业的萎缩和新媒体的崛起，他有时甚至觉得自己真的是进入了夕阳行业。毕业那年，学校里新闻学院的师弟师妹找实习还大多选择传统媒体，可今年，大多数人都去了腾讯、网易、搜狐等网络公司。

杨未总体上还是珍惜这份工作带给他的自由。他不需要坐班，可以自由安排采访时间，同事之间的关系也很简单。

这也和这次调查的总体数据相符。调查中，受访者对职业稳定性满意程度较高，对工作的整体评价“比较满意”和“非常满意”的占到65%。对社会地位满意程度“一般”以上的超过84%，对职业声望满意程度“一般”以上的超过87%。

今年年初的时候，杨未离开了原来的日报社，去了一家杂志做深度调查。他想换一个环境，尝试一些新鲜的东西。

杨未不是没想过离开，有前辈劝他，“这是一个赚钱的时代，不是一个做记者的时代”。可他既没想好自己离开新闻业能做什么，也始终对新闻业古老而光荣的传统念念不忘，觉得“新闻还没有做够”，没有写出让自己满意的稿子，还不到彻底离开这个行业的时候。

压力源自工作与收入

团市委的调查认为，新闻从业青年普遍感觉面临较强的竞争压力，这种压力是复合性的，但主要还是来自工作和经济两方面的压力。

数据显示，49.6%的人感到自己目前“压力较大”或“压力非常大”，认为“没有压力”或“压力很小”的仅占12.6%。其中，工作方面的压力占到39.7%，经济方面的压力占32%，是最主要的两个方面。

调查显示，新闻媒体从业者从事的是高强度的、脑力与体力劳动相结合的工作。工作8小时到10小时的占53.9%，超过10小时的占13%，在大多数媒体中超时加班已经成为一种常态。上班加上往返通勤，超过50%的人每天要超过12个小时。

受访者中40.4%的人认为自己“比较健康”或“非常健康”，认为自己“一般健康”的占47.7%。“身心状态感觉比较疲惫”的占38.6%，“感觉很疲惫”的占7.7%。调查显示，新闻媒体从业青年高强度的工作压力和奔波的工作性质使很多人无法拥有规律的作息时间，无法按时就餐，处于“亚健康”状态。

26岁的林远在一家全国媒体做突发调查类记者已经快3年了，每当接到选题，他总是会进入焦虑状态。虽然不用坐班，可一旦哪出了事儿，他总是被要求以最快的速度到达现场。刚刚工作的时候，他一度连续出了快一个月的差，熬夜写稿更是家常便饭。

工作久了，林远觉得自己好像进入了瓶颈期，大多数题材对于记者来说都显得不那么新鲜，拿到线索，他一打眼就能看出大概最后的稿子会是什么样子。写稿好像只是为了填版，有时候，他甚至觉得自己有些失去做记者最重要的好奇心了。

经济上的压力也日益凸显了出来。前一段时间，趁着国家房地产政策的调整，林远抽空看了看北京五环边上的房子，可无论怎么算，自己的稿费好像跟买房都还有挺大的差距。

"干新闻就别想挣钱"，早在实习的时候，前辈就告诫过他新闻不是个挣钱的行当。那时候的林远还并不是很理解这句话，刚刚工作那会，因为写得拼命，税前过万也不是什么稀罕事。对于那时的林远来说，能做一份喜欢的工作，还有"这么高"的收入，他很满意。

可工作3年，林远发现自己的收入基本没有什么改变。实际上，在大多数媒体实行的底薪加稿费的制度下，记者的收入缺少成长性。老记者写稿少，收入不如新记者是常有的事儿。

林远不觉得自己是一个很物质的人，可他确实越来越在乎稿费和收入。这恰与团市委的调查结论相符，调查显示，有50.1%的人表示，当初进入新闻业，是为了实现新闻理想和推动社会进步，只有17.6%的人是为挣钱而选择从事新闻行业。

但同时，31.2%的人选择了不满意或是非常不满意自己的经济收入；问及"影响工作积极性的因素"时，有71.1%的青年新闻从业者表示是"薪酬"，35.3%的认为改善新闻从业者的收入水平是最能促进中国新闻业健康发展的有效手段。

不久之前，林远的朋友圈被一篇名为《普利策奖新晋得主，无钱付房租转行做公关！》的新闻刷了屏，他很喜欢这篇新闻结尾作者提出的问题："那么，这究竟是新闻业最好的时代，还是最坏的时代？"①

① 文中杨未、林远为化名。

19.2%的新闻从业者曾遭恐吓、威胁和人身攻击

记者 刘 星

《中国青年报》（2015年05月07日 05版）

共青团北京市委开展的调研显示，在从业经历中，有19.20%的新闻从业者曾经遭受恐吓、威胁或人身攻击。有10.1%的人因为工作遇到过法律纠纷。调研还显示，他们可以信赖的好朋友为6.88个，朋友中有75.2%的人选择了同学，社交圈并没有显示比其他青年群体有明显的扩大。在遇到困难或紧急情况时，70%的人认为只有家人和亲戚对自己的帮助最大。

调研指出，新闻媒体工作一般以个人或小规模团队进行采访、编辑、加工为主，这种个体化的工作性质，容易直接面对比较复杂的工作环境。

与人们印象中新闻媒体从业者大多是“体制内”的身份不同，调研显示，只有35.4%的人拥有事业编制，更多新闻出版单位采用的是人事代理、劳务派遣等多种聘用形式，92.1%的从业者与单位签订了劳动合同。

调查显示，新闻媒体从业青年用人市场化程度较高，很多单位开始逐步淡化事

业编和人事代理这样的身份区别，在薪酬待遇上按市场化定价。

针对新闻媒体从业青年的工作成效和个体权益受到侵害的情况，共青团北京市委提出，将在社会层面，通过提案、建议等形式，在制度设计或政策制定方面，结合新闻媒体从业青年的知识权益保护，协助营造利于新闻媒体从业青年发展的社会环境。

共青团北京市委表示，他们将开展与人大代表、政协委员面对面活动，密切与人大代表、政协委员的工作联系，研究并推动传统媒体与新媒体在内容转发方面的版权保护制度规范、市场收益转化等方面的议题，在宏观层面保护新闻媒体从业青年的工作成效。针对具体的侵害新闻媒体从业青年的热点事件，在客观准确的基础上，使维权的渠道畅通，呼吁和推动媒体记者、编辑职称评定及与社会待遇挂钩的机制的完善。

130万青年志愿者的“北京范儿”

记者　李　玥

《中国青年报》（2015年05月08日　05版）

王英姿有点不知道该怎么形容自己这类人：遇见陌生人问路，即使她不知道也会掏出手机打开导航。她刚来北京读大学时就成为了一名志愿者，最难忘的是本科毕业后去四川支教一年的经历。平日里会留意志愿者的招募信息，时间合适就和小伙伴走起。

她爱公益、爱行动，不爱冷漠，爱挑战、爱拼搏。在朋友圈里她会晒支教日记和孩子们的笑脸，最重要的是，从不晒包包。

团北京市委进行的“北京青年1%抽样调查”就关注到了像王英姿这样的青年志愿者。截至2015年3月，在“志愿北京”信息平台实名注册的青年志愿者有近130万人，占据北京志愿者总数的半壁江山。

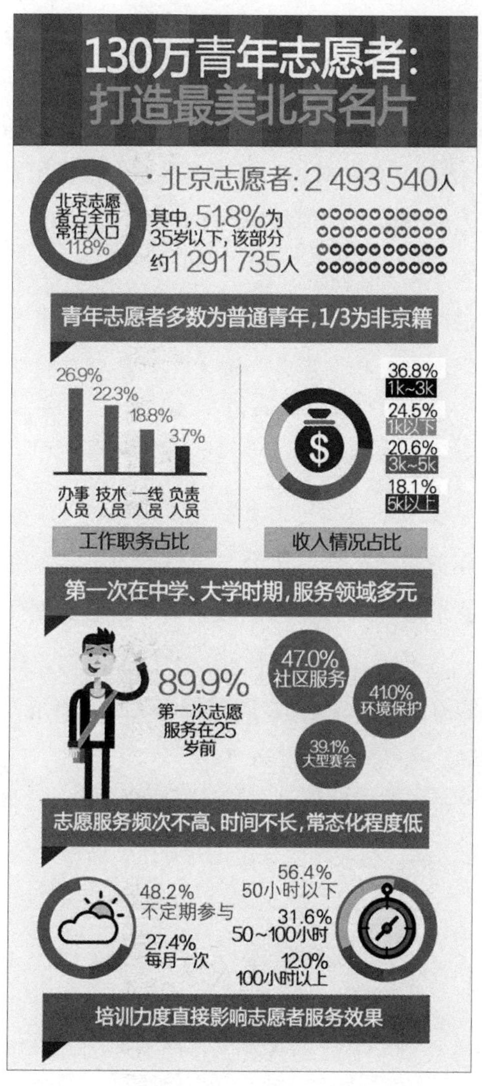

志愿服务的“北京范儿”

“被质疑志愿服务动机？肯定遇到过！”曾任校青年志愿者协会主席的元方告诉记者，上大学时就有人质疑她是为了加学分，工作后参与志愿服务被人说是好出风头，“但真的都是少数，大部分人听到我的经历都会说，好赞！”

对于参与志愿服务的动机，课题组的调查揭示，59.1%的受访者选择了“奉献爱心”，37.2%的受访者选择了“积累实践经验的需要”。同时，在志愿者应具备的素质方面，66.5%的受访者认为最重要的是有“乐于奉献的志愿精神”。课题组认为，“奉献”成为北京青年志愿者的关键词。近四成受访者选择积累实践经验，跟青年的角色十分相容，表明志愿服务是认识社会、了解社会的窗口，通过志愿服务经历来获得成长也是青年内在的发展需求。

让元方感到骄傲的时刻通常出现在假期回老家，留在家乡的同学听她说起志愿服务经历时会“点赞”，但觉得“不是一路人”。甚至有同学在听她说喜欢“做公益”时回了句“你手真巧”。“他以为是做工艺品啊，这在北京绝不会发生，感觉‘志愿服务’挺普及的，因为它代表着北京范儿！”

元方周围的朋友基本上都参与过志愿服务，她曾和大学宿舍同学利用寒暑假去西部支教，也在2008年北京奥运会时成为“鸟巢”的一名志愿者，用微笑共同打造了北京名片。根据团北京市委对3.5万多名在京青年调研数据显示，在问及“你最希望参加哪些活动”时，选择“志愿公益活动”的位于前列；在问及“人生的价值在于奉献”方面，选择同意的占79.8%；在问到是否认同“当别人有需要的时候，我会主动伸出援助之手”时，选择同意的占76.7%。

调研分析认为，首都青年高度认同“奉献、友爱、互助、进步”的志愿精神，高度接受和认可志愿服务活动。这大概就是让元方觉得“骄傲”的“北京范儿”吧。

志愿服务遵从内心驱动

在很多对志愿服务持观望态度的人看来，向需要的人伸出援手并非易事。究其原因，有人认为做志愿者是“有钱有权的人才做的事”。

值得注意的是，这项针对北京青年志愿者的调研恰恰与以上结论相反。

真的是有钱人才能做志愿者吗？数据显示，在收入方面，剔除在校学生数据，收入在1 000元以下的占24.5%，收入在1 000元到3 000元之间的占36.8%，收入在3 000元到5 000元之间的占20.6%，收入在5 000元以上的占18.1%。而2013年北京市职工月均工资是5 793元。

非得是有权的人才能参与志愿服务吗？数据表明，工作职务方面，剔除在校学生数据，其中“办事人员”占26.9%，“专业技术人员”占22.3%，“一线工作人员”占18.8%，“单位负责人”仅有3.7%。

调查显示，大多数青年志愿者是基层一线工作人员，收入和职位不高。这与西方国家志愿者普遍“有闲、有钱”的情况有明显差异。

对于青年志愿者的非京籍青年所占比例，调研发现非京籍青年占34.1%。调研分析认为，志愿服务是外地青年融入北京、认知社会、参与公共事务的一种途径。加强青年志愿者工作是推动社会融入、组织重构的有效途径。推动不同青年群体之间的融合，对于构建新型的青年社会关系具有重要作用。

志愿者学历整体较高

刚刚过去的五四青年节，志愿者王英姿细细梳理了一下自己青春里的那些事儿：“怀念青春时，绝对不能不提志愿服务。”

真正参与志愿服务是在王英姿读大学时。去四川达州宣汉县支教，还成功举办了一台关爱留守儿童的晚会。大学里连续3年都是中国网球公开赛的志愿者。本科毕业后加入研究生支教团，重返宣汉支教。这些志愿服务经历被她形容为“到了80岁想起依然会微笑的事”。

“不管你来这个学校之前是否了解志愿服务，一进大学，最大的社团就是青年志愿者协会，周围会有一批参与志愿服务的小伙伴，你也会受到感染啊。”王英姿告诉记者，在她的母校中国传媒大学，志愿服务经历是每个同学的必修课。

这一点和调研情况相符。数据显示，在第一次参加志愿服务年龄方面，选择在18～24岁之间的占46.7%；其次是15～17周岁，占27.7%；14周岁以下的占16.3%。在25岁之后首次参加志愿服务的仅占10.1%。

志愿者的参与经历大多是从中学和大学本科阶段开始，课题组分析认为，学校阶段是培养志愿服务意识、发展注册志愿者队伍的关键时期。从另一角度也说明，针对已经走上工作岗位、走向社会的青年，志愿工作的力度和覆盖面还有待加强。

像王英姿这样读了研究生依然对志愿服务抱有热情的青年群体不在少数。在调研中发现，拥有本科（含双学位）学历的占56.1%，拥有研究生学历的占14.4%，拥有大专及以上学历的占84.7%，青年志愿者学历层次普遍较高。

做志愿者不只是为“点赞”

调研组在问到“参与的志愿服务涉及哪些领域”时，全体受访者中有47%选择“社区服务”，有41%选择“环境保护”，有39.1%选择“大型赛会”。调研组分析认为，北京青年志愿者参与志愿服务的领域呈现出比较明显的多元化特点。社区、环保、大型赛会三类志愿服务参与率较高，这与北京的城市发展水平和功能定位密切相关。

值得注意的是，调研组进一步揭示，虽然服务领域多元可喜，但相应的培训却不足。在一对一探访中发现，志愿者十分关注岗前培训，很多受访对象认为这是志愿者应该享有的权利和保障之一。但在培训时长方面，有18.1%的受访者表示从未参加过培训。大多数针对志愿者的培训集中在“30分钟到1小时”，占30.1%，选择“1个半小时以上”的仅有29.4%。

在志愿服务培训形式方面，选择“为所有岗位的志愿者开展志愿服务理念为主的通用培训”的占32.9%，选择“针对具体志愿服务岗位进行岗位培训”的占30.8%。调研发现，由于培训力度直接影响志愿者服务效果，广大青年志愿者对培训的需求反映强烈，亟须掌握助老、助残等方面的专业技能，进而更好地为服务对象提供专业服务。

作为曾经的志愿者、现在的北京科技大学指导老师，于群也有自己的担忧：“大多数孩子热情有余，但没有坚持。我不希望我的学生参与志愿服务只是一时冲动，是一次性的，体验一下就完事。”

调研数据显示，在参与志愿服务的频率方面，“不定期参与”的是常态，占48.2%。在每年参与志愿服务时间方面，选择“在50小时以下”的占56.4%，选择“50～100小时”的占31.6%，选择“在100小时以上”的比例较低。课题组认为，北京青年志愿者平均服务时间整体偏低，志愿服务频次不高、时间不长，常态化程度偏低。

“都说志愿者是北京的名片，名片是需要随时揣在兜里，常常拿出来的，是必备的。”于群希望他的学生能把参与志愿服务当成一种常态、一种生活方式，而不仅仅是秀在朋友圈里、为吸引点赞的一张照片。

陆士桢：志愿服务已是青年共识

记者　李　玥

《中国青年报》（2015年05月08日　05版）

“青年志愿者占全市志愿者人数的一半还多，反映了青年在引领社会风气之先。”中国青年政治学院教授、北京志愿服务发展研究会会长陆士桢在看到北京青年1%抽样调查（青年志愿者群体）课题报告后，几组数据让她很欣喜。

占北京青年志愿者群体34.1%的非京籍青年首先引起了陆士桢的关注。在她看来，非京籍青年的融入问题是大问题，但志愿服务恰好提供了融入的方式和途径。

陆士桢认为，从人对一座城市的情感上讲，第一是归属感，即我是这个城市里的一员。第二是荣誉感，指的是这座城市的兴衰“与我有关”。第三是责任感，表现为城市的发展我负有责任。而参与志愿服务正是对待一座城市负有责任的体现。

“占有相当比例的非京籍青年反映了外来青年对北京这座城市的积极融入。我对这个城市负有责任，我要为这个城市贡献力量，这种积极融入是非常难能可贵的。”

还有一组让陆士桢感兴趣的数据是北京青年志愿者的收入调查，在北京市职工月均工资为5 793元的情况下（2013年数据），收入在5 000元以上的青年志愿者仅占

18.1%。陆士桢说，志愿服务行为并不是一个跟收入挂钩、有必然联系的行为。“过去大家总是觉得，志愿服务包括慈善，肯定是有余资、有余力才会参与其中。但这个数据证明，绝大部分参与志愿服务的年轻人都是普通青年，也进一步说明参与志愿服务已成为现代青年的共识。”

“越来越多的青年人加入志愿者的队伍，说明他们能够感觉到物质的追求不能给自己带来满足，而志愿服务带来的满足，是精神层面的。”陆士桢分析，收入在1 000元到3 000元之间的青年志愿者占36.8%，表明那些月收入处在中等偏下的青年人通过志愿服务满足了自我实现的需求。

在跟青年人的交往中陆士桢观察到，很多因为收入低、没有社会地位而自卑的青年人，因为志愿服务行为受到大家点赞，体会到了在“挣钱中”得不到的快乐和肯定，收获了内心的满足，这是志愿服务给予个体价值的认可。

在陆士桢看来，志愿服务是青年群体参与社会建设的方式，通过社会服务发出青年的声音，对我国的民主法治建设具有重要意义。

“在北京这样一个国际大都市，志愿服务的普及率和参与度是可喜的。同时，志愿服务的组织化特征明显、社会化程度偏低也需要注意。”陆士桢发现，报告中在参加志愿服务的形式方面，47.5%的人参加的志愿服务是由供职单位或学校组织的。选择由政府系统、工会、共青团、妇联等系统的志愿者协会组织的占38.6%。说明相较于依托组织体系开展的志愿服务而言，社会化、民间性的志愿服务还比较薄弱。

陆士桢举了个例子：一位希望去幼儿园为孩子提供志愿服务的志愿者，很难找到进入幼儿园的途径；一位中学历史教师希望利用业余时间去博物馆做讲解员，渠道也并不顺畅。在她看来，社会化动员参与志愿服务，刚需是提供一个完善的提供供需关系的平台，保证资源和需求之间畅通无阻的匹配。这其中包括对受助者和施助者权益的保护，也包括审查、监督、评估机制的完善。

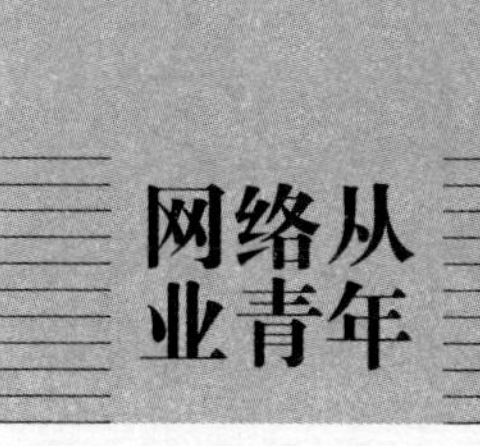

网络从业青年

梦想在风口　现实在地上

记者 孙　震　**实习生** 柳　青

《中国青年报》（2015年05月13日　04版）

“工作这么累，花钱的时候就不想再难为自己了。”今年是28岁的邱琪在北京某互联网巨头工作的第三年。2012年，她从传媒类专业毕业后不久，就进入这家互联网公司做产品经理，经历了多次考核和升级，现在收入比许多同学高。

“互联网公司给的多，但我们拿的是辛苦钱。经常要加班到深夜不说，项目压力、沟通压力此起彼伏，回到家一句话也不想说。”邱琪很无奈地说。

经过近20多年发展，中国互联网行业快速更迭，崛起的一批又一批行业巨头，细致入微地改善了人们的生活，更激发了年轻人的创新观念。然而，光鲜背后，在快速迭代的压力和充分竞争的环境里，许多年轻从业者看似思于千里之外，实则疲于灶台之间。

正如团北京市委“北京青年1%抽样调查”显示，北京互联网从业青年群体约61.9万人，月均收入6 228.5元，远超其他行业，但49.6%日工作时长超8小时，55.4%拿不到加班费，说明高端行业并不代表高端就业。

青年网络从业者是高学历、年轻态的知识密集型蓝领

调查揭示，从人口学特征上来说，73.0%从业者年龄在28岁以下，平均年龄为26.7岁；67.0%为本科以上学历，其中研究生占12.2%；65.1%从业者为外地户籍。

在岗位分布上，像邱琪那样的产品岗并不多，19.3%是做编辑，11.7%为开发，还有11.3%是运营人员。整体显示，仅有34.0%的人能按标准拿到加班费，进而呈现出高月薪低时薪的特点，是典型的知识密集型蓝领。

王霏是毕业刚满一年的新闻专业本科生，现在在一家2014年8月才成立的自媒体公司做文字编辑，主要负责公司微博、微信、博客等平台的信息编辑发布。

“虽然公司正在平台构建的摸索阶段，不像大公司要求那么严格，但是一有新项目投入，加班加点就是常态。新项目开启前一个月最忙，每周只能休息一天，每晚至少要加半小时。是义务性质的，没有加班费。那段时间精力总恢复不过来，觉得周末跟没休息过似的。”

调查还揭示，该群体人均月支出达到4 301.9元，其中生存性支出比例较大，房租或房贷就占据了42.5%，人均月支出占月收入的七成以上的人数达90%以上，基本属于收支双高的“穷忙族”。而且，住房状况不稳定，拥有自购住房者仅占25.6%，而其中又有67.8%是北京户籍，即非京籍网络从业青年购买住房的人仅占网络从业青年群体的12.3%。租房者的平均月租金是2 146.6元。

王霏最近换了个离公司近一些的住处，“交通比较方便，居住条件不错，当然租金也涨了不少，之前的房租是2 000元，现在涨到3 600元”。她原来要在路上耗费3个多小时，加上项目运行初期工作压力比较大，每天都觉得非常疲惫，“好在工作本身能消化掉这1 600元差价，工资还算能满足我的心理预期”。

事实上，该群体中位数、众数超过六成的人处于租房状态，其中合租方式占72.7%。过半的人和王霏的情况差不多，租住面积在20平方米以下，其中合租方式占72.7%。40.2%的人近3年有两次以上搬家经历。

因为在空间分布上，64.2%的人居住在四环外，其中住在五环外的高达39.6%，因此，44.6%的人“在路上”的单程时间超过1小时，远高于其他从业者水平。

高收入是少数，压力大是多数

报告显示，从业者月收入在6 000元以下的比例高，占到63.7%，而万元以上的占到13.6%，高收入比例高于从业青年整体水平，月收入的众数和中位数都是5 000

元，差距不小。而且，大企业比小企业工资高10.0%左右，研发类岗位是运营、编辑类薪酬的4到5倍。

对于职业和岗位预期，很多从业者表示并不明朗。究其原因，一来是行业本身的岗位收入呈马太效应，两极分化；二来则是个人职业流动和发展瓶颈并存。

调查发现，网络青年工作流动性也大。3年里52.5%的人都更换过工作，对工作的满意度仅为11.2%。然而，由于互联网行业的特殊性，大部分仍在低端层面“换汤不换药”。行业的与时俱进让知识结构和技能时刻面临考验，一位青年感慨道：“一入IT深似海。”

跟王霏一样，萧煌也是毕业刚满一年的往届生，目前在一家新兴科技公司做PC端应用开发工作。虽然就业时间不长，但是他前后已经换过3次工作。

“第一份工作是在济南的一家电脑公司做程序员，觉得每天都只是写代码，没什么前途，正好一个比较有名的女装网络品牌在招网站运营管理员，我就趁机跳槽了。”萧煌的前两份工作的持续时间都不长，第一份工作只有半个月，第二份工作也只维持了半年，“跟济南地区相比，上海北京的工资水平会明显高一大截，想去大城市打拼一下”。

网络里的积极分子，现实中的“宅独”青年

就从业者的个性来说，一方面，在网络世界里，他们是积极分子，是网络改变生活的推动者。66.7%的人会关注或参与过“人肉搜索”、网络签名、网络声援等网络世界的群体性活动。32.5%的人写过高关注帖子，16.2%的人的评论在微博中被大量转发过。

另一方面，对网络的高度依赖，让41.2%的人在闲暇时仍选择“宅”着上网，然而，网上的“大拿”和“红人”的魅力却没法延伸到线下，现实中比较低的社会化程度，导致了67.5%的被调研者在京好友不超过5人的局面，且当中85.2%都是同学、同事和同乡。

25岁的崔光范目前在某著名搜索引擎公司做技术岗的工作，身为一名程序员的他同时也是社交媒体重症依赖患者。每当网上有一些例如微笑日、跑步计划之类的群体性号召活动时，他总会大量转载进行刷屏服务。

“网络让个人的声音大了很多。我大学的时候曾经做过公众营销号，是面向动漫爱好者的。”在崔光范看来，网络号召力都是通过投钱投精力运营出来的，偶像效应也会有一定效果。“在有了庞大的粉丝基础之后，有时候你说的一句话都可能会产生巨大的作用。现在虽然改做技术岗的工作，个人社交媒体也式微了，但还是希望能给人以积极的影响。”

邱琪意识到了自己现实社交缺乏的问题，于是循着自己的兴趣，参加了烘焙工坊的培训，结识了一批工作上各显神通、周末亲如家人的好友。“我还会加入公司的兴趣小组，周末约同事爬灵山，或者去打羽毛球。”在邱琪看来，网络时代都赞同主动选择的自由，然而人往往不知道自己需要什么，或者会有哪些奇遇与启发，“所以，不如去更为丰富真实的现实中寻找灵光和安慰”。

总的来说，只有12.8%的从业者对自己的状况不满意。61.2%的人会为了提升自己而参加继续教育，3.9%的人具有自主创业意愿。无论是过去还是未来，他们都对自己充满信心。[①]

① 文中均为化名。

这个行业的主题就是“变”

记者　孙　震

《中国青年报》（2015年05月13日　04版）

已有10年网络从业经历的迟松涛对行业内流动性大这一问题也颇有感触。“这个行业一个公司生或者死就是6到12个月的事儿。去年还高光的公司，转年可能就没落了。前几天不刚出新闻么，国外的Secret用了9个月，从估值1亿美元到破产。这个行业稍微懈怠，就会被后来人追上，对外是公司间的竞争，对内则是业务线间的。”

虽然如此，迟松涛对整个行业的发展还是非常乐观的。“互联网大公司职场圈里经常有人一两年换一家，每次涨至少30%薪水。看发展不好了立即换新的高光机会。因为总会有新的明星公司崛起，然后靠融资去上一代明星公司挖人才。”

他很确定的是，整个行业的主题就是变。“我们的业务也是，每隔半年就变成完全不同的业态环境了，大家都在拥抱变化。适应成本是有，但行业对人才太饥渴了。”

如今在秒针系统科技公司做高级技术经理的迟松涛，在同龄人当中算是“大神”一般的存在了。初一的时候他就开始为一些大公司编写代码程序，上大学前一心想去清华大学的计算机系。虽然高考失利没能进入自己心仪的院校专业，但他一直没有放弃对软件行业的热爱。

“计算机系会有优势，但其实如果自己喜欢的话，很容易追上这个教育的差距。包括我在内，我们系三四个人都去做软件行业了。”他认为，对年轻人来说，不要有束缚感，也不必给自己贴标签。

迟松涛对互联网的确“爱得深沉”，每天除了忙工作，吃饭睡觉的时候也要刷一下手机，看看新闻消息，逛逛足球论坛，“我喜欢看正面的或者有趣的政治新闻”。不仅如此，他的朋友基本上都是从网友开始的，甚至女友也是在一个叫做“拯救大龄二次元”的新浪微群上认识的。闲暇之余，迟松涛还参加了一个网络配音社团，无偿帮社团做各种工具。“最近在做的，则是一个修改订单和进行用户调查的工具。”

“O2O（Online to Offline）是未来的发展方向。”而对于网络变革，迟松涛认为虽能激发个人潜能，“但对普通人来说，只会显得更加渺小。很多行业确实变了，比如传统的中间机构都被掏空，比如很多编辑、制作人独立，不跟着报社电视台做了，滴滴打车等也在逐步掏空出租车公司等，但其实是腾讯、阿里这些行业巨头替代了原来的传统机构而已。就像奴隶变成了农民，仍处在生产资料掌控的底层。”

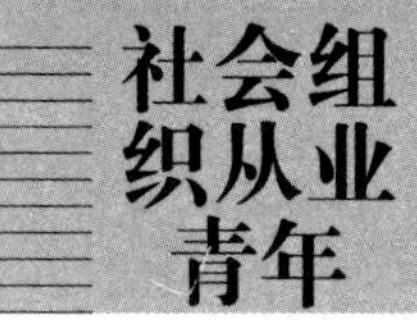

兴趣之外　渴求更多动力

记者　李　玥

《中国青年报》（2015年05月20日　05版）

对于“青年社会组织”这个概念，在一家教育机构工作的王会也是近几年才听说。刚毕业那会，知道她要去一个社会组织工作，很多朋友都很惊讶。

“有理想、有爱心、有情怀。”熟悉王会的朋友给她贴上“三有青年”的标签，但同时也会担心她“没钱、没闲、没势”。

近年来，在京青年社会组织迅速发展，对青年的影响力日益增强，并已经成为当前首都青年社会结构的重要组成部分。

8万社会组织从业青年究竟什么样？他们的发展如何？2014年前后，在北京青年1%抽样调查中，团北京市委面向在北京各类已登记社会组织，包括社会团体、民办非企业单位以及基金会中从业的35周岁以下青年开展了抽样调查，调研团队采取简单随机抽样、等比例分配样本，结合等比例分层抽样等方法，抽取了1 347名专职从业青年作为样本，进行了问卷调查。

女性多、学历高、收入低、结余少

“在我工作的机构，除了老大之外，基本上都是女生吧。”作为社会组织从业青年，王会总觉得身边的女性小伙伴偏多。除此之外，她还需要应对很多小伙伴的好奇，比如，在社会组织工作，拿工资么？挣的钱能不能养活自己？工资那么低为什么还要留下来工作？尽管如此，在王会看来，这就是“让梦想接地气的一种方式”。

根据团北京市委的调研结果，在京社会组织从业青年群体中，女性占62.1%，男性为37.9%，女性高出男性24个百分点。学历以本科以上为主，高达75%，其中学历为研究生的达20.22%。

在有关生活状况的调研方面，调研组揭示，社会组织从业青年收入水平不高，平均月收入为4 056.7元，而支出相对较大，平均月支出为3 188.7元，月均结余不足千元。这点王会深有感触，一年到头，除了能奖励自己一场“说走就走的旅行”，年剩余基本为零。

甚至，王会和小伙伴们经常吐槽的住房问题，调研组也注意到了。调研报告显示，社会组织青年住房负担较重，每月用于住房的平均费用是2 268.9元，占到月均收入的56%，且大部分社会组织从业青年没有自购房，很多人处于合租状态，拥有自购房的比例仅占36.1%，甚至2.5%的人居住面积在5平方米以下。

兴趣爱好是从业动力，多数有转行意愿

调研中，在被问到从业动机时，选择“暂时解决就业的权宜之计”占18.7%，选择“社会组织大有可为”占17.9%，选择“对公益事业情有独钟”占16.3%，选择“符合个人兴趣爱好”的最多，占43.3%。调查显示，兴趣爱好是促使大部分从业青年选择在社会组织就业的主要动因。

调研发现，收入水平偏低、社会保障体系不完善、职业上升空间受限等现实因素影响了社会组织从业青年的职业稳定性和持续性。有近一半社会组织近3年的青年员工流动率超过20%，且只有52.6%的从业青年愿意在社会组织领域继续工作。大部分社会组织从业青年最希望的工作首选，并不是社会组织。51.4%的从业青年离开社

会组织的主要原因是对薪酬福利不满意，认为无法实现自身价值而离开社会组织的从业青年占到30.8%。

认同主流价值观，追求社会公平公正

王会所在的机构，是一家为农民工子女提供教育支持的社会组织。在她眼中，这些“流动儿童”虽然也在北京，但有些城市资源无法顾及到。

“在我们身边，每8个孩子里就有1个是农民工子女。我们这群人，不管是熬夜、加班，内心的目标都是一样的，希望这些孩子也有较好的教育。”每当说起自己的工作，王会都会滔滔不绝。有朋友形容她，一提到她所关注的弱势群体，一直追求公平、公正的王会就像打了鸡血一样。

王晶晶所追求的理想和王会类似。大学时代的王晶晶加入了学校的环保社团，自此就与环保事业结下了不解之缘。放弃了稳定的事业单位工作，王晶晶参与创办了朝阳区公众环境研究中心。在王晶晶眼中，不能只把压力和责任交给政府一方，也还要依靠社会力量，探索政社合作模式，依靠信息公开和公众参与，才能从根本上推动环境问题的解决。在她看来，在社会组织工作很简单，只要稳下心、俯下身去做实事，就能收获内心的快乐。

调查显示，大多数社会组织从业青年认同主流价值观（平均分3.9，总分值为5）。社会组织从业青年比较认同奋斗成就人生，75%的人认为“北京的发展会越来越好”，91%的人相信“我的家庭会过得越来越好”，愿意对别人的困难主动伸出援助之手。

网络使用率高，线上线下结合发展倾向日趋显著

这是一场为社会组织服务对象举行的专场活动。有人装扮成玩偶“大白”，给他们带来“爱的抱抱”。北医三院的医生们把诊室搬到了活动现场，给他们提供专业服务。摄影师架好设备、打好光，快门一起一落捕捉下他们的笑脸。拍照前，化妆师们为排队等候的人精心打造“第一次化妆”的体验。

这所有一切，包括年会的主持人，都是赵传达和他的同事们在互联网上通过微信公众号众筹得来。

“现在很多社会组织都这么玩儿！”赵传达告诉《中国青年报》记者，互联网是很多社会组织从业青年群体闲暇活动、信息获取和日常联络的主要方式。

报告显示，社会组织从业青年中，有58.3%的人把上网作为最主要的闲暇活动，37.4%的人日均上网时间超过5小时。

调研组分析认为，由于互联网的普及大大降低了协调和活动组织成本，社会组织依托互联网技术进行信息传播、赢得公众关注、组织线下活动变得越来越普遍。

也有大量基于网络平台的青年社会组织涌现，甚至将实体组织机构与虚拟社区结合起来。传统组织由实体化向网络化发展，新兴的网络类社会组织向实体化发展，社会组织线上线下相结合的倾向日趋显著。

拿什么留住你，社会组织的青年

记者　李　玥

《中国青年报》（2015年05月20日　05版）

团北京市委的调查显示，社会组织从业青年普遍认为职业能力提升方式有限，通过学历教育实现职业能力提升的占36.8%，通过自我教育提升的占26.4%。但这些几乎都为行业外途径，组织内的专业培训严重短缺，职业化、专业化程度较低。

而针对在京社会组织从业青年面临的最主要困难的调研中，排在第一位的是经济困难，占25.3%，紧随其后的就是住房困难，占21.2%，以及发展提升困难，占17.3%。

“坚持梦想，所以来到社会组织工作。但是，丰满的梦想总会和骨感的现实发生碰撞，很多伙伴被迫选择离开。”和其他社会组织的小伙伴聊天中，王会得出这个结论。

在她眼里，这样的碰撞包括“工资低、时间少、任务重”。但最让她担忧的还是“自身提升的方式有限，专业化程度低”。王会告诉《中国青年报》记者，社会组织的公益认可度前景看似很美好，但实现起来应该是个漫长的过程。

在团北京市委开展的深度访谈中，许多社会组织从业青年也提出了自己的困惑：社会看部分社会组织像政府或代表政府，政府看部分社会组织是社会或代表社会。工作性质像政府，比如一些政府部门下属的协会，却没有政府工作人员的社会评价和地位；工作性质像企业，比如一些民非组织，收入比企业又相差甚远，甚至不如机关事业单位。

调研组分析认为，社会地位不高、收入偏低、社会保障体系不完善是造成他们困惑的主要因素。社会组织虽然在我国得到了一定程度的发展，但由于其发展的政策环境不够完善，自身的能力建设尚需提升，社会对其认可度有待提高，所以社会组织对于广大青年的就业吸引力远未达到理想状态。进一步完善社会组织发展的“职业化”制度设计，提高社会组织自身能力，增加收入，提高工作稳定性，加强在职技能培训，让这批青年不再动摇，是留住社会组织从业青年的关键。

在报告中，社会组织从业青年对所在社会组织的发展现状有较为理性的认知，普遍认为需要提升社会组织能力。排名靠前的是组织影响力（48.33%）、行业管理能力和自律能力（37.61%）、项目获得和执行能力（34.63%）。在认为政府最应该进行改革的内容方面，选择“加大政府购买项目力度”的占28.45%，选择“加强人才队伍建设”的占21.78%。

近年来，北京共青团组织在协调党政部门资源、公益慈善资源及支持社会组织从业青年群体提升专业资质水平与服务能力、购买社会组织服务项目等方面积极探索，以帮助青年社会组织提升专业化、规范化程度。

从2010年开始，团北京市委推出了“伙伴计划”。一方面多渠道主动挖掘、联系青年社会组织，另一方面搭建平台、举办活动吸引社会组织找到团组织。自成立了北京青少年社团发展促进中心后，举办“社团文化季”活动，开办“社团青泉汇”官方微博、微信，通过平台推介共青团发展思路和文化理念，举办有意思、易参与的活动项目，吸引青年社会组织主动前来找到团组织。经过近4年的努力，团北京市委初步建立了对青年社会组织的动态备案制度，形成了“日常联系＋活动联系”相结合的联络机制，扩大团青工作的有效覆盖面。

与此同时，团北京市委还针对组织负责人推出了“青年社会组织骨干训练营”项目，累计培训300余人。在训练营中发现那些在同类型社会组织中动员力和号召力较强的组织负责人，进行专业化、规范化培训，陆续打造了100家示范青年社会组织。

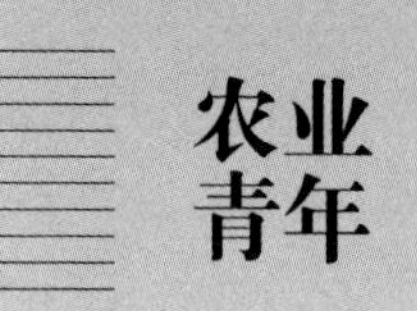

村庄创业消解“乡愁”

记者 黄丹羽

《中国青年报》（2015年05月18日　04版）

每晚回到租住的房子，枕着窗外的嘈杂，邱国远总是难以入眠。他想念从小到大生活的农村，想念“掉一根针都能听得见”的静夜。

在顺义区工作那几年，邱国远换过很多工作。他每天穿着体面，朝九晚五地上下班，却总觉得自己“和城市格格不入”。他喜欢夏天在自家院子里支起桌子吃饭，习惯走在街上遇到的都是看着自己从小长大的熟人。可是在城里，他甚至不知道隔壁的邻居是谁。

“我就是一个农民。”邱国远还是选择遵从自己的内心，回到顺义区北务镇北务村，和哥哥一起“将养猪进行到底”。

团北京市委“北京青年1%抽样调查”将邱国远归类为“农业青年”。他们的年龄在16岁至35岁之间，生活、居住、工作在北京乡村超过半年，直接从事第一产业。在北京，农业青年共有9.11万人，占北京市农业人口总数的16.17%。

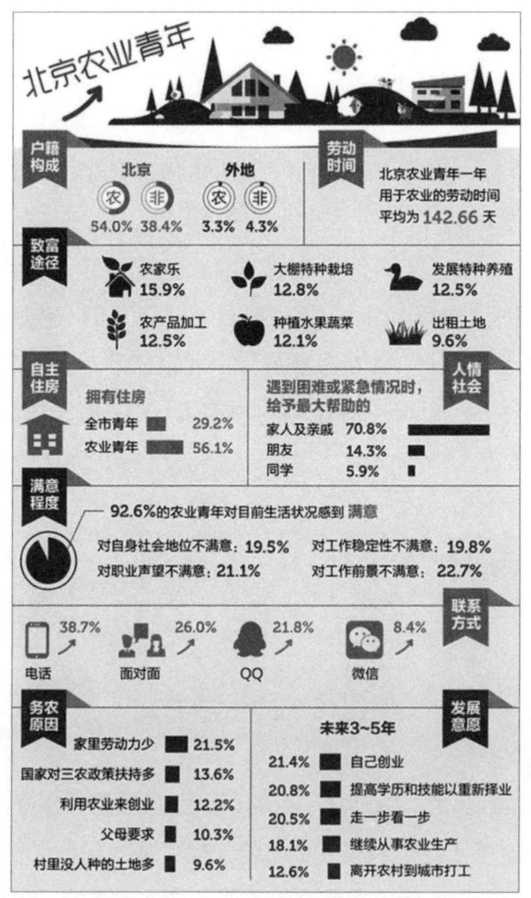

收入不再靠种粮

白天，邱国远在村子里几乎见不到同龄人。太阳下山之后，各家各户的小车才陆陆续续开进村子，载着从城市里放学、下班归来的年轻人。

随着北京城市化进程加快，部分近郊农村变为城镇，大量农民上楼，大量农村户籍青年不再从事农业生产，选择在外就业或上学。农村青年外流趋势明显，村里的年轻人越来越少，并呈现集多重经济身份于一身的特点，收入来源也越发多样化。

有些农业青年通过将土地的经营权进行流转，获得租金，成为“土地出租者”；有些青年参加村集体产业并获得股份分红，成为“股东”；有些青年将自有住房出租，成为“房东”；还有些青年开展农家乐等个体经营，成为“私营企业主”。

河北保定姑娘赵红敏是北京农业青年中少见的外地农业户籍。因为“到北上广的年轻人都在城市里，没有人来农村”。在北京市农业青年中，北京农村户籍占54.0%，北京非农户籍占38.4%，外地农业户籍占3.3%，外地非农户籍占4.3%。

大学毕业后，赵红敏被一纸“工作在北京，管吃又管住”的offer吸引到了延庆县北京四海种植专业合作社。当时，这片距县城46公里的“纯山区”让赵红敏很失望。6年过去，四海种植专业合作社投资成立了北京四季花海农副产品加工有限责任公司，赵红敏担任经理。“农村还是有发展空间的，关键要看个人努力。”她说。

李佳雪从中国传媒大学毕业后，到房山区经营一家以生态教育、农工文化教育等为主旨的亲子生态农场。她介绍，房山区拥有十渡景区等丰富的旅游资源，青年人大多选择从事旅游行业的相关工作，很少有人选择传统种植、养殖行业。

在农业青年致富途径中，农家乐排在首位（15.9%），传统粮食种植收入最低。

保留传统的生活方式

每个月没有了房租开销，回到村子里的邱国远生活压力骤降。“自己院子里种点菜随便吃。”他说，“除了吃饭和孩子读书的开销，基本花不了什么钱。”

调查显示，农业青年生活压力较小，月平均收入为2 837.89元，支出为1 826.48元，月结余1 011.41元，超过月收入的1/3。在他们的日常支出中，排名前三的分别是吃饭（72.2%）、水电气及日用品（42.6%）、抚养子女（32.7%）。农业青年拥有住房的比例达到56.1%，住房支出压力较小。随着农村基础设施日益完备，生活条件日益便利，92.6%的农业青年对目前生活状况感到满意。

不过，由于生活和劳动都在村里，农业青年的社会交往相对局限，他们最常交往的对象是“本村村民”（77.3%）。

农业青年在业余生活上也较为传统，每天上网时间为一小时及以下的占47.5%，从不上网的占6.8%，闲暇时间首选上网比例明显低于其他各类青年。而他们最常用的联系方式，是电话（38.7%）和面对面交流（26%），通过QQ、飞信、微信等网络工具的比例相对较低。

邱国远也用微信，但只是“打发无聊”，从不用来“谈正事”。更多时候，他会选择打电话，或者更直接地把朋友叫到一起当面聊。

农业青年业余生活比较单调，闲暇时间的安排中，47.9%的被访青年选择上网，45.3%的选择看电视，8%的选择打牌打麻将等娱乐。

此外，农业青年群体的择偶观念也较为传统。择偶观念中排位前三的是品行（44.7%）、感情（25.3%）和能力（16.8%），选择金钱（4.2%）、房子（2.6%）、家庭背景（2.4%）、外貌（2.1%）和学历（1.6%）的比例相对较低。

在“乡愁”中创业

大学毕业后，张庆回到房山区大石窝镇南河村，成为一名农业种植技术指导员。经过两年的摸索努力，张庆管理的大棚蔬菜实现年25%增产。“现在青年人不管有没有学历，留在农村的都很少，即使没有学历也会出去打工。”张庆说，“但有些人的思想意识也开始转变，我身边也有一些人回到农村来创业。”

不过，虽然42.8%的农业青年有强烈的创业意愿，对于未来3～5年的职业发展，选择自己创业（21.4%）的排在第一位，但只有4%的人有过实际的创业经历。缺乏资金、缺乏创业指导和缺乏技术支持是阻碍他们创业的三大门槛。

李佳雪在城市长大，选择从事与农业相关的工作，完全是出于“喜欢”。像李佳雪一样出于兴趣选择从事农业工作的，只有6.1%。近一半农业青年由于家庭需要、个人能力不足等不得不从事农业。“家里劳动力少”所占比例最高，为21.5%，“父母要求”占到10.3%，“只会种地不会干别的”占到6.9%，“外地打工挣不到多少钱”占到5.8%。

韩森就是“为了父母”，放弃了单位的出国机会，回到大兴区长营镇小黑房村，帮父母搞肉鸽养殖。起初他也十分排斥，每天“在家睡觉不想起床，起来也不知道干吗”。但后来，他选择“接受现实”。

前几年禽流感暴发，韩森家遭受了巨大的经济损失。最困难的时候，是村里的老百姓伸出援手。2008年前后，肉鸽产业发展得好了，韩森告诉自己“不能忘本”，开始带领村民发展林下经济，共同致富，韩森因此被选为村委委员。在被访农业青年当中，有38%的人像韩森一样，选择通过村两委参与公共事务管理。

调查发现，户籍、土地、社保政策在农业青年中备受关注。被访的北京农业户籍青年中，近七成希望保留农村户口。不过，农业青年对关系切身利益的涉农政策高度关注，而实际了解程度并不高。

在城市和乡村之间

邱国远的妹妹本科毕业后留在北京城区，拥有一份收入可观的工作。可是5年后，她和哥哥一样选择回到顺义。“她回顺义区找工作，每天晚上回家住。”

邱国远9岁的女儿在农村上学，可所有补习班都在区里。每个周末，邱国远都要带着女儿往返三十几公里，接送她上各种补习班。

农业青年羡慕城市里的资源丰富，希望成为“城市人”。可现实是，在受访农业青年中，高中及以下学历占到49.8%，止步于职高、中专、技校等，他们在城里就业较难，生活习惯、交往习惯还保留着传统农村色彩。

随着北京城市化进程的推进和农业现代化的发展，农业青年面临向都市型现代农业转型和进入城市就业的新形势。一方面，农业青年从事农业缺乏传统技术和现代技术，呈现“农盲”或技能缺失，需要提高技能适应农业现代化趋势。另一方面，农业青年缺少学历职业技能，在城市就业中缺乏竞争力，绝大多数从事以体力劳动为主的服务业和简单制造业。由于学历层次较低，再学习再深造的机会较少，平台较窄，后劲发展不足。

农业青年对于自己未来3～5年的职业发展方向，选择继续从事农业生产的比例仅有18.1%，四分之一的农业青年对未来发展比较茫然。“靠土地去养活一家人几乎是不可能的，他必须去工作。可他又无法融入城市，那他能不迷茫么？”邱国远说，“怎么办呢？这就是现实。”他觉得，农村已经不是10年前“脏乱差”的样子了，年轻人应该更加努力学习掌握现代化技能，把“乡愁”转化成为生产力，让家乡更美。

年轻人凭什么回农村

记者 黄丹羽

《中国青年报》（2015年05月18日　04版）

韩森曾经在高楼林立、车水马龙的北京CBD工作。没结婚，不买房，一个月挣多少钱都能花干净。每天下班打打电玩、逛逛街，表面看上去，生活很快乐。其实在外打拼不容易。心里那份委屈，韩森自己知道。

父母在家养鸽子，叫韩森回去帮忙，他心里不乐意："全村400户谁都认识谁，我回去他们肯定得议论。在农村，大家觉得你都出去了又回来，就是没本事。"

为了父母，韩森还是妥协了。刚回到村里，他整天闷在家不出门："年轻人都在上班，我找谁玩去？"

无所事事的状态持续了快两年，韩森才静下心来，投入了家里的肉鸽养殖事业。他满腔热血、风风火火，却和父母产生了许多矛盾。"我有新的想法，总想一点一点去扭转他们的思路。抬杠的事多了去了。"不过，韩森也有错的时候，他开始明白"有时候经验还是重要的"。

韩森观察着农村。他发现，村里的老人并非不愿意接受新鲜事物。"我们五六十岁的村干部，也想懂电脑，可他怕你笑话他，所以没有勇气去接触。”韩森觉得，如果有更多的年轻人回来，一定可以满足老人们“与时俱进”的愿望。

然而现实是，村里的年轻人“几乎为零”。只要有一点点本事，哪怕只是中专毕业，他们也要到城里去工作。韩森理解他们，因为自己也曾经和他们一样。

韩森和大学生村官聊天，和来村里做社会调查的学生聊天，这些比他更年轻的“新鲜血液”常常让他感到惊喜。“他们有很多超前的想法，都特别好。可是如果来到农村，他们的想法真能实现么？这些有学历、有资历的孩子来到农村，农村能给他们提供什么？”韩森说，“你看那些大学生村官，好多都有想法有本事，想要施展的空间。”

韩森琢磨着，要是农村有好的平台，好的政策，年轻人一定愿意回来。“城市已经太拥挤了。农村有发展的空间，也有生存之道，并不像想象的那么复杂。”

韩森想对年轻人说：“带着自己的想法和愿望，扛着压力，回农村吧。”

让“回流”农业青年“待得住”

记者 黄丹羽

《中国青年报》（2015年05月18日　04版）

徘徊在城市和乡村之间的农业青年，内心是矛盾的。他们面对城市生活时焦虑、困顿，对农村生活又不认同。针对团北京市委对农业青年群体的调查报告，北京科技大学社会学系课题组专家发表了看法。

专家注意到，和全国总体情况相比，北京地区农业青年群体的文化程度相对较高，受教育程度为大专及以上的占到50.1%。另外，北京农业青年群体中有相当一部分人拥有北京非农户籍，也就是说，这部分人虽然以农为业，但并不是传统的农民，而是具有城市户籍却从事农业生产的“农民”。

农村人口向城市地区迁移，是城镇化过程中的普遍现象。大量农村青年涌入城市，可农村发展同样需要人口和劳动力，尤其需要具有知识和技能的青年人。在自然状态下，会有一部分外出务工的青年人口因为婚姻、子女教育、照顾老人、城市适应失败等原因自发回流到农村。而要吸引“半城市化”的外流青年人回到农村并不容易。专家认为，农村要在经济发展水平、产业结构、基础设施和服务提供等方面进行改善，回流的青年人“有业可就”，才能“待得住”。

调查显示，部分农业青年存在政策了解不足、现代技能缺失、未来发展不明等困惑。专家建议，应该多采用互联网、手机微信等适合青年人特点的信息传播途径改善政策宣传方式，组织各种方式的技能培训，为农业青年提供更充分的信息，帮助他们科学、合理地决策和选择，同时要加强政府政策引导。

专家提出，近年来，社会工作者的快速发展值得注意。社会工作者具有传递社会政策，倡导政策与制度的适当变革，以促进社会公平与正义的职责，上述种种问题可以通过专业社会工作者的介入得到改善。

部分农业青年能够较好地适应和融入城市社会，但还有相当一部分农业青年会面临重返农村这一选择。专家认为，从农业青年自身角度来说，需要提高基本技能和市场竞争能力，并调整好心态。从政府角度来说，一方面，要创造更好的经济社会环境，为青年农民的城市生活和城市融入提供必要的保障；另一方面，要重视农村经济社会的发展，逐步改善农村基础设施建设，丰富农村社区服务内容，提升农村社区服务水平。唯有如此，青年农民在城乡之间的流动才会有更多的可能性。

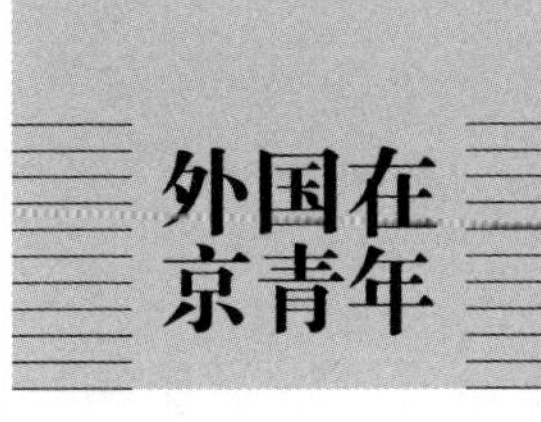

喜欢“骨子里”的中国首都

记者　刘　星

《中国青年报》（2015年05月14日　04版）

对于于中美来说，中国算得上她的第二故乡了。

这个在大连出生的21岁美国姑娘，醉心于中国民族舞蹈，还没上小学就学起了东北二人转，回到美国后又几次重返中国学舞蹈，并最终选择留在中国读大学，专修舞蹈。很小的时候于中美一家就从大连搬到了北京，她觉得这个城市“特别亲切”，她喜欢那些老房子和胡同。

于中美是在京外籍青年中普通的一员。权威数据显示，北京作为中国对外交往的中心和窗口，拥有大量的使领馆、国际组织驻华代表机构、外国新闻机构、外国企业代表机构和外商投资企业，它还拥有51个国际友好城市，目前共有约9万名外籍青年在北京。

外籍青年大多来自哪些国家？关心什么？2014年前后，团北京市委面向在北京生活工作6个月以上、年龄在18周岁至35周岁的外籍青年开展了抽样调查。此次调查采用整体分层抽样方法，共发放问卷900份，深度访谈外籍青年60人。

韩国、美国青年最多，
"中国文化"是兴趣聚焦点

调查显示，被访对象来自86个国家和地区，其中数量最多的4个国家是韩国（占比18.6%）、美国（占比12.0%）、日本（占比6.4%）、加拿大（占比6.1%），这四国的外籍青年占外籍青年总量的43.1%。

该调查结果与在京外国人来源结构完全吻合，根据北京市出入境管理局统计，在京外籍人员数量排在前四位的国家也是韩国、美国、日本、加拿大。

外籍青年的工作、生活区域也比较集中。调查显示，外籍青年在京就业群体主要分布在海淀区中关村地区、亦庄开发区等涉外企业和语言培训机构密集地区，而因公人员则主要集中在朝阳区的建国门外、三里屯、亮马河三个使馆区。

从居住看，在京因公工作人员集中分布在朝阳区建国门、三里屯、外交公寓一带，留学生群体则集中分布在海淀区各高校，而外籍居民主要集中在望京、麦子店、五道口等地区。

来自美国的于中美现在正在海淀区的北京师范大学读大三。早在1987年，于中美的父母就来到中国打拼，而出生在中国的她，也被父母取了"中美"这个极具象征意义的名字。

于中美很小的时候就随父母搬到了北京，小学一年级又跟着父母回到了美国。她很喜欢中国的各类民族舞蹈，曾经几次回北京学民族舞，她说自己的偶像是杨丽萍。最终，于中美不顾家里的反对，高三返回中国，准备在北京念一所大学，学习舞蹈。

调查显示，外籍青年对作为国家内涵的中国文化非常热爱，很多人来中国就是为了学习中国的文化，79.7%的人对中国文化非常感兴趣，兴趣点聚焦在餐饮美食、民俗节日、戏曲文艺等方面。

此外，调查组还发现，在文化认同方面存在很大的国别差异。欧美国家的青年对中国文化的喜爱主要表现在认为中国文化比较有意思，“他们感到很新鲜，愿意体验尝试”。

非洲和东南亚、中亚国家的青年更认同中国的发展道路，一些华语国家，或者受儒家思想影响的国家，比如日本、韩国、新加坡，他们的青年则更认同中国的价值观念和更深层次的文化产物。有很多韩国青年到中国学习中医，不少日本青年到中国学习古代汉语和哲学等。

算起来，如今在北京师范大学学舞蹈的于中美已经在北京断断续续待了快8年。像她这样长久待在中国的外籍青年并不在少数。调查显示，外籍青年在京居住不足1年的占33%，在京居住8年、9年的分别占10.1%、21.6%，是最集中的两个时间段。调研组分析称，外籍青年在京的时间是哑铃状分布，4年以下的占一半以上。这与留学生较多相关，主要是来京学习、交流的青年，这些刚到北京的外籍青年，面临认识北京、融入北京的困惑。

而居住8年以上的占到39.5%，主要是来京公干和工作的青年，他们有很大一部分与中国建立了不可割舍的关系，希望长期在北京生活下去。

于中美打算毕业后先在北京待两年，这位精通多种民族舞的美国女孩的心愿是推广中国的民族舞，因为“关注民族舞这种文化的人真的太少了”。

超六成比较喜欢或非常喜欢北京

26岁的法国记者马特（化名）来到北京时，在安定门附近租下了一间房，因为那儿离他喜欢的老北京胡同很近。马特不喜欢王府井或者五道营那些仿古的建筑，他更爱胡同里、钟鼓楼间弥散的正宗老北京感觉。

于中美也很喜欢老北京的感觉。2007年，她为了学舞蹈在北京待了一夏天，就住在鼓楼。每天练完功，那时候才12岁的于中美就喜欢跑到雍和宫或者后海附近，对着老建筑发呆。

马特和于中美当然不是个例，拥有三千多年历史，又相对完整地保存了诸多古建筑的北京，对于外国人有着相当的吸引力。调查显示，61.7%的外籍青年比较喜欢或非常喜欢北京，在北京吸引力方面，排在前三位的分别是文化氛围好（34%）、工作机会多（21.7%）、人民友善（20.2%）。

中国文化吸引人，不过对于大多数外籍青年来说，学汉语却是一件痛苦的事。来自非洲加蓬的周埃乐最先学会的两句汉语是，“别着急”和“慢慢来”，她弟弟因为始终没有学会汉语，在中国待了很短的一段时间就离开了，去了法国。

于中美则属于汉语学得最好的那一拨外国人，如果不见真人只听声音，你完全不会想到这是一个外国人。在于中美的腾讯微博上，她还挂着自己用微视录的《红鲤鱼绿鲤鱼》绕口令视频。

调查显示，外籍青年基本能够融入北京的日常生活，汉语水平达到一般以上水平的占到总数的78.9%，其中比较流利和非常流利的占43.7%，日常交流基本无障碍；与中国邻居（同学）交往比较融洽和非常融洽的占到61.6%。

我们关注的他们也关注

周埃乐被送到北京读书的原因很简单，在非洲加蓬共和国从政的父亲认为中国正在崛起，他希望女儿能够学会中文，了解这个迅速发展的国家。

大多数外籍青年对中国发展高度关切。周埃乐说，中国的发展模式在非洲很受推崇，大家也都很看好中国未来的发展，“我爸爸说，现在中国的发展特别快，中国在世界上地位越来越高”。

从团市委的调查来看，大部分外籍青年对中国的发展充满信心。调查中，对中国未来发展“比较有信心”或“非常有信心”的比例达到80%。受访者对中国政府的动态非常关注，对于中国的外交新政、反腐倡廉、环境治理方面所作的努力给予高度评价，对于中国政府的治理能力也持肯定态度。

调查显示，北京居民关注的问题，外籍青年也同样关注，比如社会发展、民生改善、城市治理、环境保护、吃穿住行涉及切身利益的方面，关注点比较一致。

如何让外国青年更了解中国

记者 刘 星

《中国青年报》（2015年05月14日 04版）

虽然同处一地，但在京外籍青年到底有多了解中国？

团北京市委的调查显示，虽然外籍青年在北京工作或生活，但他们了解中国的途径有68.3%是通过网络、电视、杂志等，而不是“与中国人直接交流”。此外，当他们遇到困难时，求助对象中42%是朋友，25.5%为家人亲戚，8.8%为本国人。显然，虽然都在北京生活，但外籍青年并不足够了解北京。

与此形成对比的是，调查显示外籍青年的社会交往意愿强烈。调查报告显示，“非常愿意或者比较愿意”与中国人交朋友的外籍青年占到87%。并且只有26.9%的外籍青年表示没有参加任何组织，14.3%的外籍青年经常参加活动，近一半的每月参加1次及以上。

而在团北京市委开展深度访谈中，许多外籍青年也提出，希望政府搭建更多的平台，让不同国家的青年有更多的交流。

来自非洲加蓬的周埃乐告诉记者，她的中国朋友多是学校里的同学，不过因为中文说得并不流利，所以跟普通的中国人交流还存在一定困难。有时候，甚至坐出租车都怕司机“听不懂”。

不过，北京也在采取一些措施改变这一现象。

从2012年起，团北京市委联合北京市外办、对外友协共同发起了“国际青年组织论坛暨北京友好城市青年交流营”活动，交流营活动成功举办了3届，累计邀请到40余个国家近600名外籍青年到北京开展交流活动。

2013年和2014年，团北京市委与全国对外友协合作，成功举办“欢动北京”国际青少年文化艺术交流周活动，两年累计邀请到来自20余个国家的优秀青少年艺术团及4 000余名来自国内各省市的青少年共同参与活动。2014年夏季，团北京市委启动“未来领袖，青春使者”夏令营项目，今年将重点邀请“一带一路”国家青年代表，开展重走丝绸之路活动。这些活动搭建了中外青年交流的桥梁，成为外籍青年了解北京、全面认识中国的窗口。

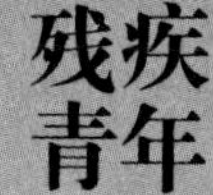

残疾青年

微笑面对现实　憧憬未来梦想

记者　李　玥

《中国青年报》（2015年04月27日　05版）

在北京的半年里，阿敏几乎从不出门，这在她还能走路的时候简直无法想象，“我害怕卫生间没有坐式马桶，曾经连续八小时不能上厕所。我根本没法坐公交车出行，因为上不去，也害怕地铁的无障碍设施无法使用，更担心出租车拒载。”

盲人丽娜对于从单位到家的路非常熟悉，但她从来不走盲道，“因为常常会被占，被停放的自行车占，被随意横着的私家车占，被摆放的小摊占，被电线杆占，让我们总是心惊胆战。”

自闭症孩子南南的妈妈总是避免带南南去外面吃，“我害怕别人异样的眼光，对南南指指点点，甚至请我们离开饭店。”这样难堪的时刻，通常发生在南南大声讲话或者行为异常时。

“我保证你把这样的情况说给北京近10万的残疾青年听，他们一点也不会意外，因为这些困难和无奈早已司空见惯，但可贵的是面对有些骨感的现实，应该是还没等你说完，他们就已经会心地点头、微笑了。”从大学起就从事助残志愿服务的小方告诉《中国青年报》记者，这些还仅仅只是残疾青年群体的一小部分需求。

为了解这9.9万青年人的需求，团北京市委历时3个月，分别走访特教学校、志愿组织、康复机构、就业单位等18家组织机构并深入残疾青少年家庭，开展残疾青少年群体抽样调研。调研发放问卷752份，回收问卷654份，并对36人进行一对一深入访谈，涉及在校学生、助残协管员、社工、待业青年、盲人按摩师等。

学历低就业难，身体残疾不阻挡梦想

在盲校读书时，老师总是不厌其烦地跟丽娜强调，你不要再去追求什么梦想，因为你出来只能从事盲人按摩。“1 700万的盲人，你跟他们说，这辈子只有一条出路，梦想还没开始就被遏止，你不觉得这个很可怕吗？”提起这段已经过去十几年的经历，丽娜的情绪仍然激动。

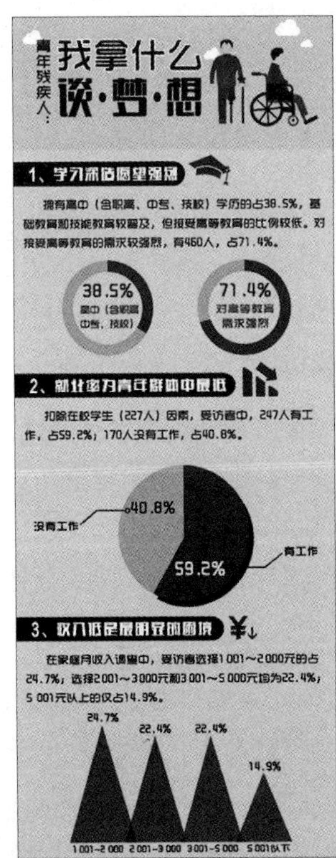

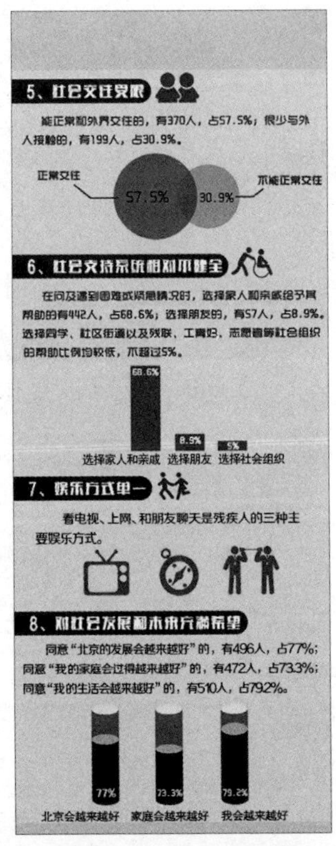

盲校毕业连续做了3年推拿后，丽娜决定改变轨迹。可是问题一个接一个而来，当她尝试申请继续读书时，没有学校愿意接收。

据调研报告统计，残疾青年就业率显著低于其他群体。扣除在校学生（227人）因素，受访者中，247人有工作，占59.2%；170人没有工作，占40.8%。不仅如此，残疾青年的就业途径也十分有限，希望通过残联就业服务机构找工作的有220人，占34.2%；希望通过熟人介绍途径找工作的有193人，占30.0%；倾向于通过网络找工作的有162人，占25.2%。

在接受北京残疾青年调研的群体中，拥有研究生学历的只占1.9%，像丽娜这样的占比最高，即高中（含职高、中专、技校）学历为38.5%，残疾青少年的基础教育和技能教育较为普及，但是接受正规高等教育的比例比较低。调研发现，残疾青少年群体对接受高等教育的需求比较强烈。受访者中认为有必要接受高等教育的有460人，占71.4%。

收入低也是残疾人面临的一个现实问题。在家庭月收入调查中，受访者选择1 001～2 000元的占24.7%，选择2 001～3 000元和3 001～5 000元的均为22.4%，5 001元以上的仅占14.9%。同时，在残疾青少年承受的压力方面，选择经济压力的占23%，大大超过学习压力（占14.4%）和工作压力（占14%）。

小文的女儿今年7岁，有一双很大很美的眼睛，却是个盲姑娘。小女孩爱唱歌爱讲故事，小文希望女儿能够多读一些书，学历高些，长大后，可以有更多选择的机会。

丽娜从盲人按摩店辞职后，接受了播音专业培训，10天时间很短暂，却向丽娜开启一个新的世界，“这是我生平第一次把盲人和播音主持联系起来，第一次知道声音可以承载那么多东西。当敬一丹老师牵着我的手走进中央人民广播电台时，我知道身体的残疾可能会有很多阻碍，但是没有什么可以阻挡梦想。”

社会交往受限，渴望各种无障碍

自从2岁起患上幼儿类风湿，婷婷（未成年人为化名）就再也没有“享受”过走路的感觉了。在她的印象里，“走路”对她来说就是相册里的那个1岁的小姑娘跌跌撞撞迈开腿的奇妙姿态。

她得的病被称为“不死的癌症”，严重的病情使婷婷全身关节都被严重破坏，不仅根本无法站立，还随时面临着脱臼、骨折的危险，身体脆弱得像玻璃。

今年16岁的婷婷在网上是个活跃的小姑娘，打开QQ、微信，线上的好友不算少。平日里，聊天基本靠网络。可是生活中的朋友没几个，因为没有办法出门。在残疾青少年与外界交往情况调查中，选择能正常和外界交往的，有370人，占57.5%；选择很少与外人接触的，有199人，占30.9%。在交往对象方面，选择同学的，有300人，占46.6%；选择亲戚的，有104人，占16.1%；选择同事的，有91人，占14.1%。因为身体原因，婷婷小学还没念完就只能在家自学，“同学”的印象对她来说已经模糊了。在她的生活里，唯一能交流的对象就是爸爸妈妈，还有她养过的一只小兔子。

“我现在有点电话恐惧症，就不爱打电话，这属于长期憋家里憋的，也没人怎么说话，就不爱聊了。”也常会有爱心人士来，但婷婷的感受并不好。

婷婷的家在北京一个老旧的小区里，家里堆满了过日子的琐碎物件和婷婷需要的种种药品。“有的时候献爱心的人一下子来十几个，咔嚓咔嚓拍完照就走了。有些人来的时候各种许愿，等有事情真求助他们了，就各种推脱，所以妈妈现在很少找人家求助了。”婷婷忍不住吐槽。

婷婷这样的情况在调研报告中以数据体现出来。报告显示，当问及遇到困难或紧急情况时，选择家人和亲戚给予其帮助的有442人，占68.6%；选择朋友的，有57人，占8.9%；选择同学、社区街道、残联、工青妇、志愿者等社会组织的帮助比例均较低，不超过5%。

“我会先安装一个外挂电梯，再买辆车，想去哪里去哪里，再也不用求人。”婷婷很多时候都会幻想“一夜暴富”，“妈妈已经弄不动我了，爸爸身体也不好，我家住五楼，要想下楼只能靠爸爸背着，爸爸现在因为照顾我也生病了，我有的时候好久好久好久都没出去见蓝天了。”婷婷拖长了音，连用了三个“好久”。

“别说风沙了，下雨我都想去浇一会。都说来一场说走就走的旅行是人的梦想，我现在连说走就走的出门都困难，一肚子苦水呢！”婷婷越来越沉，加之身体原因浮肿严重，父母略有不慎她就会摔在地上。“对于残疾人来说，最大的愿望就是无障碍。”

娱乐方式偏少，公共服务需求强

“我太能体会到残疾人的无助了！”自从3年前生了场病，阿敏从一个“欢蹦乱跳”的健全人变成了一个处处需要轮椅代步的“障碍者”。用阿敏的话说，从坐上轮椅的那一刻起，她才开始意识到，无障碍的公共服务有多么重要。

阿敏去了海南，标有无障碍标识的卫生间需要上3个高高的台阶。热心的路人把阿敏连人带轮椅抬了上去，却发现，卫生间的门十分狭窄，根本容不下轮椅的宽度。好不容易把轮椅伸进去一半，却关不上卫生间的门，阿敏尴尬极了。而更糟的是，残疾人的无障碍厕所压根没有坐便。因为这个原因，阿敏曾遭遇过8个小时没法上厕所的窘境。

“残疾人出门真的非常非常难，难到有的时候都会掉眼泪。虽然别人说我是那种看上去很坚强的女性，但真的是太难了。”出门需要的无外乎吃、住、行三件事，可就是这三件对于以前的阿敏来说的“小事”，现在都是大事。

“朋友聚会对于健全人来说就考虑吃什么就行，我要考虑上不上台阶，有没有无障碍通道。”阿敏遇到过连上好多个台阶的饭店，只得求助朋友帮忙。大一点的饭点也有无障碍坡道，但常常紧挨停车场，被堵住的入口让轮椅无法进入。“好心人非常多，大家都愿意帮把手抬我进去。”而正是这样的感觉，让阿敏觉得“有点没有尊严”，“我不喜欢被特殊照顾，我需要的是真正的无障碍，让我摇着轮椅可以从容地像健全人一样‘走’进去。”

独自去杭州旅游，阿敏打了二三十个电话也没有找到一处适合轮椅进出、价格经济实惠的旅馆。在鼓浪屿，有个开了3家旅店的老板不理解阿敏“到底要找什么样的旅店才满意”。阿敏回答，给我一个斜坡，让我能够自由出入就好。老板很抱歉，他告诉阿敏，因为他身边没有残疾人朋友，也鲜见残疾游客，他在装修旅店时并没有考虑这些。

在北京，阿敏对于一个人出行这件事也“怯怯的”。今年过年，本该走亲访友的阿敏连一次独立出门的能力也没有。即使家住一层，没有无障碍设施，阿敏进进出出都得靠家人背。“实在不想麻烦别人，就先自己爬下去，再请别人把轮椅捎下来。”

在调查中，关于日常娱乐活动方面的选项，有400人选择看电视，占62.1%；有

394人选择上网，占61.2%；有220人选择和朋友聊天，占34.2%。

尽管如此，阿敏也在用自己的方式尝试改变。在她看来，要让残疾人安心出行，享受娱乐生活，无障碍的公共服务是必要保障。

她看到占据无障碍通道的车辆，会随手拍下来，发在朋友圈里，引起大家关注。

她遇到有高高的台阶的旅店时，会耐心告诉老板，只是一个斜坡就可以让残疾人自在进出。

随意停在无障碍通道的车辆，在阿敏的坚持下，边说着抱歉边被车主开走。

没有无障碍设施的旅店老板，在阿敏的影响下，向她保证如果再开一家店，绝对考虑残疾人。

“我不奢望这个世界如何迅速改变，要变的是每一个人。”阿敏说，当健全人意识到残疾人的需要并作出积极回应时，一切将会不同。“我们变了，世界就变了。”阿敏这样想。

让轮椅上的父亲开心，其实也简单

记者　李　玥

《中国青年报》（2015年04月27日　05版）

梓月（化名）的父亲患有类风湿，平日里，稍微走两步就会腿疼。在梓月的印象里，从小父亲很少抱她，也很少陪伴她和母亲外出。

“当时年纪小，每次出门都会觉得爸爸拖了后腿，走得好慢，也会看到周围人很多异样的眼光。”在她的印象中，父亲外出时很少笑。一方面是因为疼痛，而另一方面，她猜想大概是一个残疾人在这个社会的不被接纳。

但在那场由她策划的“说走就走的旅行”中，她发现，让父亲开心其实也简单。

在这次旅行的目的地，梓月发现，无论她带爸爸去哪，不管是超市、商场，甚至健身房，都会有残疾人停车位，而且永远是把最近、最方便的位置留给残疾人。

旅行时，梓月也担心过“吃”是个大问题。平日里，父亲不愿意去外面吃饭，但这次让她非常意外。

不管是像星巴克这样的连锁店，还是任何一个路边小店，梓月都能很容易找到带父亲吃饭的地方。“门口都会贴无障碍标识，不管是餐厅里还是餐厅外，无障碍的通道是必备的。”

和很多男士一样，父亲不爱“逛街”，由于行动不便，去商场，他总会和母女俩申请坐在车里等待。可梓月发现，在美国，爸爸特别爱逛街，尤其爱逛超市。

像这样方便残疾人代步的轮椅，几乎每个超市都可以找得到。电动轮椅方便自己控制，梓月发现爸爸“玩得很high”。

在超市，父亲像个孩子一样自由操作电动轮椅“满场飞”，经常以超过梓月的速度前进。因为电动轮椅前有购物篮，父亲一个劲地要求把挑选好的食品通通放在他的篮筐内。

“那是一种成就感吧。”梓月猜测，“一个残疾人在这样的环境中，完全不用别人帮助，甚至比健全人还‘走’得快，行动还要方便自如。”

梓月终于明白，让父亲开心其实也简单，只需要让他能够没有障碍地完成一切事情。

旅行期间，父亲拍下一张照片：那是在一个社区里，放学后小朋友们聚在一起玩耍的情景。一个坐着轮椅的孩子在其中并不显得“孤独”或是“突兀”。孩子的脸上，自始至终洋溢着满满的笑容。父亲告诉她，那是一个残疾人被完全平等地接纳和对待后，自然出现的微笑。

融合教育——给心智障碍者一个没有歧视的舞台

记者　李　玥

《中国青年报》（2015年04月27日　05版）

25位演员，花费两年时间，动用100多名工作人员，配备英国专业戏剧团队指导，只为了一场1个小时的儿童剧演出。

这是中国第一台儿童融合剧，剧中的25位小演员中，5位是心智障碍孩子，包括自闭症儿童和唐氏综合征儿童。

5位障碍者10岁上下，在这出《孙悟空大战阿南西》的戏里，与其他20名非障碍者承担着同样重要的角色，也是戏剧创造力中的关键力量。

这是盈盈所在的公益组织爱弥尔智障儿童康复中心的融合性戏剧教育项目。融合性戏剧教育概念来自它的合作方——英国鸡屋剧社，即“利用戏剧、舞蹈和音乐，把大家平等地聚集在一起，并尊重他们中的每一个人所能给这个创造性的过程带来的价值”。

作为这台戏的统筹，盈盈和25名小演员一样，都是第一次接触“融合教育”。

“刚开始真的不理解，把障碍孩子和非障碍孩子放在一起玩，到底是玩什么呢？”盈盈发现，这25名小演员刚刚聚集在一起时，不管是玩游戏还是跳舞，一直是障碍孩子在一波，非障碍孩子在另一波，根本无法融合。而在专业人士的指导下，通过有效方式让孩子们互相融合、完全协作，盈盈团队足足花了一年时间。

盈盈回忆说，在舞台上表演集体舞时，非障碍孩子看到患有自闭症的小伙伴因为不能控制自己情绪而满场乱跑的时候，不再像以前那样不管不顾，而是牵起小伙伴的手，让他安静下来，学会带领他融入到团队中一起跳舞。

一年里，孩子们每次排练都会见面。非障碍孩子慢慢了解了障碍孩子的脾气和习惯，知道他们在什么情况下可能会有情绪变化。而障碍孩子在其他非障碍同伴那里，感受到完全的认同和接纳，也渐渐没有了陌生感和恐惧感。

团队里，一位患有唐氏综合征（唐宝宝）的小演员变化最大。在剧组里，无法和其他小朋友融入，经常有较强的攻击性，导致非障碍孩子的家长非常担心，一度面临离开剧组的危险。

而两年后，在专职社工的陪伴下，唐宝宝是整个团队中最热情的孩子。每周六排练时，他总是第一个到教室，会主动和所有老师、同学问好。因为他喜欢画画，社工引导他可以送出自己的画来表达对小伙伴的爱。此后，团队里的每一个成员都收到了他的一幅画。

“我们不是老师，其实只是一个支持者，帮他们去实现他们脑子里的那个世界。”在这两年里，盈盈和孩子们一起创造剧本里的每一个场景，一起设计人物的服装，孩子们的每一次设计都让她惊喜。“当你到创造力这个点上时你会发现，原来这些心智障碍孩子和非障碍孩子是没有界限的，在创造力的世界里，根本不存在障碍。”

“我其实是和这群孩子们一起成长起来的，一起作为非障碍者去尊重障碍人士，去欣赏他们的创造力，肯定他们的能力，发现他们的价值。在这个过程中，学会去接纳和包容跟自己不一样的个体。”盈盈说，“他们的障碍并不是他们的问题，很多时候，这种障碍可能是非障碍者带给他们的。”

对于自己的工作对象，盈盈总是不厌其烦地和其他人解释：“尽量避免用残疾这个词，因为这个词也是有歧视的，我们可以说障碍和非障碍。比如你是一个近视的人，需要戴眼镜才能看清东西的话，那你摘掉眼镜就也是一个障碍者。”在盈盈心里，“障碍”这个词是一个流动的概念，每个人都有自己“障碍”的地方，而对于障碍者来说，只要为他们提供足够的支持，也能实现从障碍变成非障碍的转变。

两年后公演时，湖南大剧院座无虚席。

“太激动，太兴奋，太恍惚。”演出谢幕时，所有观众起立鼓掌的那一刻，盈盈泪流满面。

“连我男朋友这个平时很爷们儿的人，都给我发短信说，我真的被你们感动了。”原本只是期望“平等、接纳、融合”的观念能够传递给演员、家长、社工、志愿者、工作人员这些在现场的790人，但在收到这条短信后，她心里有了更大的期待。

世界那么大　他们也想看

记者　李　玥

《中国青年报》（2015年04月27日　05版）

“世界那么大，我想去看看。”微信朋友圈在这几天被这句话严重刷屏了。那些五颜六色的配图里，是春天里的桃红柳绿、夏季里的碧海蓝天、秋日里的残阳如血、冬天里的洁白如玉。

“可是他们通通看不到，即使世界那么大。”曾鑫说到的“他们”是她服务了10年的盲人群体。在红丹丹这家倡导社会为视障人群提供融合性支持环境的机构里，曾鑫特别能体会盲人的需求。

“基本上盲人是不走盲道的，多数都沿着马路牙子走。”在曾鑫看来，北京的无障碍设施从硬件来说很不错，但常常忽略了“软实力”。“很多盲道不是被占就是建设得不规范，还有绕弯的。电线杆、自行车、汽车占着盲道，根本起不到一个引导的作用，走盲道反而会被碰得伤痕累累。”

“你以为盲人乘坐地铁是什么样的？”曾鑫模拟着盲人出行的场景。到地铁站，工作人员会主动上前询问，帮助换票并送盲人上地铁。这时候，这位工作人员会给换乘站的同事打电话，告诉对方几号车厢有位盲人需要换乘。接力的工作人员将盲人送往下一站的列车，并致电终点站的工作人员等候接站。“如果这么想你绝对会失望。”

这只是一套写在书上的理想流程，曾鑫说：“单靠自己，盲人连工作人员都无法找到。”

乘坐公共交通工具时，司乘人员往往很上心。“比如会说‘哪位来给这位盲人让个座’，然后有座的话就一定要盲人去坐。盲人会不大舒服，一下子凸显了自己的特殊。司乘人员也不舒服，觉得我这么用心地帮你你都不坐。”在曾鑫眼中，这就是盲人出门可能遇到的过度帮助。

这样的行为还可能出现在步行中。

“有位盲人按摩师正好从公交车下来要回家，碰到一个好心人正好顺路，坚持送一段。可顺着马路牙子走习惯了的盲人被好心人‘绑架’，非拽他走盲道。而这位盲人刚好平时只走马路牙子，盲道对他来说很陌生，没有安全感。”

即使能出门，盲人可以去做什么？

“逛街？他会考虑要去哪里逛，那里有没有无障碍设施，有没有人陪他逛。看电影？几乎所有的电影院都是为健全人考虑的。去旅游？谁能一直照顾盲人并给他专业化地讲解呢？”

曾鑫推测，在北京，能够独自出行的盲人不足20%，而她所做的工作，就是倡导一种融合性的接纳环境，让盲人也能够“说走就走”。

从一场旅行开始，曾鑫所在的公益机构做过很多努力。

他们为盲人招募志愿者同吃同住同旅行，提前做好助盲培训，传递视觉讲述的理念。“把这一路你看到的所有风景全部描述给你的盲人旅伴听，你就是他的眼睛。”

“你都没有见过残疾人，你怎么知道这个群体的存在，你怎么了解他们的需求？我们带着盲人到处去走，去公园啊去坐公交车啊，为的是让残疾人出现在社会生活中。世界那么大，他们也想看啊。”

最终，曾鑫期待的是一种双向的融合，残疾人能更多地出现在健全人的世界里，让健全人意识到残疾人的存在，真正去共同分享这个世界。

00后：集体意识强　志向多元化

记者　李新玲

《中国青年报》（2015年05月15日　04版）

“我爸爸妈妈想让我当医生，可是我不想，那是他们的愿望。我长大想当明星。”

“怎么老师会对其他老师笑，对我们就不笑呢？人要多笑才漂亮。”

这是一部关于教育的纪录片里小学生面对镜头的吐槽。

那么，北京这座特大城市中的小学生是什么样子的？他们喜欢什么？平时在想些什么？做些什么？

根据北京市公布的统计数据，截至2014年年初，北京全市共有1 093所小学，小学生78.93万人，其中男生42.52万人，女生36.41万人。共青团北京市委联合课题组的“北京青年1%抽样调查”，专门对全市的小学生进行了科学的抽样调查，调查结果呈现出“00后”的诸多鲜明特征。

家庭经济环境宽松，课外学习负担重

这项调查中的两个基本项让课题组成员有些意外：一是家庭住房面积，二是家长每天开车接送的比例。数据显示，大部分北京小学生的家庭居住条件比较好，住房面积在60平方米以上的占到88%，有自己独立卧室的学生也达到55%，超过半数的孩子父母每周都会给不等的零花钱，61%的小学生对自己家庭经济状况的评价为好或很好，40%的小学生每天上下学由家长开车接送。

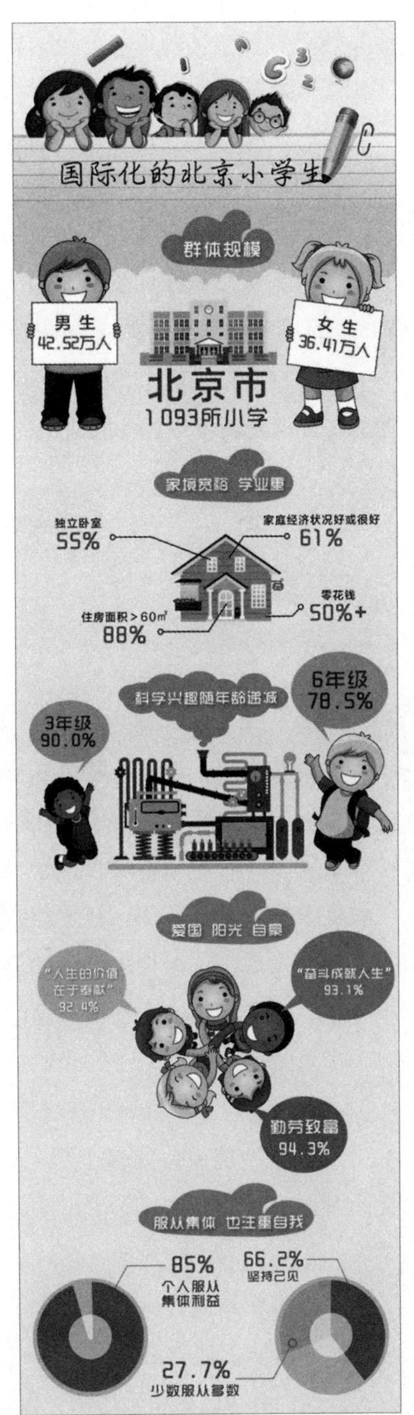

90.5%的小学生可以自己整理书包（日常用品），9成的小学生看到家中的地脏了会主动打扫。但调查也发现，经常干家务的小学生只占58.5%，经常自己洗袜子的学生不及半数，很多能够自理的事务还由家长代劳。

此外，调查还显示，虽然95%的小学生能正确答出火警电话号码，但是对于家用电器使用中突然着火的处置，仅有49.5%的儿童做出了“断电”的正确选择。

“这些数据说明家庭教育上的误区，家长往往更多关注孩子的课业学习、文体艺术特长等方面的培养，但忽略了日常生活中通过家务劳动等实践环节对孩子的培养，导致孩子欠缺一些基本的应急处置能力。”北京少先队总辅导员杨海松认为，这些数据应该引起家长和学校的重视。

北京市近几年采取各种措施对义务教育阶

段学校进行均衡化调整，严格实施就近入学，减轻学生升学课业负担，此次调查从学生完成家庭作业所用时间可以看出教改成效：三四年级有三分之一的学生可以在半小时内完成作业，半数学生能够在一个小时内完成作业。

不过，作业减少没有让小学生睡眠时间明显延长。调查结果可以看出，有19%的小学生在晚上10点后才休息。选择压力“较大”和“非常大”的学生共占17.2%。

为什么会出现作业少但压力大的情况？课题组认为，主要原因是各种课外班，28.6%的学生每周有3次以上的课外辅导活动，只有27%的学生没有上辅导班。

需要注意的是，小学生参加课外辅导也并非单纯出于家长意志，有56.1%的学生愿意参加课外辅导班，他们给出的理由是可以提高成绩。

科学兴趣随年级升高下降

“在一个标准大气压下，水沸腾的摄氏温度”及“人体的平均温度”这两个题目旨在调查小学生对基本科学常识的掌握程度，被调查的小学生两题全部答对者占86.7%。

调查也发现，虽然具备了基本科学知识，但小学生尚未形成探索和追求科学的自主意识，比如被问及“你会怀疑书本、老师或同学对科学知识的解答吗？”选择“经常”的仅占10.9%，而选择“从不”的占35.2%。课题组分析认为，这可能与我国教育中长期形成的“听话的学生是好学生”的评价标准有关。

调查发现，虽然很多学生选择了“喜欢科研活动”，但是在对“参与科技兴趣小组”、“参与科技小发明小设计小创造”的调查项中，选择“经常参与”的学生并不多。另一个值得关注的问题是随着年级的升高，选择“喜欢科学研究”的人数比例逐渐下降，三年级为90.0%，六年级下降到78.5%。

对于这种现象，很多小学老师都有感受。杨海松认为这与小学生阶段特点有关，“可能是随年级增长，课内外学习压力也相对大了。另外，与老师的教学方式有关系。”

做过多年教师的杨海松非常了解小学生的喜好：小学低年级的孩子很愿意看老师演示和讲解，然后再动手；而中高年级学生就不太喜欢这种单向传授的课堂教学方式，他们有自己的明确想法，希望去主动尝试。

《中国青年报》记者曾经听北京一名五年级的小学生反映，最不喜欢的课是信息课。这让人非常奇怪，因为信息课上学生可以接触计算机，会学习使用一些软件，还能制作小动画。

“上这样的课，就应该让我们自己来操作，然后大家交流就行了，可是老师在教画图的时候，还要一步步让我们做，这样太没意思了。”这个女孩觉得计算机就是让大家使用的，而不是老师的一个教具。

“这一代的孩子出生成长在网络时代，网络对他们来说是再熟悉不过的工具，可我们的部分老师的观念和教学手段没有跟上。”杨海松建议学校老师应主动适应网络时代的变化。

小学生很爱国，价值观积极向上

对于“在公交车上见到老弱病残孕乘客怎么做”这一问题，近96.6%的学生都选择了主动让座。而对于“如果你是孔融，你会”这个问题的答案，93.8%的学生选择了“让”。还有92.4%认同“人生的价值在于奉献”，93.1%认同“奋斗成就人生”，94.3%赞同勤劳致富。

调查结果显示小学生具有热爱祖国的强烈情感，96%的小学生对党、国家的发展充满信心，95.4%的学生对“作为中国人非常自豪”表示认同。在升国旗唱国歌时感觉非常自豪的比例为83.7%。

随着社会的发展，个人有更多的自由和能力进行不同的人生选择，课题组从数据中发现，北京00后在小学生阶段就显现出更加关注自我和多元化追求的趋势。有26.5%的学生表达了出国学习、开阔眼界的想法。

课题组认为，这些选择至少反映了两种倾向：一是北京的小学生身处国际化大都市，对国外相对比较了解，具有国际化视野，认为人员国内外流动是常态；二是爱国情感和国际视野之间的关系值得关注，要从小培养学生的爱国主义情怀，提升成熟理性的国际化素质。

自我意识强但服从集体利益

调查数据显示小学生无论对自己的班集体还是学校集体，或者少先队组织均有强烈的认同感、归属感，维护集体荣誉，愿意参加集体活动。

对于“有人说你们学校不好，你会”这一问题，选择“据理力争进行反驳”的将近90%，89%的学生选择“个人服从集体利益”。在“加入少先队觉得光荣吗”的回答中，91%的少先队员选择了“光荣”。

但在集体荣誉之外，这些00后的小学生也显示出强烈的自我意识。在针对“和多数人意见不一致时做法”的回答中，选择“少数服从多数”的仅占27.7%，大多数学生（66.2%）选择了“坚持自己意见”。

一位小学老师曾经遇到过这样一件事，四年级的几个学生找到老师，要求对中队长进行改选。理由是这个中队长脾气比较急，在和这几个同学意见不一致时，对别人不够尊重。辅导员老师不同意，因为按惯例是一个学期改选一次。这几个小学生就找到了校长反映情况。而最后的结果是，经过重新投票，原来的中队长还是获得了比较高的选票。

“这提出一个新的问题，即在每个学生都强调自我的同时，如何引导他们有效地与他人沟通，学会说服别人或接受他人的合理建议。”杨海松认为，这种教育应该渗透到学校和家庭教育之中。

调查还发现，在“对选班长的态度”这一问题设置的选项中，81.3%学生选择“推举出最佳人选”，而选择“投自己”和“推举与自己关系好的”两项累计仅为9.9%。在“给你提意见的机会，你会提吗”的回答中，64%的学生选择“会”。

“这些数据表明大多数小学生还是有较强的自主性、参与性的。”杨海松建议，教师要充分调动学生的这种积极性，给学生建言献策的机会，让学生学会在集体活动中的自我管理。

另外，杨海松认为，现在学校的一些活动，比如运动会、合唱节、班级值周、各种评比，都强化了学生的集体意识，同时，学生的视野开阔，家庭氛围宽松，又让小学生们自我意识强烈。

网络开始影响小学生价值观

90%小学高年级学生用微信

记者 李新玲

《中国青年报》（2015年05月15日　04版）

“EXO星际学院”“英雄战歌会”“三个偷弹贼”“蔷薇妙女群”“三个火车狗”……这些都是小学生的微信群的名称，最有意思的是，还有“被老师骂了”和“问作业”群。

这是北京一名六年级女孩做的名为“小学生微信使用情况的调查”中的一部分结果。90%的小学高年级学生都使用微信，平均每个同学有10到50个微信好友，最多有60多个好友。小学高年级学生平均每个人有10到20个微信群，64%的被调查者认为给小学生看的微信公众号不多。

共青团北京市委的调查发现，网络已经开始改变小学生的学习娱乐和交往方式。数据显示，小学生从不上网的只有17.6%，有55.2%的学生运用网络查资料，完成学习任务，有25.7%的小学生主要在网上打游戏。随着年级的升高，偶尔上网和从不上网的人数越来越少，而上网的时间也越来越长。

最值得注意的是在“影响自己人生价值的人”这一问题中，12.8%选择了网络，这一结果仅次于父母和教师的影响。

课题组分析：“这一批小学生出生时，互联网快速普及并逐渐走进千家万户，在他们的成长过程中，移动互联网的发展更是让网络真正成为了人们的生活方式。”

与此同时，随着北京城市化的发展变化，社区成为小学生日常交往的重要场所。调查数据表明，超过半数（63.4%）的小学生经常和社区的孩子一起玩，明显高于成年人在特大型城市中社区交往的比例。

课题组建议：“小学生的学习交流方式有着鲜明的互联网和社区交往的城市特征，因此充分利用网络技术开辟网络思想教育的新阵地，发挥社区青年汇作用、开展好社区青少年活动已成为当前少先队工作中的一项重要任务。与此同时，通过吸引孩子，进而带动年轻家长，也是共青团开展工作的重要手段。”

五年级小学生的梦想：语言无障碍周游世界

记者　李新玲

《中国青年报》（2015年05月15日　04版）

“我发现这里头我是最小的发言嘉宾。”北京东城区和平里四小五年级小学生闫绍龙的这句话让台下两三百人哈哈大笑。

LIFE教育创新首届峰会近日在北京召开，这是21世纪教育研究院会同25家机构共同举行的国际教育创新论坛。与论坛的其他嘉宾——来自世界各地教育研究者和国内各类教育创新实践者相比，“00后论坛”有些特殊：嘉宾都是中小学生。

“校园生活非常紧张，我在班里担任不同职务的班干部，当英语课代表要收作业、发作业，有时还要判作业，老师不在时，还要充当临时班主任，尤其是那些捣蛋鬼，真让人头疼。”闫绍龙说，自己每天完成作业以后，能保证一小时的阅读时间，“不过，期末复习阶段不那么容易了，反复地做练习题，剥夺了宝贵的读书时间。”

每逢周末闫绍龙也会去参加自己喜欢的课外班——世界通史、胡同探秘，还有希腊神话。

“相比公立小学，课外班的老师都比较年轻，上课方式比较新颖，他们有时候会手舞足蹈，一下就吸引了我们的注意力。上课遇到问题时，我们可以随意分组讨论，可以互相争得面红耳赤。”闫绍龙记得，有一次老师提到秦王嬴政统一六国时，给学生发了地图，划分了每个国家的版块，还给出每个国家的一些数据，例如面积、兵力、人口等等，让学生设计怎么才能打个胜仗，当然目的是统一六国。

“每个人要简单阐述自己的攻打理由，为什么先跟邻国做朋友，为什么先打魏国。回答完这个问题后老师又提出一个问题，如果统一了六国，最先做的三件事是什么？”闫绍龙对这节课的印象深极了，“同学们的答案五花八门，无奇不有，虽然跟历史大相径庭，但也存在着可能。更重要的是，我们从传统的吸收知识变为了使用知识。”

“要是能在公立小学上这些有意思的课就更好了。最好多上一些阅读课，大家分享讨论阅读感受。”闫绍龙还有很多类似的愿望。

闫绍龙之所以有这么多想法，与家庭的影响密不可分。每逢寒暑假，闫绍龙的父母都会带他去博物馆，其中既有国内的，比如西安、洛阳；也有国外的，比如俄罗斯、美国、日本、柬埔寨等地。

“我有很多好哥们儿，都住在一个小区里。不能在外面玩时，我们就会聚到一个人的家里进行各种研究。”闫绍龙说：“正是因为我的朋友多，爱好多，我的生活才丰富多彩、充满乐趣。”

闫绍龙英语学得很好，获得过东城区科技英语大赛一等奖，今年开始学西班牙语。“听妈妈说，自从我出生后，家里就会连续不断地有声音，有时是爸爸妈妈的读书声，有时是磁带里传出来的古诗声。”为此，从他出生到小学一年级，家里一共听坏了3台卡带式录音机。闫绍龙认为自己语言方面的小聪明与父母对自己的培养有关，当然也离不开自己的刻苦。

“我非常羡慕那些会多门语言的人，我也想向那个方向发展，争取到世界各地沟通都无障碍，这可能就是我的理想。”闫绍龙说。

像闫绍龙一样，对自己的家庭满意，并且感谢自己的父母提供的条件，在北京市小学生中属于普遍现象。调查显示，绝大多数少年儿童（96.8%）对自己的家庭持满意态度，学生最信任的信息源依次为父母、老师、政府部门等；在对“影响自己人生价值的人”的选择中，排在最前边的是父母，其次为老师。

在对五至六年级学生进行的关于“你的梦想是什么”的调查结果显示，学生的梦想选择各异，考大学的为30.71%，想出国学习的为26.5%，想当科学家的占15.57%，还有9.51%想赚大钱。在“你认为成功的最大标志是”的回答中，70.7%的学生选择了“家庭幸福”，只有16.2%的学生选择了“做自己喜欢的事”。

“这些数据显示出小学生的梦想并非都是‘仰望星空’的‘童话故事’，也开始了脚踏实地对未来进行具体而现实的思考谋划。”北京少先队总辅导员杨海松注意到，由于家庭经济情况、父母受教育程度不同，小学生在价值、理想、成功标准方面的选项存在一定差异。

中学生

近八成中学生睡眠不足8小时

记者　邱晨辉

《中国青年报》（2015年04月24日　04版）

北京市现有中学生49.82万人，年龄集中在13周岁至19周岁之间，15岁的姜安琪是其中一个。

姜安琪是特殊的。她有一个梦想，是一个看似纠结矛盾的梦想。一方面，这名初二学生希望每天开开心心地活着，把不属于他们这个年龄的烦恼都抛在脑后；另一方面，她希望好好读书，考上理想的大学，再找一个稳定的工作，但这样也意味着，无休止的烦恼将纷至沓来。

姜安琪也是不特殊的。对她所处的这个将近50万的群体来说，伴随着课业压力、青春期叛逆、技术的快速变革，“梦想”“现实”“青春”“纠结”等看似遥远的词汇早已成为他们的“痛点”，尤其在北京这一国际化大都市里，他们还时刻目睹着东方与西方、保守与开放、传统与现代、城市与农村的碰撞和交融，一些独立思考和个人选择的做出，已是不可避免。

那么，姜安琪们究竟是什么样的？2014年前后，团北京市委成立北京青年1%

抽样调查课题组，针对北京市16个区县初一至高三年级中学生，采用定量与定性结合，即问卷调查与深度访谈相结合的方法进行调研，来试着分析刻画这一群体。按分层整群抽样约2%的比例，该课题组共发放问卷9 980份，其中初中6 110份、高中3 870份。

从课外辅导转战课堂作业，近八成学生睡眠不足8小时

刻画一个群体并不容易，但如果以某个具体维度为起点，勾勒起来则显得清晰一些。比如以时间为单位，对于北京近50万名中学生而言，其中不少人就可以如是

描述：除去学校课堂上的时间，余下的是——40分钟以上的上下学时间，1个小时以上的做作业时间，1个小时以上的上网时间，当然，还要包括不足8小时的睡眠时间。

徐姿是北京东城区一名中学生，她的时间基本就是这样划分的，她告诉《中国青年报》记者："语文老师总告诉我们要学会'思考'，尤其是要对日常生活中的事情做抽丝剥茧式的分析和总结，但我们除了学习就是学习，哪有什么生活，即便是有，也没那么多时间去思考。"

根据团北京市委有关中学生群体的调研结果，有80.4%的中学生每天睡眠不足8小时，有19.9%的受访学生表示在6小时以下。

课业压力成了充足睡眠的一大杀手。调研表明，39.2%的学生感到"压力较大"和"压力非常大"，80.4%的受访学生表示压力主要来源是学习方面，主要反映在时间的紧张程度上。

其中，有近九成受访学生表示完成作业要在1小时以上，还有22.9%的学生完成作业需要3个小时以上。

不过，与小学生形成反差的是，中学生参加课外班较少，有45.2%的受访学生表示不参加，48.2%的受访学生表示参加1～3次，而小学阶段只有三分之一的学生没有参加辅导班。

调研分析认为，中学生已经开始逐渐承受比较大的学习压力，并且主要来自于校内的课业。

令人欣慰的是，调研数据显示，中学生整体学习比较努力，有69.9%的受访学生表示"非常努力"和"努力"，即使在努力的情况下，只有22.1%的学生对自己的学习感到"比较满意"和"很满意"。

这一数据也被课题组解读为"中学生主动学习意愿强"。

使用QQ远多于微信，上网时父母"基本不在身边"

对于正处在青春期的中学生，自主意愿的培养至关重要。调研结果显示，北京市中学生已经基本"开始由自己做主"，这一点可以从他们接触网络的情况得到印证。

调研报告称，北京中学生全方位地使用和接触网络，平均每天上网1小时以上的学生占到68.5%，只有1.4%的受访学生表示从不上网。

究其目的，更多的是满足自己娱乐和交往的需要，排在前三位的是玩游戏、看电影视频，查找资料、学习，聊天、交朋友，分别占61.4%、56.5%和41.3%。

值得注意的是，在网络交流工具的使用上，中学生与成人群体的使用喜好有一定差异，受访学生表示使用最多的是QQ，占了73.2%，微信却仅占到了四分之一（25.1%）。

“他们更喜欢用微信。”徐姿口中的“他们”，指的是老师和家长。她告诉记者：“我们却习惯了QQ，很难离开，老同学联系都靠这个。”

更为重要的是，在她看来，微信这个渠道已经被“大人们”抢占，“我们和朋友聚个会，家长还让（我们）通过微信传照片、视频给他们，一点隐私都没有，有时候不得不把他们屏蔽掉。”

这一点和调研情况相符。调研显示，对于每天上网1小时以上的中学生，上网时，父母“基本不在”远高于“基本在”的比例。“谁也不愿当着自己父母的面，打开一位异性同学发来的信息，即便我们真的没有早恋。”北京市怀柔区某中学学生张石楠告诉记者。

课题组分析认为，北京中学生有充分的机会使用网络，接触到纷繁芜杂的网络信息，但对社会现实缺乏全面客观的认识，对网络生活的禁忌了解不够，对网络信息的真伪缺乏足够的鉴别能力，而学校和父母的监护显然没有延伸到网络空间，从而使中学生在网络生活中缺少必要的引导和保护。

“这一问题需要引起关注。”课题组在报告中如此描述对这个问题的判断。但从另一个方面来看，中学生处在思想塑造定型的叛逆期，情绪容易冲动并受到外界影响，家长、老师如何介入也值得思考。

超八成学生认为“民主对我来说太重要了”

更值得注意的是，中学生已经开始形成自己的“朋友圈”，遗憾的是，这个朋友圈里并没有将父母、老师等纳入核心位置。

根据调研结果，对于有了心事最想和谁说这一问题，有52.7%的受访学生表示是同学和朋友，22.3%的受访学生表示不和任何人说，只有23.0%的受访学生表示是爸妈和家人。

至于党团组织，调研显示，中学生具有一定的组织认同感，也是“积极向往”。但对于为什么要加入共青团，调研的结果值得关注：有58.8%的受访学生认为团组织是先进青年、优秀青年的组织，争取早日加入，追求进步；26.6%的受访学生认为加入团组织意味着“我是一名优秀的中学生，会感到自豪”。另有69.6%的受访学生表示向往加入党组织，18.0%的受访学生表示无所谓，12.4%的受访学生表示没有意愿。

相应地，中学生也开始熟悉社会的公共规则，其中最突出的就是对民主的体验和认识。调研显示，对于“民主对我来说太重要了”的说法，83%的受访学生表示非常同意和同意。

在中学时代，民主参与的主要形式是中学生的班级和团支部活动。调研表明，对班上民主投票推选班长的态度，有79.9%的受访学生表示推选出各方面表现都比较优秀的同学，7.8%的受访学生表示投自己一票，6.6%的受访学生表示推选与自己关系好的同学，只有5.6%的受访学生表示无所谓。

课题组分析认为，这说明中学生已经开始在乎民主的权利，并能够在一定程度上理性地运用这一权利。

强调自我，在矛盾中寻找集体与个人之间的平衡

“个性”成了中学生最渴望为自己贴上的标签。调研显示，他们喜欢有个性的同学和老师，对社会上出现的新事物甚至怪现象接受程度高，有36.1%的受访学生表示欢迎、拥护或可以接受，60.3%的受访学生表示辨别后再表态接纳。

这一点容易理解，毕竟中学生正处在生理和心理逐渐定型的青春期阶段，开始独立思考并有了初步的理性认识。但值得注意的是，随之而来的是追求个性的特立独行以及一定程度上的叛逆。

课题组称，虽然大多数的学生会将集体放在个人之前，但他们对于个人需求和个人自我利益、个人权利的重视程度，明显高于上一代人。

这一点通过另一项调研数据也能看出来。在对“什么是责任”的理解上，受访

学生均不同程度地与个人联系在一起，排在第一位的是，自己做的事自己承担，自己对自己负责，占到36.4%；其次是国家兴亡，匹夫有责，占到32.1%；也有学生认为是爱校爱班，尽自己所能做贡献以及个人、集体、社会责任相统一等。

当集体利益与个人利益发生冲突时，他们会作出怎样的选择呢？36.2%的受访学生表示会放弃个人利益，服从集体利益；46.4%的受访学生表示会放弃部分个人利益，尽量保证集体利益的实现；其余的学生表示会保证个人利益，放弃集体利益或是采取措施将集体损失降到最低。

无独有偶，在回答“班级需要自己参加一项重要任务，而恰好又与同学约好一块出去玩时会怎样选择”这一问题时，80.0%的受访学生表示会服从班级需要，认真参加并努力做好，但也有12.0%的受访学生表示会以自己有事情为由推掉班级任务，8.0%的受访学生表示会不情愿地参加班级任务，应付了事。

课题组分析认为，这反映出中学生整体上尊重集体的利益，但也在一定程度上寻找二者之间的平衡，慎重考虑自己利益的得失。

当然，具体到与他人交往时，中学生也会考虑到个人利益，例如有一本很好的学习材料是否会与好朋友分享，有27.5%的受访学生表示如果他也有好的书籍，可以互相交换学习，12.0%的受访学生表示看心情。[①]

① 文内学生名字均为化名。

14.6%受访中学生认为不要把专家权威太当回事

记者　邱晨辉　　实习生　张慧敏

《中国青年报》（2015年04月24日　04版）

尽管自己被称作教育专家，但卢勤仍不希望年轻的中学生们对自己的观点盲从，并鼓励他们向自己提出质疑："专家不一定是对的，很多专家也是伪专家。"

令她欣慰的是，北京青年1%抽样调查（中学生群体）调研数据表明，5.2%的受访学生对专家权威的态度表示怀疑、否定，14.6%的受访学生表示不要把专家权威太当回事儿。这在一定程度上说明，当代中学生已经逐渐形成敢于挑战、敢于创新的精神。

"这是大好事。"卢勤说，敢于质疑，说明这样的孩子有头脑，会分析，正如诺贝尔奖获得者李政道所说，求学问，就要先学会问，只懂得回答，那不叫学问。爱因斯坦也说过，提出一个问题往往比解决一个问题更重要，因为解决一个问题也许仅仅是一个数学上或试验上的技能而已，而提出新的问题和可能性，从新的角度看旧的问题，却需要创造。

“发问，质疑，往往是创新的开端。”卢勤也担心如今的孩子只会回答问题而不会提出问题，“我们日常所见的考试，几乎都是按照标准答案来考的，答对了就能获得满分。为了不失分儿，孩子就会按照标准答案来改，久而久之形成了习惯，提问的语境越来越少，愿望也会越来越低。”

调研数据也佐证了卢勤的看法，应试制度被认作是阻碍创新能力培养的首要“杀手”。在调查阻碍创新能力培养的因素中，中学生普遍认为是外部因素，有58.3%的受访学生认为是应试制度，50.8%的受访学生认为是缺乏先进的教育理念和方法，也有42.9%的受访学生认为是整体没有创新氛围。

此外，中学生对课外科技创新的兴趣也显得不足。在喜欢参加哪类课外辅导班的排名中，第一位是思维训练类，有33.6%的受访学生，其原因在于此类辅导班多数与课业学习有直接关系；第二位的是文体活动类（31.7%）；第三位是语言表达类（16.9%）；排在最后的是科技类，只有15.3%的受访学生表示喜欢，而且，参加科技类辅导班的学生从初一到高三逐年下降。

这与卢勤在日常生活中感受到的情况颇为一致，在她看来，愈来愈重的学业负担，与学生越来越无暇参与科技活动不无关系。“教育要有不同的评价标准，现在绝大多数考试，还是用一个标准来评价不同的孩子，这就是问题的症结所在。”

卢勤：当代中学生不是垮掉的一代

他们充满现代意识、敢想敢做，只是责任心还不够强

记者 邱晨辉 **实习生** 张慧敏

《中国青年报》（2015年04月24日 04版）

看到北京青年1%抽样调查（中学生群体）课题报告后，教育专家、“知心姐姐”卢勤很快注意到两组有意思的数据。

一则是，对于在公交车上是否会主动给老人让座，有85.6%的受访中学生表示会主动让座。

另一则是，在回答多选题目“对于幸福来讲，人的一生中什么最重要”时，近八成学生都选择了健康，五成选择了家庭美满，而选择信仰和理想的只有26.5%。

根据课题组的分析，前者在一定程度上反映当代中学生具有正确的价值观，而后一组数据则表明，在主流价值观的表达上，中学生呈现的方式往往是比较多元化，而非追求某个“唯一的正确答案”。

这和卢勤的判断不谋而合。在接受《中国青年报》记者采访时，卢勤说，价值观往往是在体验中获得的，孩子在成长的过程中，在哪些问题的解决上获得过正面激励或相

应的成就感，他就有可能认可什么样的价值观。

以公交车让座为例，如果一名中学生把座位让给老人，老人对他表示感谢，或者周围的人对他表示赞许，那么，让座行为就会给这名中学生带来愉悦感，也就是我们常说的助人为乐，“乐”了，学生就会认为“这事儿他要做”，久而久之，也形成了尊重老人、帮助他人的价值判断。

这也就不难理解为何中学生对主流价值观的表达方式会有所不同。卢勤说，“体验的多元化，带来的是价值观塑造和表达的多元化”。

目前正在就读的中学生，大多是2000年前后出生和成长的一代，他们身处的大环境，用中学生群体调研报告里的话即是经济全球化深入发展和我国改革开放事业不断深化，以及互联网普及的信息社会，这样的环境有发展、变革、矛盾，势必也会给“睁眼看世界”的中学生带来比老一辈更加多元的体验，其影响自然也是多元化的。

这也意味着，如果中学生体验到的多是一些乐观阳光的东西，他的价值观则会相对积极热情一些，反之亦然。卢勤举了个例子，如果一个孩子，一说实话就挨打，那他就会学着编瞎话，如果编了瞎话，没人识破，甚至还夸他，那么他就有一种“成就感”——下次还要这么做，“不骗的话就倒霉、吃亏了”。

中学生群体调研的一组数据在一定程度上佐证了这一点。调研结果显示，对于考试作弊，44.8%的受访学生表示理解，但自己从不作弊；对于付费让其他同学代写作业现象的态度，21.8%的受访学生表示无所谓。

这不仅是青春期里一种对制度和约束的挑战，在卢勤看来，这更是一种“作弊才合算”的心理在作祟。从道德层面来看，作弊是不劳而获、投机取巧的行为，属不道德，但从功利主义的结果来看，作弊这一行为直接导致了好成绩，属利好。

在孩子的价值观尚未完全成型的阶段，究竟是选择前者，还是向后者“投降”，很大程度上取决于第一次作弊后所引发的后果。在卢勤看来，一旦作弊没被老师逮着，就有可能有第二次作弊，老师逮着了，却仍是睁一只眼闭一只眼，也会纵容这种行为的再次发生。反观新加坡的相关法规，却是鼓励学校对作弊学生施行“鞭刑”——以鞭打的方式处罚严重犯规的学生。

其具体做法值得商榷，但有一点毋庸置疑，即这种处罚方式对外明确释放着一旦作弊就要受到惩罚的信号。这也是卢勤十分强调的社会环境对中学生价值观影响的作用——之所以能有那么大比例的中学生愿意主动让座，以及不少中学生对作弊有“不置可否”的选择，和他们所处的社会环境、校园环境、家庭环境不无关系——“如果作假成为风气，身边有大人作假，而这些作假的人还挣了大钱，收获了名誉，孩子会不会跟着‘模仿’呢？”

至于在“人的一生中什么最重要”一题中，仅有26.5%的中学生选择信仰和理想，在卢勤看来，同样不能将板子打在孩子身上，而要从家庭、学校、社会三方来着手反思：“你要给我好好考试，考一个重点中学，考一个好的大学，将来出国留学，回来就好好工作，工作了就赚大钱……”这是不少家长对孩子的期许，也是社会普遍认可的一种较低成本的“生活轨迹”，“大人们谈论和‘身教’的，常常带有如此浓重的功利色彩，如何来‘言传’孩子要拥有‘为中华崛起而读书’的远大理想和抱负呢？”

紧挨着26.5%的是另一个数据，八成——“有近八成学生都选择了健康”。卢勤说，为什么孩子对健康如此重视？一个简单的道理，人们缺了什么，就会渴望得到什么——“他们太累了，压力大，没时间睡觉，近视眼多，晕倒的也不少。他们需要锻炼和运动，但这些却常常被挤到学习、考试的后面。”话说回来，他们连自身的健康都难以保证，如何打开视野去拥抱信仰？

令卢勤感到欣慰的是，与老一辈相比，当代中学生在自我意识觉醒方面来得更加猛烈，比如，尽管强调自我，但他们也会在矛盾中寻找集体与个人之间的平衡，“这是一种进步，而非我们常说的，当代中学生是自私、垮掉的一代”。

在卢勤看来，当代中学生拥有强烈的是非观念，正如他们知道到底应不应该主动让座一样，他们充满现代意识、敢想敢做，比如他们做公益的积极性，比其他年龄阶段的人都要高涨一些。只不过，他们的责任心还不强，这需要整个社会给予特别的关心和教育。

她认为，首先要教会中学生的是，对自己负责，自己的事情自己做；第二是对集体负责，这也符合中学生自身的做事逻辑，“别人的事帮着做，能帮谁就帮谁，别怕自己吃亏”；第三是对国家和社会负责，“公益的事抢着做，国家好、社会好、大家好，才会国富民强”。但始终要让他们懂得，先要把自己管好了，就是某种意义上的对国家负责。

贫困家庭学生努力程度两极化

记者 邱晨辉　　**实习生** 张慧敏

《中国青年报》（2015年04月24日　04版）

北京青年1%抽样调查（中学生群体）课题调研组没有遗忘贫困家庭学生这个群体，尽管是在首都北京，却也不乏农村地区和贫困家庭学生的身影，课题组专门针对他们，和其他家庭北京的学生做了一定程度的交叉分析。

总体来看，“多数学生家庭经济状况良好”。32.3%的受访学生自我感觉比较富裕，58.9%的受访学生感觉一般。家庭住房面积在90平方米以上的超过半数，特别是有84.4%的受访学生表示有自己独立的房间，有16.5%的学生上学由家长开车接送。

课题组称，值得肯定的是，尽管具备优越的生活条件，但中学生并不盲目追求物质上的享受。针对“看到班上有同学穿名牌衣物而自己却没有会怎样做”这一问题，41.1%的受访学生表示有条件就买，没有条件先不买也没关系，39.9%的受访学生表示无所谓，不放在心上。

值得注意的是，通过交叉分析显示，家庭经济困难的学生“穿名牌没有意义”“自己想办法买”和“要求家长买”意愿的比例均明显高于其他类型。

选择“穿名牌没有意义”这一项的，家庭经济困难学生占22.8%，富裕家庭的仅有14.5%，但在“强烈要求家长买”一项中，家庭经济困难学生的比例仍比较高，有7.0%的人选择，相应的富裕家庭学生只有3.0%的人选择该项。

贫困家庭孩子的这种两极化态度，不仅仅表现在物质条件上，对于学习和努力程度也是如此。

调研表明，有69.9%的受访中学生表示“非常努力”和“努力”。交叉分析显示，家庭生活水平明显影响着学生的努力程度和对成绩的满意程度，贫困家庭的孩子“非常努力”和“不努力”的比例要远高于其他家庭情况，对成绩很不满意的比例也远远高于其他家庭。

教育专家、“知心姐姐”卢勤认为，之所以出现两极化的现象，在于中学生在面对贫困时两种截然不同的反应。一种是认为只有努力才能考上大学，改变命运，所以，他们比城里富裕的孩子更加努力，相应地，一些城里的孩子因为吃穿不愁，则显得目标感不那么强。

另一种极端化的反应，则更多地要归因于“客观条件”，一个是家里经济条件确实困难，有的学生有弟弟妹妹，为了给他们机会，自己便中途辍学，开始工作；另一个和家长重视程度、见识有关，“在一些家庭，如果是女孩子，能上到初中就不错了，有的中学一毕业就工作嫁人，心思也难以放在学习上，还有的农村孩子，看到亲属出去打工赚了钱，他也希望赶快‘有钱’，于是也跟着一起出去打工，校园里的学习和评价体系，他自然不会放在心上”。

80万北京大学生：追求个性也在意集体

记者　诸葛亚寒

《中国青年报》（2015年04月29日　04版）

不少年长的人在说到90后时，常常夹杂着怀疑：缺少理想和信仰、功利欲望心强、过分自我和追求个性……社会舆论给90后贴上了许多“问题”标签。

如今，95后已逐步成为大学校园的新主人，他们对于个性的追求愈加强烈。在教育资源集中的北京，这座国际化城市的开放与多元给他们个性的发展提供了更为充足的条件。

自我？叛逆？不知天高地厚？面对这个群体的复杂性，如果仅根据网络上一个个新闻案例去拼凑他们的画像并不客观。那么，撕掉“偏见”的标签，这群北京高校里的90后到底长啥样？

一项调查结果这样勾勒北京大学生的“标准”面貌：他每天的上网时间有7成的可能超过两个小时，上网、睡觉和社交是他最主要的课外活动；他最大的压力是学习和就业，他有近四分之一的可能会面临学习困难；他的月消费水平较大可能在800～1 600元之间，其中，社交、娱乐、购物等占有较大比例。对于毕业后的第一份工作，他的预期薪酬为6 668元，留京工作是最普遍的期望；他有极大的可能认为个人能力与自我奋斗、诚信等良好品质是一个人在社会生存和发展最主要的依靠，人生价值在于奉献是他较为认同的观点。

这些对北京大学生特征性的细节描写来自共青团北京市委联合课题组。针对北京大学生群体，课题组按照学校在校生人数的1%比例进行抽样，样本数为8 143个。

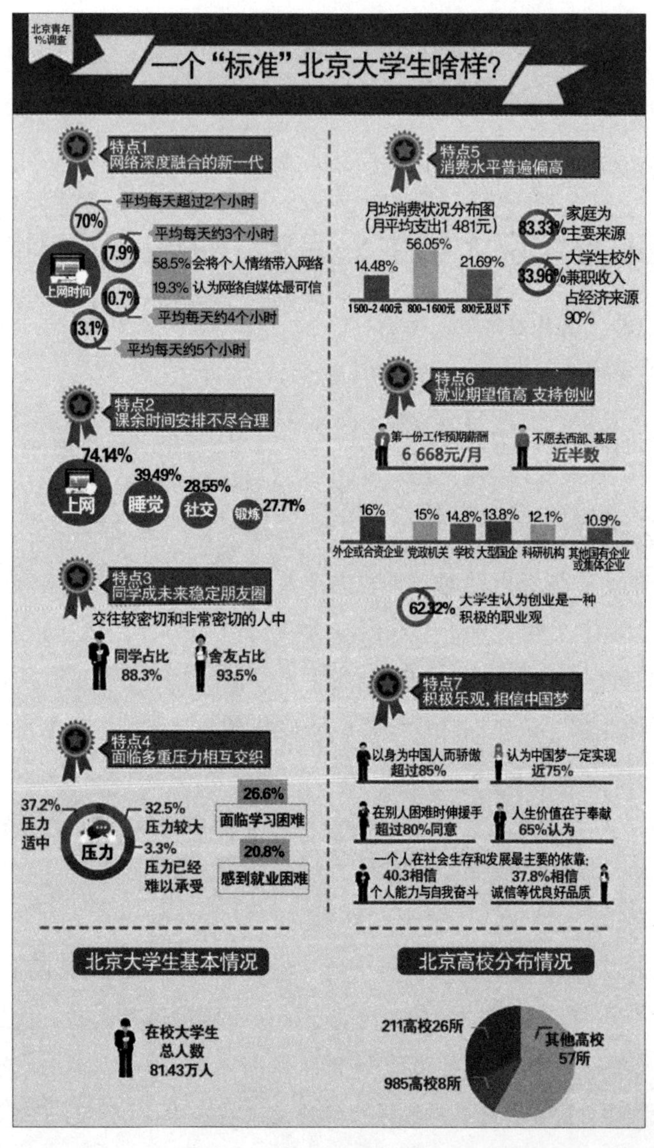

其中，普通高校7 466个，民办高校677个。同时，通过面谈、深度访谈等发放问卷88份，总样本数为8 231个。

超7成大学生感觉到压力，96.67%的人表示能够承受

北京市现有普通高校91所。其中，211高校共26所，占全国23%；985高校共8所，占全国21%。除留学生以外，在校生总人数为81.43万人，王可（化名）就是其中之一。

这个就读于北京某985高校的大三学生，最近有些“压力山大”。用她的话来说，大三就快结束了，可专业课学得“半生半熟”，大学英语六级还没搞定。不仅如此，刚刚开始进行的社会实践让她对自己的社交能力感到怀疑，“总被领导批评不会说话”。

“上大学前，老师都说熬过了最艰苦的高中就会迎来‘幸福生活’。可没想到，这3年过得并不轻松。”王可在QQ空间里写下的这段话，不到一小时就得到了近60个同学“点赞”，有同学评论：“人艰不拆。”

感到“压力”的大学生不止王可一个。

如今社会竞争越来越激烈，大学生面临着学习、经济、人际交往、情感等方面的压力且相互交织。根据团市委有关北京大学生群体的调研结果，32.5%的大学生感觉压力较大，37.2%的大学生感觉压力适中，有3.3%的学生觉得压力已经承受不了。

而这些压力所反映出的是大学生在学习和生活中面临的各种困难。调研数据显示，20.8%的大学生感到就业困难，26.6%的大学生面临着学习困难。

然而，值得注意的是，与学习困难相矛盾的，是大学生用于参加学习培训的课余时间仅为10.7%。

调研分析认为，由于大学学习和信息传递方式的改变，校园生活更加开放和丰富多彩，现在的大学生活不再是传统的“三点一线”模式，大学生的课余时间相对宽裕和自由。但是，大学生的大部分业余时间都用在了上网或其他娱乐上，他们“不能合理做好业余时间安排”。

王可就是不能合理安排业余时间的那部分大学生。

尽管学习和人际交往给她带来较大压力，但这些并不影响她的娱乐活动。看美

剧、逛淘宝成为她每天睡前的必修“功课”。她说：“其实，有时候也会自责放在学业上的时间太少，‘宅’寝室的时间太多了。可如果不这样，我一定会崩溃的。毕竟这些‘功课’的诱惑太大了。”

根据调研结果，上网、睡觉和社交成为大学生课余活动取向的前三位，分别占74.14%、34.49%和28.55%。

一个需要警惕的现象是，只有27.71%的大学生在课余时间锻炼身体。调研报告称，大学生缺乏体育锻炼，且知道锻炼身体很重要，但就是不喜欢参加体育锻炼。

令人欣慰的是，调研还发现，96.67%的大学生能够承受现实的压力，并且能够找到各自合适的减压方式，运动健身和读书听歌、看电影等成为最常使用的减压方式，分别占33.04%和25.14%。

近75%的大学生闲暇时间用于上网，19.3%的人把网络自媒体作为最可靠的信息来源

和王可相比，就读于北京一所非985或211高校新闻学专业的大四学生郑力（化名）对网络的依赖性更强。用他的话来形容：“没了网络，生活都会错乱。”

郑力给自己的“上网时间”算了笔账：首先，除了睡觉和体育课外，手机几乎不离手。他每天使用时间最长的软件是传说中的手机三件宝——微信、QQ和淘宝。其次，郑力每天至少有3个小时沉浸在网络游戏世界中，“打DOTA（刀塔游戏）、踢实况”成为每天最放松的项目。此外，睡前看一集美剧也花费他至少1小时，这其中还不包括和女朋友微信交流的时间。

这一算，郑力每天“全情投入”网络的时间超过5小时，最多时甚至达到8到10个小时。

联合课题组的调研数据显示，有74.67%的大学生的闲暇时间主要用来上网，70.3%的大学生平均每天用来上网的时间超过两个小时。

其中，和郑力一样上网时间超过5小时的大学生占了13.1%。其次，上网3小时左右的占17.9%，上网4小时左右的占10.7%。

从学历分布上看，调研报告分析，专科生和本科生主要通过网络获取信息和进行娱乐，而硕士和博士生主要通过网络获取信息和进行学习。

课题组认为，新技术和新媒体在改变社会结构和生活的同时，也最大限度地改变了社会化过程中的大学生，微信、微博、数字音乐、在线视频、电子商务等已成为当代大学生生活中不可缺少的要素。

因此，课题组把如今的北京大学生定义为“与网络深度融合的新一代”。

然而，值得注意的是，尽管网络能给大学生的学习、生活带来极大的便利，但其随之带来的隐患不可忽视。

调研数据显示，58.5%的大学生会不同程度地将个人情绪带到网络世界中，19.3%的大学生认为网络自媒体是最可信的信息来源，网络自媒体成为在父母及亲戚提供信息之后的第二大最可信的信息来源。

对于网络世界的影响，王可自认为是“有控制力的”。这一点，是相对于她身边众多的“愤青”而言的。

王可说，现在的大学生几乎都有微博、微信、人人网和QQ空间，来自各个平台的信息也让人目不暇接。她发现，身边总有那么一群同学的朋友圈和微博里，不仅晒有各种自拍、美食，也经常出现对身边事和新闻“打嘴仗”和吐槽的现象。

“我很佩服他们的语言能力，每天总有许多‘大快人心’的评论。但我也只是看看，几乎不愿意加入讨论，总觉得自己了解到的信息不准确，不敢随便议论。”王可说。

郑力也是如此。作为新闻学院的学生，他经常看到许多同学会因网络上的一些负面消息而愤怒，甚至情绪十分激动。但他认为，很多同学在评论转发时并未确认消息的真实性，一时的过激情绪会让人失控，而辟谣信息却往往得不到关注。

较高消费水平推高就业期望，过高的预期薪酬使就业单位望而却步

作为一个庞大的消费群体，大学生在消费市场上占据的比例越来越大。那么，北京大学生的消费水平到底如何？

团北京市委的调研报告用具体的数字作了回答：一个北京大学生平均每月的消费支出是1 481元。具体来看，消费800～1 600元的占56.05%，800元及以下的占21.69%，1 600～2 400元的占14.48%。

报告称，除了吃饭等日常硬性支出外，社交、娱乐、购物等非必要支出占有较

大比例并呈上升趋势。课题组综合分析认为，与其他青年群体相比，北京大学生的月均消费水平普遍较高。

大学3年来，王可每周都要用手机App记录自己的消费情况。尽管没有详细到“一瓶水”，但几乎所有超过20元以上的开支都有记录。App数据显示，王可平均每月的生活费在2 100元左右。

和不少女同学一样，购物是王可最主要的支出。“其实，女生平常吃饭、零食等消费都不高，钱主要还是花在买衣服和化妆品上。”王可并不喜欢在淘宝上买衣服，一方面质量不好，另一方面也怕有“二手货”。因此，她喜欢在商场里选择一些普通牌子，“但北京物价确实稍高，所以这方面花费会多一些”。

此外，社交聚会是王可第二大支出项目。对身为“社团活动积极分子”的她说来，避免不了要和社团里的伙伴们外出聚会。虽然聚会都是AA制，但根据她们平日的选择来看，每人50元是比较适中的聚会标准。

谈到经济来源，王可说，自己大部分的生活费都是父母给的。但令她自豪的是，她每周会有一天在校外一家广告公司做行政助理兼职，一个月大约有600元的报酬。

这一点也符合调研情况。调研数据显示，在校大学生一般没有独立的经济来源，家庭往往是其主要经济来源。83.33%的大学生靠家庭支持，5.45%的大学生靠奖学金和助学金，4.47%的大学生靠校内勤工俭学。此外，33.96%的大学生校外兼职收入占了经济来源的90%以上，校外兼职收入是大学生第二大经济来源。

然而，课题组发现，高昂的生活成本带来的问题是：它作为一大因素推高了大学生的预期薪酬。根据调研结果，大学生对于第一份工作的预期薪酬平均为6 668元／月，而2013届高校毕业生的初始平均月薪为4 746元（引用数据），相差近两千元。

课题组分析判断，过高的预期薪酬使得很多单位对录用大学生望而却步，一定程度上造成了大学生就业难的现状。

调研报告显示，对于就业，大学生普遍希望留京工作。他们倾向于收入高、工作环境好的外企或国有性质单位，近半数人不愿意去西部和基层工作。

与就业期望值高相对应的是，大学生对于自身知识和能力储备相对不足也有比较清晰的认识。在造成就业困难原因的调查中，选择比例较高的为“期望值太高”和“知识能力储备不够”，分别占22.73%和21.47%。

值得一提的是，对于当下最热门的创业，大学生总体持肯定态度。具体来看，

62.32%的大学生认为创业是一种积极的职业观，但也有27.69%的大学生认为只有少部分的人能够成功，表现出了他们对创业失败的担忧。

追求个性但不放弃集体，对社会公平问题并不盲目

追求个性无疑是当今大学生最主要的特点，然而这并不意味着他们会放弃集体。一个乐观的现象是：他们非常注重“同辈圈”。

前段时间，微博一个很火的话题——“感谢室友不杀之恩”，用于调侃由于个性问题带来的宿舍矛盾。郑力发现，虽然每一次“惨案”的发生总能在微博上激起讨论和关注，但他依然认为，这是再极端不过的案例。

在郑力眼里，“舍友之间避免不了一些摩擦和矛盾，但大家基本睡一觉起来又继续打游戏，丝毫不受影响。尽管现在每个人都特‘个性’‘另类’，但当处于宿舍、班级这样的集体时，我看到的是，多数同学都能适应其中”。

郑力的想法得到了调研数据的支持。调研报告称，大学生交往人群相对较为固定，且交往密切的群体主要是同学和舍友。其中，在交往比较密切和非常密切的人中，同学占88.3%，舍友占93.5%。可见，大学生具有良好的宿舍关系，逐渐形成拟亲人的同学关系，这对大学生的学习和成长都起到积极的促进作用。

更为重要的是，在“您的朋友中最多的是哪一个类别”的问题上，回答同学的占87.9%。对比其他青年群体回答同学的比例，国家机关和事业单位青年为83.5%，市属党政机关和事业单位为77%，高校青年教师为77.2%。课题组由此发现，大学生群体和与之对比的几类青年群体，大学同学和室友已经成为他们结交朋友的第一选择，而大学阶段更成为其未来形成稳定的朋友圈的重要时期。

王可认为，90后乃至95后，虽然有着时代带来的个性化特征，但是，“大家都是成年人，不会像高中时那样不懂事，因为一些小的观点分歧去孤立某个同学。相反，如果有同学‘游离’在集体之外，反而班干部会主动去了解和帮助他”。

她还说，现在社会上给90后贴上“问题”标签其实很不公平，其实90后不仅“玩得好”也“靠得住”。他们对于许多重要问题会理性客观地解读，他们追求个性却并不盲目。对此，调研报告也提到，大学生关注社会公平问题。有48%的大学生认为收入高的人应该缴纳更多的税。调研组认为，这反映出大学生的社会责任感，

他们对社会公平问题有着清醒的认识，并不盲目。

此外，调查结果显示，绝大多数大学生对于中共十八大以来党的领导集体持有积极肯定的态度，关注治国理政思想、党的政策方针，有近60%的大学生“非常想加入”或“想加入”共产党，超过85%的大学生以身为中国人而感到骄傲，对国外文化产品和国际局势保持清醒认识和判断。

关于中国梦，超过半数的学生表示“非常了解”和“比较了解”，近75%的大学生认为中国梦一定能实现。

对大学生“宅文化”不妨多些宽容

王钟的

《中国青年报》（2015年04月29日　04版）

一个北京大学生可能有这样的“标准”面貌：上网、睡觉和社交是他最主要的课外活动；看美剧、逛淘宝是睡前“功课”；“打DOTA、踢实况”成为每天最放松的项目。共青团北京市委联合课题组的数据证明：有74.67%的大学生的闲暇时间主要用来上网，70.3%的大学生平均每天用来上网的时间超过两个小时。用一个流行词来说，就是“宅文化”在大学生群体中获得广泛认可。

一味地“宅”有很多坏处。比如调查显示，只有27.71%的大学生在课余时间锻炼身体。一些体测数据也表明，大学生的身体素质呈现下降的趋势。而且，主流社会似乎并不认同这种“宅文化”，前些年“网瘾少年”是一种边缘群体，而现在的“二次元人类”（“二次元”意指日文中的“平面世界”）也是一种相对封闭的亚文化。还有很多人认为，大学期间不接触社会，走上工作岗位后可能遇到人际关系问题。

不过，课题组给出的中性定义，有助于我们重新认识“宅文化”群体——“与网络深度融合的新一代”。我们也可以看到，一些“宅”比另一些“宅”更有意义。前些天是世界读书日，有媒体从图书馆借阅量下降来论证大学生读书少了，这种论证忽略的是网络阅读的悄然增长，很多大学图书馆用于购买电子资源的经费已接近纸质资源。不少大学生也习惯于通过网络关注时事，一些网络话题的激烈辩论，展现出他们“接地气”的社会参与度。

网络改变生活，当然也改变大学生的生活姿态，“宅”并不是一个非好即坏的概念。比如，对大学生创业来说，互联网已经成为最好的平台，“宅”在网上似乎并不坏。而学习的概念也早就不局限于课堂，看看“知乎”“果壳网”等知识类网络平台，就能明白大学生不仅通过网络提升自己，也能通过网络传播知识、影响他人。即便是运动，使用运动类应用软件，通过手机与好友分享运动记录，不仅是一种社交方式，也让运动变得更有意思。

对“宅文化”多一些宽容，或许是理解和帮助大学生成长的合理态度。

既然那么多大学生在网上，那就在网络上提供更多良性选择

记者　诸葛亚寒

《中国青年报》（2015年04月29日　04版）

26.6%的大学生面临学习困难，70.3%的大学生平均每天用来上网的时间超过2个小时，58.5%的大学生会不同程度地将个人情绪带到网络世界中，19.3%的大学生认为网络自媒体是最可信的信息来源……

共青团北京市委联合课题组针对北京大学生群体1%抽样调查的这组调研数据引起了中国青年政治学院青少年工作系刘卫兵副教授的注意。

对于这一点，刘卫兵认为，中国大学校园里有就业指导中心，但拥有学习指导中心的却非常少。与此不同的是，在许多发达国家的大学校园里，学生通过电话就可以联系学习指导中心预约研究生进行每周1到2个小时的辅导。

“我国大学教育并没有普遍实行助教制度，从主讲到助教，包括期末阅卷都由老师完成。所以，老师对于学生学习的指导肯定不够精细，这个问题是需要想办法改进的。”刘卫兵说。

刘卫兵注意到，与大学生面临学习困难所相对的，是大学生的上网时间很多。

调研数据给出了具体的数字：70.3%的大学生平均每天用来上网的时间超过2小时。其中，上网3小时左右的占17.9%，上网4小时左右的占10.7%，上网5小时及以上的占13.1%。而大学生用于参加学习培训的课余时间仅为10.07%。

这个数据，在刘卫兵看来，“总体上有些偏高了”。他认为，如果倒退10年，每天上网5小时都可以被认为有网瘾嫌疑了。

“一方面抱怨学习压力大，一方面又有大量时间上网，这说明大学生自身就是一个矛盾体。”刘卫兵说，网络上有很多类群体，如果大学生在学习上面临压力，完全可以进行“网络求救”，“但似乎他们缺少这种网络求助上的互动”。

另一个让刘卫兵关注的数据是：58.5%的大学生会不同程度地将个人情绪带到网络世界中。

“个人情绪的带入表现在大学生非理性的情绪化和从众心理上。”刘卫兵认为，网络上总有一些似是而非、甚至是谣言的信息，但它们很容易以一种貌似正义的方式引起雪花式的快速传播，这会激起大学生基于“义愤”的表达，“最关键的问题在于，他们不会去求证”。

“有丰富社会阅历的成人，即使看到扣人心弦的消息，转发时也会去琢磨是真还是假。而情绪化的大学生所选择的东西往往都是非正规的，可能会走向灰色地带。”在刘卫兵眼里，虽然有时候大学生为了幽默、搞笑而进行调侃和减压，但必须重视的是：不是所有事情在网络上都可以进行调侃，也不是所有事情都可以娱乐化。

更令人担忧的是，19.3%的大学生认为网络自媒体是最可信的信息来源，而网络自媒体也成为排在父母及亲戚提供信息之后的第二大最可信的信息来源。对此，刘卫兵认为，网络信息虽然丰富但其准确性无从考量，甚至有些消息连源头都找不到，“信息传递还是需要通过主流的媒体，不能过多依靠新媒体”。

刘卫兵建议，未来，我们应该增加青年网络互动影响，形成有价值的网络互动和社区，“既然那么多学生在网上，那就在网络上给他们提供更多良性选择”。

志不失　气可鼓

记者　邱晨辉

《中国青年报》（2015年05月19日　04版）

马小龙介绍自己的方式，很让人意外，他首先认为自己是一名中考失利生，接着才会告诉别人，现在的他是一名中专生。

他心有不甘。

尽管只有16岁，但他的双手已被机电技术专业的实操学习锻炼得粗糙不堪，加之肤色黝黑，讲起话来有板有眼，让他整个人显得比同龄人要老成一些，他说："一年前的中考失利，让我的人生轨迹完全不同了，以前家长老师还管我，现在彻底不理我了。"

相比社会舆论更为关注的高中生、大学生等普通教育序列的青少年，马小龙和他的同学在很大程度上是"失声"的。根据共青团北京市委北京青年1%抽样调查课题组的统计，截至2013年12月底，北京市共有40所普通中专、54所职业高中，共有59 895名普通中专学生和64 987名职业高中学生。

这个生活、学习在北京的12.4万名中专中职学生群体，和北京近50万名中学生一样，既处在身体发育生理成熟期，又处于思想意识从感性到理性、从模糊到清晰的成长过渡期。但和后者拥有足够健康的学习、成长环境不同，中专中职生不得不在少年阶段就面临着学习与打工的共同压力。北京青年1%抽样调查课题组对上千名中专中职学生的调研结果显示，这一群体学习与就业压力并存，成长和成才需求同样强烈。

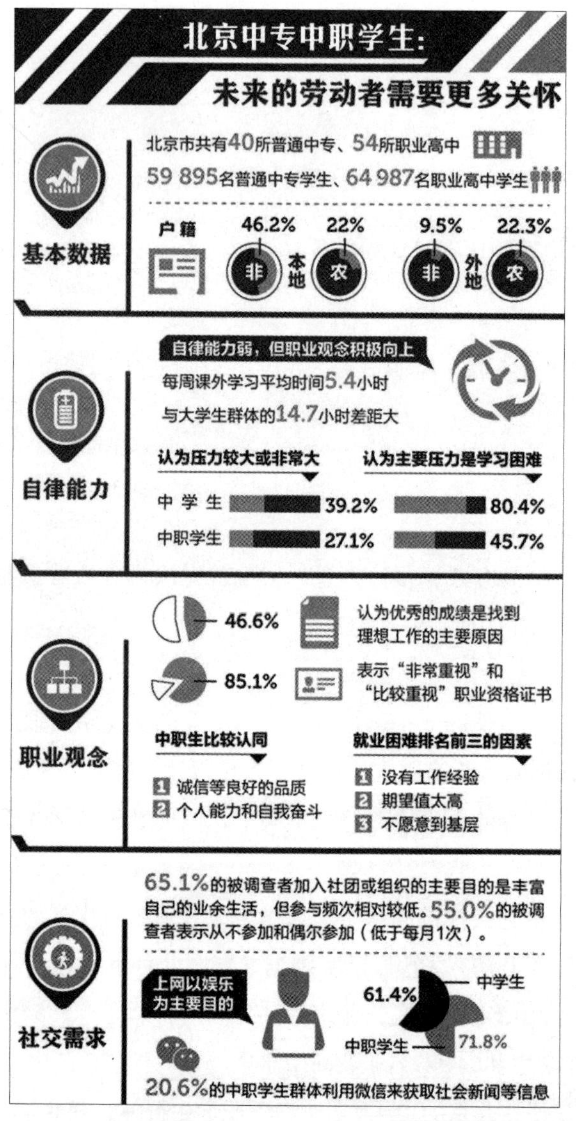

想做大英雄，但“流血”“流泪”的意愿不够强烈

今年五一劳动节期间的电视新闻片《大国工匠》，让刘洋找到了“自己的方向”。

这位17岁的中专生告诉记者：“谁不想做大英雄？我们也盼望有一天，可以站在属于技工的荣誉舞台上，让所有的人都认识我。”说完，他低下头，开始叹气：“可是我们学习不好，成绩比不过别人，差距太大，追也追不上。”

“那你努力追过吗？”听到记者的追问，刘洋愣了一下：“可能问题就在这儿，从小爸妈就说我，想做英雄，但不愿在成为英雄的路上‘流血’‘流泪’。”

北京青年1%抽样调查课题组的调研结果也印证了这一点。调研称：“中专中职学生群体成长成才需求强烈”，由于学习与就业压力并存，他们成长和成才的意愿同样迫切。然而，他们普遍自信心不足，学习兴趣不高，“空有想做事的愿望，却不去努力拼搏”。

根据调研结果，有46.6%的中专中职学生被调查者认为优秀的成绩是找到理想工作的主要原因，有85.1%的被调查者表示“非常重视”和“比较重视”职业资格证书。

另一方面，相比39.2%的中学生被调查者认为压力较大和非常大，只有27.1%的中专中职学生这么认为。另外，有80.4%的中学生表示压力主要来自学习，但仅有45.7%的中专中职学生认为主要压力是学习困难。

课题组称，这说明中专中职学生群体虽然很看重学习成绩，但与中学生群体相比，有提升成绩的需求，但学习紧迫感和动力不足。

中专中职学生在社交方面，所呈现的状态也是类似的。

调研结果显示，有65.1%的被调查者加入社团或组织的主要目的是丰富自己的业余生活。他们参加最多的组织或群体依次是学生社团（41.0%）、同学组织（35.0%），排在其后的是兴趣类组织（26.9%）以及公益志愿组织（23.7%）。

从这组数据来看，中专中职学生并不乏社交的需求，并以兴趣爱好、志愿服务为主要类型。

但实际上，他们参与社交活动的频次相对较低，调研结果显示，55.0%的被调查者表示从不参加和偶尔参加——低于每月1次。

自我认同感不强，自律能力差，需要引导和关怀

这也从某种程度上让中专中职学生群体容易在自我认知和行为上陷入一种从“不努力”到“不被认同”，从“不被认同”到“不自信”，再从“不自信”到“不努力”的循环过程。

他们也清楚这一点。

课题组对中专中职学生学习状况不令人满意因素的调查发现，被调查者选择最多的是自律能力较弱和学习方法不当，分别占了31.7%和18.7%。

以学习时间为例，被调查者每周课外用于学习的平均时间为5.4小时，相对大学生群体被调查者平均每周14.7小时的课外学习时间，差距非常明显。

课题组称，这充分说明中专中职生自我管理的能力不足，科学学习方法手段欠缺。这些都会深刻影响他们对自我的评价，导致放弃通过持续学习改变生活的意愿。

马小龙告诉记者，和父母在一起交流时，他们经常会谈到那次考试——中考。“他们说，那一次分水岭，把学习好的筛了出去，剩下的都是学习不好的，我们被定了性，谁还想着努力学习？反正也不是那块料。”

正如课题组所说，尽管中专中职学生群体认为学习成绩对找工作很重要，也非常看重职业资格证书，但由于中考失利造成的自信心不足，自我认同降低，使“他们呈现出自律能力较弱，学习积极性不够高的情况”。

这也从另一方面告诉我们，这个群体急需一定的帮助和指导。根据调研数据可知，受访者希望获得与学习就业有关的帮助信息，其中前三类帮助类型是丰富的就业信息（14.6%）、学习辅导（12.5%）和增加收入（12.0%）。

课题组称，由于知识结构、社会经验、家庭氛围等多方面因素影响，中专中职学生的自我意识较强，对职场缺乏深刻的认识，存在着复杂的就业心理，也面临着较大的就业压力。因此，在日益激烈的竞争下，培养中专中职学生学习真本事，开展职业技能培训，提升其就业竞争力，扩大就业机会等，显得尤为重要。

认同“诚信”和“奋斗”，对实现中国梦有信心

抽烟、打架等不良行为，是人们对成绩差的孩子的刻板印象，却不完全适用于中专中职生。刘洋告诉记者，“身边的同学虽然不怎么爱听课，却也很少捣乱，闹事，总体来说，我们还是属于‘三观’比较正的孩子”。

虽是玩笑话，却在一定程度上刻画了这个群体“沉默寡言”“憨厚老实”的性格，这一点可以从课题组的一项调研中得到佐证。在对基本职业观念和就业困难的认识题目中，可以发现被调查者比较认同“诚信等良好的品质”（第一序位）和“个人能力和自我奋斗”（第二序位）的价值观念。

在针对党的领导和国家发展调研中，这一群体也普遍给出了“认同”的答案。

具体来看，有41.7%的被调查者表示对中国梦“非常了解”和“比较了解”，不过，也有41.3%的被调查者表示“一般了解”，表示“不太了解”和“不了解的”被调查者占总数的17.0%。

课题组称，这说明中国梦在宣传方式和内容设计上还有发展空间，需要采取更加符合青少年特点的方式引导中专中职学生深入了解。

另外，在与“中国梦能否实现”的调查结果进行交叉分析后，课题组发现，虽然17.0%的被调查者表示“不太了解”和“不了解”中国梦，但是其中有70%的人对“中国梦一定能够实现”持肯定态度。

与中学生群体调查一样，80.5%的被调查者明确表示同意和非常同意这一观点。这在一定程度上说明，小学和初中的思想政治教育比较稳固，中专中职学生群体对党的领导和国家的经济社会发展抱有信心。

这一点也可以从“是否想加入中国共产党”的回答得到验证，除了已加入中国共产党的1.3%之外，有95.3%的被调查者表示“想加入”和“非常想加入”（68.6%）中国共产党。

另一组值得注意的数据是，相比61.4%的中学生上网以娱乐为主要目的，中专中职学生的比例更高，为71.8%。新媒体对中专中职学生群体的影响巨大，更多被调查者会选择利用微信（20.6%）来获取社会新闻等信息。①

① 文内马小龙、刘洋为化名。

请给未来劳动者更多关怀

邱晨辉

《中国青年报》（2015年05月19日　04版）

中专生，职高生？有的人可能穷尽一生也不会去了解这个群体，但可以毫不夸张地说，只要在这个社会里生存，你就会遇到他们。

出入酒店，你会遇到酒店里的服务员、大堂经理，他们很有可能就是中专中职学校的毕业生；乘坐高铁、飞机，穿梭在走道里的乘务员，有的就是中专中职学校的毕业生；在城市里乘坐地铁，遇到的那些拿着安检仪的姑娘、小伙儿，没准儿也是正在实习的中专中职在读生。

多数时候，我们可能难以察觉这个群体的存在，甚至会忽略他们，但他们却是我们身边熟悉的“陌生人”。

谁能离得开这些未来的劳动者？但我们给予这个群体的关注和关怀实在是太少了。

作为与中学生同龄的青少年群体，他们不仅承受着与年龄不甚匹配的学习、就业的双重压力，还要把中考失利、大人眼中的差孩子等苦涩藏进心里，负重前行。

团北京市委北京青年1%抽样调查结果显示，这个群体自信心不足，自我认同度低，甚至对自我身份有一种恐慌情绪。

他们中之所以有人要破罐子破摔，和这个群体受到的冷漠和歧视有很大关系，而之所以受到这样的待遇，则要归咎于整个社会对人才层次划分的粗暴和不科学——职业教育出身的人，就要低人一等吗？正如许多职业教育领域的专家所呼吁的，什么时候这个社会能真正形成“崇尚一技之长、不唯学历凭能力”的氛围，才可能离优质的中国制造不远，也不必再漂洋过海去邻国买马桶盖。

团北京市委北京青年1%抽样调查课题组也清醒地认识到这一点，正如他们在课题报告中写到的，绝大多数中等职业学校学生毕业后将直接跨入社会，成为产业大军的有生力量。而他们能不能具备健康、积极、向上的思想道德素质，直接关系到我国未来产业大军的整体素质，关系到经济社会发展全局。

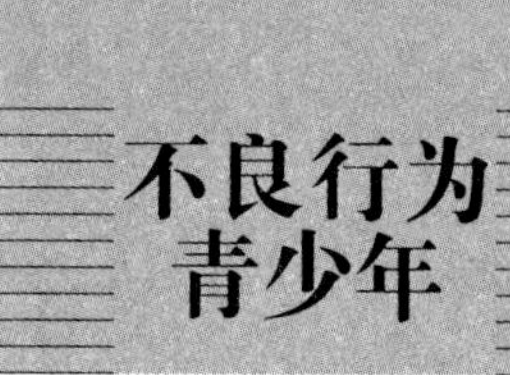

没有天生的“坏孩子”

记者 陈凤莉

《中国青年报》（2015年05月12日 04版）

有这么一群孩子，他们有的逃学旷课，有的抽烟喝酒，有的打架斗殴，有的偷窃赌博……如果没人管束，他们也许还会走向犯罪的深渊。

他们是别人眼中的“坏孩子”。曾经，张强就是这样一个“坏孩子”。

张强，28岁，家住北京通州，2005年因为杀人而入狱8年多，那时他还不到18岁。而在此前，他一直“混迹于江湖”，“这么说吧，除了黄赌毒，其他什么坏事都做过”。他并不讳言自己的过往。

张强口中的坏事在青少年工作者看来叫不良行为，他们给这个概念作了一个定义，那些违反社会公共生活准则与有关行为规范，或者不能良好地适应社会生活，从而给社会、他人和本人造成不良影响或危害的行为，包括逃学、旷课、夜不归宿，与社会不良人员联系较多；抽烟喝酒，携带管制刀具，打架斗殴、辱骂他人等都被叫做不良行为。

那么那些被打上不良行为印记的“坏孩子”是怎么炼成的?

团北京市委课题组进行了一项调研，他们通过翻阅2010年以来某司法社工机构撰写的700份未成年犯罪嫌疑人司法社会调查报告，详细梳理了某区2010年以来京籍未成年犯罪嫌疑人个案233例；通过走访看守所、未管所，以问卷方式调查了247名北京各区县看守所京籍青少年犯罪嫌疑人，169名北京市未成年犯管教所的犯罪青少年；通过走访2所普通中学、3所技校和6所工读学校，以焦点小组的方式与一线教师及学校管理人员座谈，形成了47份关于不良行为青少年特点、影响因素等内容的问卷，并用数据大致勾勒出这些青少年不良行为的发展轨迹。

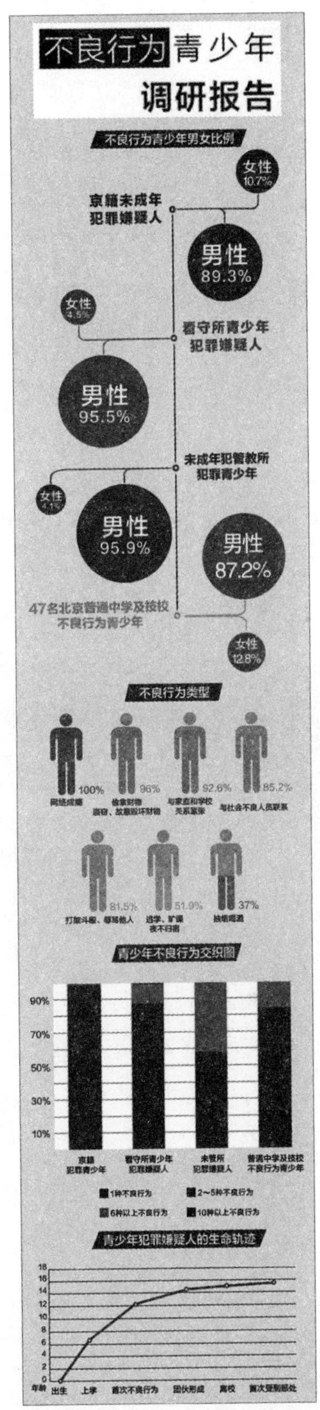

可怕的小毛病：超三成青少年不良行为始于抽烟喝酒

事实上，张强曾经是个好孩子，而且还是那种学习很好，老师很喜欢的好孩子。转变出现在他上小学四年级的时候。

那时，由于父母离婚，张强跟着爷爷奶奶生活。“印象里开家长会时，从来都是爷爷去。走在大街上都会有一种不平衡的感觉，觉得自己比别人缺了点什么。”但他唯一不缺的就是钱，因为无法给予他一个完整的家庭，父母便试图在物质上补偿他。

“身上从来没少于过300块钱。”这引来了很多觊觎，总有大孩子向他伸手，他也常常因此受欺负。

因为家庭的原因让他养成了不愿意向家人倾诉的性格，总想着靠自己的方式去解决问题。

“我有个只比我大几岁的叔叔就会帮我出头，身边也因此有了一帮小哥们儿。”此后他便开始跟哥们儿一起出去吃饭喝酒，再有大孩子欺负他的时候，他也学会了反击。

于是，从抽烟喝酒，到打架斗殴，再到后来跟社会不良青少年交往，模仿电影《古惑仔》里的情节，进而混迹黑社会，直到他失手把一个碎了的啤酒瓶扎在另外一个人的脖子上，他觉得就像是有什么力量推着他一样一步一步走向犯罪。

这跟调研报告的数据不谋而合。

调研报告中，“抽烟喝酒”通常是青少年不良行为发展轨迹的起点。这在很多人看来不过是不值一提的小毛病，而正是这些小毛病，却让很多青少年滑向犯罪的边缘。

课题组对7种不良行为按照“最早发生”的人数比例排序，其中前4种不良行为分别是：抽烟喝酒（37%），打架斗殴、辱骂他人（29.6%），逃学、旷课、夜不归宿（14.8%），与学校和家庭关系紧张（7.4%）。在7种不良行为中，这4项经历最可能成为青少年成长过程中最早发生的不良行为。通过数据，他们给有“抽烟喝酒”的不良行为青少年大致描出了一条发展轨迹：抽烟喝酒——打架斗殴、辱骂他人——与学校和家庭关系紧张——逃学、旷课、夜不归宿——与社会不良人员联系——进入法律、法规规定未成年人不适宜进入的营业性歌舞厅等场所。

报告中还显示，超过六成的不良行为青少年有两种以上的不良行为，而且这些行为往往相伴相生。

课题组认为，抽烟喝酒及逃学、旷课、夜不归宿等不良行为是导致青少年违法犯罪的高风险因素，打架斗殴辱骂他人、与社会不良人员联系较多、网络成瘾以及携带管制刀具等不良行为的危险程度也很高，而且六成犯罪青少年在犯罪前大多具有2种～5种不良行为。

而北京大兴区朗润社会工作事务所主任任力欣则发现了另一个现象，在犯罪的青少年中，80%都有来自家庭环境的影响。

首次不良行为的平均年龄仅12.25岁

12.25岁，这本该是在校为小升初而努力学习的年纪，却是报告中很多青少年首次产生不良行为的平均年龄。而这与青春期的萌芽大体一致，是预防和干预不良行为产生的最佳时期。

杜亮（化名）第一次产生不良行为时才只有9岁。

因为母亲早逝，独自在北京打拼的父亲无力抚养杜亮，便把他寄养在河南郑州的叔叔家，因为婶婶并不关心他，更不会给他零花钱，没钱买文具的他开始偷拿同学的笔、本等文具。直到后来回到父亲身边，他已参与多起盗窃案件并最终被抓进看守所而结束了自己长期的不良行为。

在长期跟踪帮扶杜亮的司法社工刘羽看来，如果能在他刚开始产生那些不良行为的时候就有人介入，加以正确引导，那么他很可能就不会犯下之后那些更大的错了。

课题组认为，针对已经出现不良行为的青少年应建立预警机制，并给予重点介入，进行心理和行为方面的矫正和训练，附带进行学习和就业辅导，帮助他们摆脱不健康的状态，防止其因失学而进一步危害社会。

据了解，全市1807所中小学校已经配备法制副校长，能够给在校青少年普及法律常识，但配备专业社工的学校却寥寥无几，对于已经出现不良行为的青少年，该如何矫正缺乏系统的对策。

课题组认为，传统学校教育受专业知识、人力等限制，在对有不良行为学生的教育管理中比较被动，且无法更多调动社会资源帮助有不良行为学生。社工可以运用专业知识和方法，实现校内及校外资源的整合，通过个案工作、友伴团体工作、家庭工作等多种专业工作方法的整合运用，从而帮助青少年减少不良行为的发生，回归到正常的学习、生活轨道中来，实现健康成长。

值得注意的是，调研中一线教师及教育工作者普遍反映，近年来女生的不良行为也有所增加。

根据调研，京籍未成年犯罪嫌疑人中男性208人，占89.3%，女性25人，占10.7%；看守所青少年犯罪嫌疑人中男性236人，占95.5%，女性11人，占4.5%；未成年犯管教所的犯罪青少年中男性162人，占95.9%，女性7人，占4.1%；47名北京普通中学及技校的有不良行为的青少年中，男性41人，占87.2%，女性6人，占12.8%。

不良行为的背后是某种内心需求

在首都师范大学社会工作系副教授、北京超越青少年社工事务所主任席小华看来，青少年之所以产生不良行为，源于内心的某种需求。她曾跟调研组走进北京西城区的一所学校，发现老师正为学生抽烟头疼，为避免学生下课后扎堆儿去厕所抽烟，老师甚至都不敢休息，去厕所盯着。

“我问了一下，这些孩子真正有烟瘾的还不到10%，那为什么他们还那么喜欢抽烟呢？”在跟孩子的深入交流中，席小华找到了答案，“他们告诉我，如果像别人一样抽烟就能有朋友，就能够相互支持，这是一种社交的需求。”

在她看来，那些孩子是把抽烟当成了跟别人交往的方式，“如果我们能够评估出孩子行为背后的需求，通过针对性的辅导方案满足他们的需求，那他们自然就不会通过不良行为联系在一起了”。

在北京海淀寄读学校做驻校社工的金超然每天都要面对各种各样的不良行为青少年，她的工作之一便是解读这些孩子行为背后的内心需求。

她曾跟踪帮扶过一个父母离异的女孩，因为父母不怎么管她，没有经济来源的她找了一个男朋友，当她想要分手的时候，她的男朋友却总是纠缠，于是为了躲避这种纠缠，她开始去网吧，泡夜店。

“其实她内心是有想要继续学习的需求，她想以后读中专，但没有经济来源，为了支持这种需求，才有了后面的那些不良行为。”金超然说。

金超然给那些不良行为背后的需求大致分了类，“独立自主的需求、青春期生理变化带来的一系列需求和异性交往的需求等，如果这些需求通过正常的渠道解决不了，孩子们就会用自己的方式解决，这个时候，不良行为就很容易发生了”。

坏孩子变形记

记者 陈凤莉

《中国青年报》（2015年05月12日　04版）

刚刚去北京未管所进行了一场招聘的张强很开心，因为“真的签到两个人”，这个曾经的坏孩子终于也可以帮助其他人了。

其实，在服刑的时候，张强就已经开始转变了。他在狱内学习了摄像，希望以后能用自己的一技之长重新开始生活。

在出狱之前，他也参加了一场招聘会，如果不是父亲嫌离家远，也许他现在正在一个婚庆策划公司工作。

有时候，他也会想，假如在一开始自己只是有轻微不良行为的时候，有人能够拉自己一把，哪怕只是一句劝说，那么之后的那些坏事他也许都不会干，更不会走到杀人的地步。

这样的人出现在他临释放前的两周，那一天，北京大兴区朗润社会工作事务所主任任力欣接受共青团的委聘，走进了未管所，跟张强聊了很长时间，“聊以后的生活、工作，聊我该如何重新走进社会”。那一刻，他觉得任力欣是真正为自己好的。

“他怕我再重蹈覆辙。”出狱回家之后，他几乎每天都能接到任力欣的电话，有时候半夜都还在聊。

“怕他再变坏。”任力欣知道，犯罪青少年很多在出狱之后都会再次犯罪，未管所的人告诉他，最快的3天就又被关回去了。

愚人节的时候，任力欣收到张强的短信：“我打架了，把别人打伤了。”看到短信，他吓坏了，马上拨通张强的电话，才发现这原来只是一个玩笑，“真的怕他再走以前的路”。

事实上，张强确实差一点再走以前的路。有原来黑社会的哥哥们来找他，拉他重新入伙。“那时我确实迷茫过。”

这让任力欣给否决了，“我告诉他要踏踏实实地工作，哪怕在一个企业里不给钱，也要珍惜，因为这是他重新适应社会的机会。”任力欣说。

张强就这样走上了他的嬗变之路。他努力工作，哪怕工资刚刚够他生活所需；他善待家人，努力为家里分担。“要让自己做得更好，不能给帮过我的人丢脸。”

他曾经多次走进学校，用自己的亲身经历去警示那些学生，“哪怕有一个人能够从中得到启迪也是好的”。

他还曾经想给一个患白血病的女孩捐骨髓。在看到女孩的信息之后，他第一时间联系到女孩的父亲，希望捐献骨髓，因为客观原因女孩未达到换骨髓的地步，但张强表示只要需要，他随时都可以捐献。

他也曾经帮扶过一个刑满释放的孩子，像任力欣帮扶自己一样，他也常常给那个孩子打电话。

从今年开始，张强开始尝试自己创业，成立了一个文化交流传媒中心。因为团组织的帮助，他接到了一些业务，忙的时候，他有时候凌晨两三点钟还在加班。“尽自己的努力，做一些有意义的事，这样反倒踏实了。”

如今的张强最想做的事情是组成一个团队，成立北京刑释人员服务联盟，“团队人员最好都是刑满释放人员，我希望我们这样一个团队可以经常走进青少年群体中，用自己的亲身经历去启迪他们，预防他们犯罪”。

席小华：预防青少年不良行为要趁早

记者　陈凤莉

《中国青年报》（2015年05月12日　04版）

当看到团北京市委调研报告，12.25，这个数字引起了首都师范大学社会工作系副教授、北京超越青少年社工事务所主任席小华的思考。这是青少年首次不良行为的平均年龄，这意味着，很多青少年在初中一年级，甚至更早的时候就开始有了不良行为。

"原来都说初二是一个分水岭，但现在看来不良行为发生得更早，我们干预介入的时间点也应该提前到初一，甚至小学高年级。"在席小华看来，如果已经到了分水岭，或者不良行为已经发生再去介入就有些晚了。

防患于未然，席小华觉得应该在学校就去跟踪青少年的种种行为轨迹，从而发现端倪进行应对。而站在专业的角度上，她觉得应该引入驻校社工。

据了解，北京在2007年开始尝试驻校社工制度，至今有驻校社工的学校仍然寥寥无几。"在基础教育的过程中，社工可以帮助那些有问题的学生解决问题，使他们能更好地学习与成长，评估了解他们的需求，通过个案辅导和团体辅导的方式满足孩子成长过程中的需求，来减少甚至预防不良行为的发生。就像香港的学校，会制定专门的课程，并由社工实施。”她说。

在时间点上如何介入，这是席小华思考的一个问题，而另一个问题就是空间。在她看来尽管未成年人身上有着来自学校和家庭的双重管束，但对于预防或干预不良行为来说仍然有空白点。

很多青少年不良行为发生在放学之后，像上网、与社会不良人员接触等，而这个时候正是约束青少年的空白点。“学校觉得既然已经放学了，那么孩子在校门外的事情就不归学校老师管，而如果孩子不回家，到了社区，也没有人及时跟进，不良行为就很容易发生了。”她说，目前来看，家庭、学校和社区的资源缺少对接联系，导致有些孩子的不良行为愈演愈烈。她认为对于预防或矫正不良行为来说，应该以人为核心，而不是以场域为核心。校内外的资源如果做好对接，在孩子发生第一次不良行为或者有不良行为的苗头之后，就开始有专业人员跟进，记录其在各个场域内的表现，再对症下药，那么预防或者掐断他们的不良行为就不是难事了。

另一个问题是，学校外面适合青少年娱乐活动的场所太少了。席小华建议应该在社区建立专门的青少年活动中心，“不只要有地方，还要有专门的社工进行跟踪服务，建立孩子的动态成长机制，有什么问题就可以及时跟家长和学校沟通。而这对整个社会来说，是个系统的大工程，社会的认识和重视程度，社工人员不足等都是难题。”

贫困家庭青少年

在自律中追梦

记者　崔玉娟

《中国青年报》（2015年05月21日　05版）

团北京市委针对北京市家庭贫困青少年群体的调查显示，近九成的受访贫困大学生不认为“直接提供实物或现金资助对帮助贫困大学生来说更有效”，他们认为“提供勤工助学”“提供就业培训指导”“成为朋友在生活和思想上关怀”“结对交流给予心理帮助”都是更为有效的帮助方式。绝大多数人不赞成由出资方以现金形式将奖学金发给学生。

根据调研结果，城市融入、经济负担以及生活贫困带来的人际交往等问题交织，使得贫困大学生显示出较强的独立自主意识，但是，也表现出“继承性、阶段性和复合性”特征，对社会帮扶提出了更大的挑战。

大一：城市融入与经济负担同时袭来

中国传媒大学在读硕士研究生刘佳（化名）对大学4年印象最深的是2010年8月

31日——“我的大学生活开始的第一天”。刘佳回忆：“记忆最深的不是那天见到的北京的繁华，也不是对大学生活的新奇与兴奋，而是我和爸走在学校附近的街上，一家挨着一家找留宿的地方。”

当时最便宜的单间是120元一晚。刘佳的父亲很惊讶，因为把生活费给了刘佳后，他口袋里连300元都不到，回家的车费还要100多元。

“大学的第一天，就已经让我深深感受到，‘贫穷’的无力挣扎与无地自容，并让我在进入大学很长一段时间里，在自卑中深陷。”刘佳这样记叙她当时的心情。这些贫困大学生大多来自外地的农村。根据调查摸底，约有63%的贫困大学生是农村户籍，只有37%的贫困大学生来自城市。这一地域分布状况与抽样调查结果基本吻合，与北京青少年发展基金会于1998年进行的“首都高校家庭贫困大学生状况调查”的结果也一致。此外，调查显示，来自北京本地的贫困大学生仅占贫困大学生总数的8%，而绝大多数贫困大学生都是在京就读的非京籍大学生。

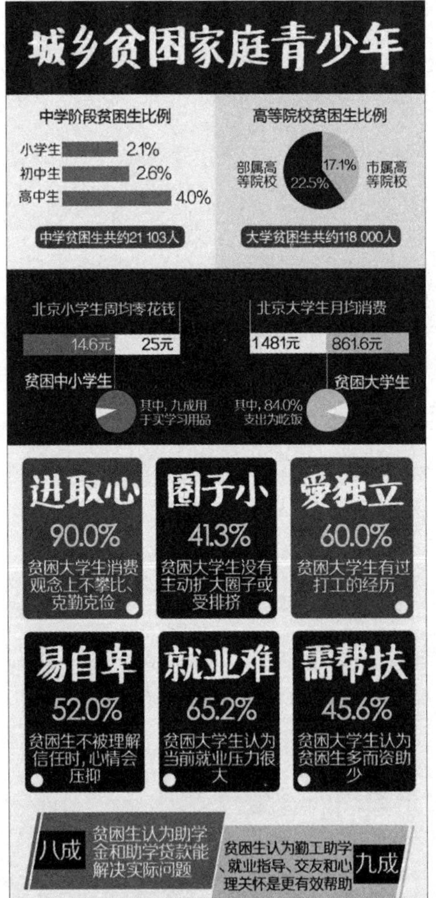

同时，调查显示，贫困大学生很多会因为家庭经济困难等原因感到自卑，有38.3%的被调查者害怕在大众面前讲话，有32.8%的被调查者介意别人知道自己贫困生的身份，有近八成的被调查者在不同程度上存在着负面心理情绪。

尽管生活在大都市，但是根据调研数据，贫困家庭大学生生活支出相对较低，消费观念务实理性。调查显示，贫困大学生月均消费为861.63元，同年龄段的北京市大学生月均消费为1 481元，贫困生的生活支出不到普通学生的六成。在被调查的贫困生中，84.0%的大学生其生活费主要支出为吃饭，80.6%的人表示在穿衣打扮方面没有要求。

大二大三：梦想在奋斗中绽放

李欢（化名）是北京师范大学2012级的本科学生。出生在普通农村家庭的她在拿到大学录取通知书后，入学的学费和生活费成了大问题，李欢通过申请地方公益补助和学校里的国家贷款，得以顺利入学。

2012年9月到北京上学，是李欢第一次坐火车。“在这里我知道了很多之前不知道的事情。我不知道买衣服和鞋子是需要看牌子的，我不知道女孩子们津津乐道的巧克力等零食的名字，我不知道一顿饭竟然可以花几十块钱，我不知道那么多人花那么多时间去看漫画、打游戏。”李欢回忆，“说实话，一开始我也感到好奇，感到憧憬，甚至有些向往。但是我很快就知道这不是我要得起的生活。我的生活里可以没有爱马仕、达芙妮、士力架，但是却不能丢失了最初的梦想。”

因此，入学两年多以来，李欢努力学习专业知识，年级综合测评一直是前3名。她还在周末和寒暑假积极利用家教、社会兼职的机会赚取生活费用。在大二一整年忙碌的学习之外，李欢坚持着每周一次的家教，尽管每次来回要坐两个小时的公交车。她不仅赚得了生活费，有时还可以寄回家里作为补贴。李欢想要大二报考托福考试来提升和证实自己的英语能力，就从大一暑假开始做社会兼职赚取上千元的报名费，整个暑假她一边准备考试，一边在校外担任夏令营辅导员。

根据团北京市委的调研，家庭贫困的大学生具有较强的独立自主意识。有六成被调查者曾经有过打工经历，56.7%的学生希望通过打工增加收入和自食其力，32%的学生认为勤工助学可以提供很大帮助。据统计，打工的方式主要集中在家庭教师、促销和快餐店钟点工3个职业。对比1998年的调查结果发现，家庭教师是长期以来勤工助学的职业首选。此外，调查还发现高年级贫困生比低年级少。调研的组织者分析认为一定程度上在于随着年级的升高，贫困生逐步增强了勤工助学、自力更生的能力。

同时，调查显示，有九成的贫困大学生具有不攀比和克勤克俭的良好消费观念，63.4%的贫困大学生不会为了同学间的攀比向父母要钱。当问到“如果你有一笔费用会如何处理”时，七成贫困大学生都表示会存起来留作生活费。有49.1%的贫困大学生在获得助学金时不会选择改变自己的消费状况。有82.4%的贫困大学生表示有能力的话愿意资助他人。

大四：再次面临人生重大选择

调查实施者认为，贫困生怀有强烈的知识改变命运的信念，表现出较强的进取心。在被调查者中，有八成贫困生的学习成绩为中等以上，有36.5%的贫困大学生拿到过奖学金。尽管如此，他们对自己的学习成绩的要求仍然很高，六成贫困生对自己的学习成绩不满意，有60.6%的贫困大学生认为成绩不好是自身的问题。

当大四再次面临选择时，问题凸显出来。由于贫困大学生家境困难，社会支持系统也相对缺乏，他们对就业更加忧虑。调查显示，65.2%的贫困大学生表示当前形势下有“比较大”或“相当大”的就业压力，51.1%的人对自己的就业前景不看好。

事实上，有些问题在此前已经显现。

调查显示，贫困大学生交际圈子小，主动交往意识不强。贫困大学生的知心朋友平均为3～4人，而普通大学生为7～8人。贫困生由于经济困难，没有能力支付扩大社会支持网络的发展性支出，普遍存在着交际圈子小的现象。有41.3%的贫困大学生表示没有主动扩大自己的交往圈或受到过排挤，42.3%在结交朋友时会考虑朋友的家境。在交往中贫困大学生处于被动状态，社会交往多限于必须相处的宿舍同学和为了解决经济困难而打工所涉及的范围。

对此，中国农业大学资助中心主任林涵在接受记者采访时表示，对贫困大学生进行经济帮扶只是帮扶体系中的一部分，还应有学业帮扶、精神帮扶和就业帮扶等。帮助贫困大学生提高职业素养和技能，提高竞争力，才能真正做到帮扶的可持续。

中国农业大学已经开展了一些探索。该校连续4年在贫困大学生中开展发展需求调查。“我们会根据学生需求，打造资助项目。”林涵表示。

在中国农业大学的资助体系中，有一个项目叫“添翼”工程，针对贫困大学生开展计算机、网络、英语口语等实用技能方面的培训。另外，还有一个翱翔计划，即学生根据个人发展目标，提出一个短期目标，学校对其进行资助和指导。

“有的学生要考研，有的学生要参加外语培训，有的喜欢摄影等，都可以获得资助。还有一些学习电子商务专业的学生，需要实践锻炼的平台，只要目标明确，有基础，能达成目标，学校就会考虑资助。”该校每年还会开展职场训练营，支持贫困生参加国际交流项目，参加公益实践项目等。

调研组织者也在报告中提示，解决贫困生在经济、学习、人际交往、社会融入、就业、心理等方面的需求，需要从扶贫济困、助人自助以及融合互助等几个方面切入，把经济资助、心理辅导、能力提升、融入引导等帮扶方式有机结合起来，使贫困生的帮扶工作从单一的经济资助，逐步转变为综合帮扶，激励贫困生在接受帮助的同时“助人自助”，从而获得社会价值感。

不容忽视的城市贫困低龄群体

记者　崔玉娟

《中国青年报》（2015年05月21日　05版）

据统计，截至2013年12月底，北京低保户籍家庭贫困在校中小学生共计21 000余人。团北京市委在北京青年抽样调查中，以低保作为家庭贫困的参考标准，界定北京市家庭贫困的在校中小学生。

团北京市委在对北京户籍家庭贫困中小学生的调查中，选取东城、朝阳、海淀、丰台、昌平、房山和门头沟共7个区为抽样范围，在每个辖区随机抽取中小学校，按小学二年级到高中三年级的范围，随机抽取班级，随机向学校推荐的家庭贫困中小学生发放问卷。共发放问卷1 400份，回收问卷1 286份。北京市贫困中小学生数量逐年减少。调查显示，城六区贫困中小学生总数为11 042人，约占贫困中小学生总数的52%，略高于10个郊区县合计10 061人的总数。

贫困中小学生每周的零花钱平均为14.56元，同年龄段的北京市小学生平均每周零花钱为25元。在被调查的贫困生中，近九成中小学生的零花钱是用于购买学习用品。穷人的孩子早当家，贫困生尽管年龄小，但已经开始主动地尽已所能减轻家庭负担。

七成贫困中小学生课余时间选择在家度过，除了“回家做作业”之外，他们在家里做得最多的事情是“帮父母做家务”。

但是，与许多大孩子一样，当不被理解信任时，23.7%的贫困中小学生选择“谁都不说，埋在心里”。

组织者认为，对贫困中小学生的现行帮扶体系仍有扩展的空间。

调查显示，大多数贫困中小学生对学习的态度积极向上，遇到学习上的困难会主动想办法解决，并表示“学习能提升自己的综合素质”“一定要好好学习，将来考上大学”。有81.6%的贫困中小学生认为在学习上遇到的困难是学习方法不正确。

纪实

片头序：

北京

无数青年，生存在这个城市。

2013年，北京共青团启动了“北京青年1%抽样调查”，

将全市青少年划分为22类群体，

发放问卷10.8万份，面对面深度访谈6千余人。

通过全维度系统调研，

将当代青年群体特征

多维解读并立体呈现。

基于这次大规模的首都青少年群体调查，我们拍摄本片，

希望每一位青年人能够从中看到，自己的梦想，与奋斗。

《中国式奋斗——北京青年1%抽样调查》

大型社会学纪录片

漂着的梦想

《中国式奋斗——北京青年1%抽样调查》大型社会学纪录片

之“北漂”艺术青年单集纪录片配音脚本

【开篇】

【旁白】：北京，一个充满机遇的魅力之都。“北漂”艺术青年，一群心怀梦想，且义无反顾的年轻人，漂泊在京华烟云中，任时光流转，他们的脚步从未停止。据北京青年1%抽样调查显示，约9.5万名“北漂”艺术青年，主要集中在音乐、舞蹈、美术、戏剧曲艺和影视五个专业里追寻他们的梦想。他们在追寻一个怎样的梦想？究竟是什么吸引着他们，告别故土和温暖，把自己年轻的梦想，投入这座巨大的城市，开启一段全新而未知的追梦之旅？

标题：漂泊的梦想

北京青年系列电视纪录片

1

2 4 5

3 6

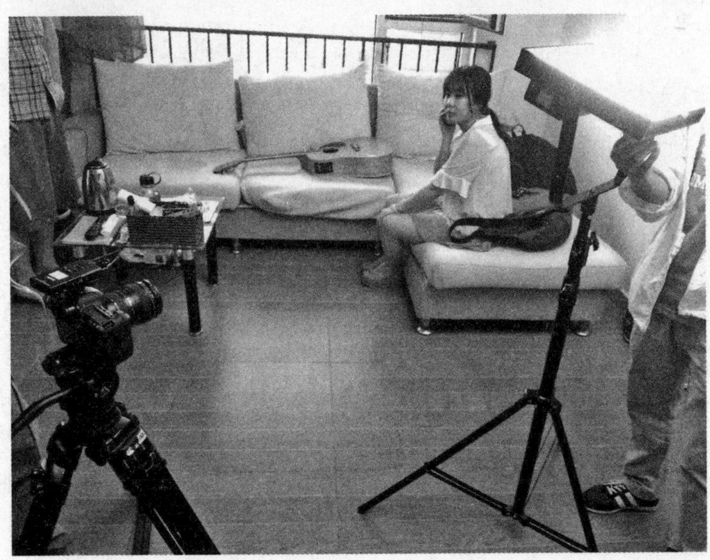

姬 斌

【旁白】：夜幕降临前的北京，“鲜鱼口”美食街上。一个身着传统式长衫，吆喝着京味贯口，招揽生意的年轻人，成为这条街上最引人注目的焦点。他的名字叫姬斌，辽宁阜新人，2012年只身来到北京学习相声。

【采访姬斌】：就是想学相声，当时的想法就是喜欢相声，然后来这儿学习。之前也考虑过其他地方，比如说山东济南那地方，有一些相声社，然后包括天津有这个相声市场，但是后来考虑以后还是北京最好。

【采访姬斌】：那我从来没想过，有一天会站在朝阳楼这儿，这么面对几万张脸，每天就跟这儿喊他们，让他们进来吃饭，进来尝尝呗，想不到这儿，这之前想都不敢想，但是今天也做到了。

【采访姬斌】：我把那楼梯当成是我上台的通道，我当时这么想的，调整心理，穿上大褂，拿着东西，每天走这个楼梯的时候，怎么办？上台了，有一万两万观众在等着我，我要给他们演出，鼓励自己。

【旁白】：据北京青年1%抽样调查显示，“北漂”艺术青年群体流动性高，更多人选择自由发展。据调查数据显示，大多数初来北京从艺青年，不得不面对和解决的就是生存问题。

【采访姬斌】：当时做电话销售，1 500块钱，还得租还得住还得吃，自己定的一天伙食费10块钱在北京，一天十块，三顿饭十块钱，当时我来北京一个星期以后，好多家里一些朋友他们就说回来吧，可能也不太容易当时，感觉混得不太容易。

【旁白】：调查显示，“北漂”艺术青年中河北省人数最多，来自中国北方城镇户籍家庭的青年占2/3。北京浓郁的文化底蕴，44家上市文化创意企业，798、宋庄、怀柔中影基地等30多个聚集区和众多的演艺场所，成为吸引他们实现梦想的沃土。

【采访姬斌】：我的想法就是继续坚持着，目前还没有说退缩的想法。

【旁白】：“北漂”艺术青年大多都是未婚，为了梦想姬斌依然独自在北京坚持着。

【采访姬斌】：**你谈过几个女朋友？**一个，正经谈的就那一个。处过网恋让人骗了，骗我不少钱，说出来都是心酸事。

【采访姬斌】：**你觉得她跟你分手跟你一直在北京漂着有关系吗？**有关系，有很大关系。她特别希望我找一个有保险的工作，但是现在对所谓大部分北漂来说，这也不现实。

【旁白】：由调查可知，“北漂”艺术青年群体单身比例大，婚龄普遍偏晚。被访的“北漂”艺术青年中未婚者比例超过80%，其中目前处于没有男女朋友的高达50.3%，有男女朋友的被访者比例为32.2%。

【旁白】：每个周末，姬斌总是要请上一天的假，晚上7点，他会准时出现在街道的公益小剧场，每周姬斌都在这里登台表演，以积累舞台经验。

【镜头】：姬斌同期相声表演

【采访姬斌】：当你在舞台上说完以后，底下有一个人哈哈大笑了，你会有一种成就感，我喜欢这种感觉。喜欢做着自己的事。得到别人的认可。就比如今年3月8号去考德云社的时候，最后那批考上了，正好是我来北京两周年纪念日。每一年跟自己去对比，那你一看比别人比不了，那高手太多了，怎么办呢？跟自己比吧，看你一年有没有点变化，有没有点突破，反正我依然很淡定地在往前。

【镜头】：姬斌同期快板表演

【镜头】：姬斌在城市的行街道，大喊的镜头。

【旁白】：“北漂”艺术青年群体主要集中在朝阳、通州和海淀三个区。北京青年1%抽样调查显示，目前从事的艺术工作形式来看，像姬斌这样选择相声行业的较少，相较之下，选择影视类行业的人数最多，几乎达到总人数的十分之三。

陈天田

【旁白】：在北京电影制片厂的大门前，每天会有大量的群众演员聚集在这里等待机会。选择当演员的年轻人不在少数，奋斗方式也是各种各样，有的习惯等机会，而有的则更喜欢创造机会。

【旁白】：话剧《阳台》正在排演，这是一部反映农民工讨薪难的喜剧。陈天田也是主角之一，2012年陈天田毕业于北京的一家民办艺术院校表演系。和很多年轻人一样，为了自己的演员梦，选择了北漂。相对幸运的是，2013年通过选拔，陈天田被著名喜剧明星陈佩斯签为旗下演员。并且他曾演的两部话剧，累积已经超过了一百场。

【采访陈天田】：我就立志一定要留在北京，然后到现在为止我数了一下，留在北京还继续做表演的就我们5个人左右。

【旁白】：这里是北京东郊的通州区，陈天田就读的大学就位于通州。至今他的同学还以此为根据地。北京的朋友圈中最主要的就是志同道合的同学。而如今不到一年的时间，陈天田留在北京表演的同学就已是寥寥无几了。

【采访陈天田同学】：现在就是一个结冰期，能破了这个等等看看，把这个结冰期闯过去，没冻死就能活着，冻死的就回家去。

【采访陈天田同学】：现在我演儿童剧，我是200，我演儿童剧现在我们在实习期，实习期也是200，一场200，排练100。

【旁白】：北京青年1%抽样调查显示，“北漂”艺术青年月平均收入为4 551元，低于北京从业青年的平均工资，并且具有相当的不稳定性。对于这个近半数具有本科以上学历的群体来说，显然他们在这里追求的，更多的是灵感与磨砺。陈天田家中做着钢材石油的大宗生意，资产过亿，但他却选择了一条适合自己的道路。

【同期镜头】：陈天田同期表演

【采访陈天田】：我是高三才学的表演，就是临近高考了，我感觉到自己不行了，我必须得通过艺考来上大学，但是我父亲还是对我抱有希望的。让我考MBA，我说我不行的，我只能通过艺术来考。我爸当时在洗脚，把洗脚那盆，一脚就踢了老远，水也洒了一地，说那个你要是学这个，我就不认你。

【同期镜头】：陈天田排练现场的同期

【采访陈天田】：每当自己处于绝境的时候，我就会想，明天会更好。

【同期镜头】：陈天田排练现场

【采访陈天田】：坚持下来的理由，真的就是能传递给大家快乐，也能给自己带来快乐。干表演是个非常快乐的事情。

【同期镜头】：陈天田排练现场

【旁白】：维持在北京的开销，陈天田每个月3 000元的基本工资和不稳定的演出收入是不够的，他还得做点别的事情。

【同期镜头】：陈天田在车市卖车

【旁白】：因为北京采取了严格的购车申请制度，车市生意惨淡。陈天田干了三个月的汽车销售，还没有卖出去一辆。有大量的时间去搞副业。可以看出陈天田话剧工作量的不足。70%以上的“北漂”艺术青年工作时间不足8个小时，这意味着收入的来源减少。不过，这背后也与艺术活动的淡旺季密切相关。

【旁白】：北京青年1%抽样调查显示，为了坚持艺术的理想，“北漂”艺术青年有2/3的人选择生活成本较低的北京郊区居住。

【同期镜头】：陈天田在菜市场买菜的同期

【旁白】：陈天田住在北京最北端的郊区密云。这里物价相对便宜。无依无靠的北漂生活，已经把他打造成了一个会精打细算的男人。密云距离北京城区有70多公里，这里房租也低了许多，70多平的两居室，租金只要市里的1/3。虽说家境富裕，但倔强的陈天田依然在坚持着自己的兴趣和理想，希望以独自奋斗赢得父辈的肯定和自我的突破。

【采访陈天田】：当我觉得有资格去回家的时候我再回家，因为我现在没有资格回去，我觉得，我只是说我想让我老爸能够佩服我，就是赞美我一句就可以了，他从来没夸过我。

【旁白】：因为陈天田毕业后执意留在北京闯荡，远在山东的女友在历经四年大学的异地恋后，为了爱情投奔北京。

【采访陈天田女友】：还是不想分手吧。因为我俩感情基础挺深厚的，我俩都是第一次谈恋爱就一直到现在，所以不想轻易地放弃。

【同期镜头】：陈天田同期吉他演唱

【采访陈天田】：北京是一个非常有魅力的城市，让我神往的城市，以至于让我宁愿留下来，也不愿意回家。虽然家里边可能会有工作，条件也都好。但是，我觉得回家之后，在小县城里边的生活节奏和这儿是完全不一样的，我更喜欢这种为了生计在奔波的这种节奏，喜欢为了自己的未来去努力、去打拼，北京就是恰恰就给了我这样一个空间，这样一个平台，而且我觉得我在北京能够做到一个满意的自己。

【同期镜头】：陈天田同期吉他演唱

【旁白】：北京有着850年的建都史，一直是中国的文化中心，吸引着无数文人墨客、艺术名家，不亚于欧洲的艺术之都巴黎。调查显示，“北漂”艺术青年中，97%认为自己的生活会越过越好，尽管多数生活窘迫，但对艺术的追求和对未来的憧憬，深深吸引着他们。他们在这里追逐梦想的同时，也给这个城市带来无穷的活力。

遥　遥

【同期镜头】：遥遥吉他弹唱同期

【采访遥遥】：开始是求学，后来是参加比赛，最后就想留在这里了，就觉得北京的发展机会多。

【采访遥遥】：那个时候是09年，那个时候我爸爸也说，你在北京生活，你既然选择了去北京，你选择音乐这条道了，他说可能我以前给你的这些待遇就不会再有了，你要自己学着去养活自己。希望我在这儿就觉得真的活不下去了，还是回到他想设定的那条道路上，然后也就促使了我当时特别特别的那种，那种强大的动力吧，就我一定要留在北京，我无论如何都要留在北京。

【旁白】：2009年，电视选秀当中一夜成名的诱惑，让尚未毕业的遥遥投身其中。她一路过关斩将，最好的成绩，拿到了全国十三强。但是比赛的残酷与选手之间的不当竞争，让遥遥怀疑她离梦想越来越近还是越来越远了。

【同期镜头】：遥遥演出演唱同期

【采访遥遥】：一直想着这场比赛我们要怎么赢，一起晋级，可是到了这个输的环节的时候，输了以后到了淘汰的环节，大家会要，就是变了一个人，我觉得，每个人心中那个魔鬼就出现了，就开始说他怎么怎么着，他怎么怎么样。已经认不清这个当时就是抛去好多东西来到北京，或者说选择音乐这条道路是为了什么。

【旁白】：北京的流浪艺人、自由歌手，主要集中在簋街、三里屯，也出没在越来越多的“草根”选秀电视节目中。退出选秀比赛后，遥遥来到了北京著名的酒吧聚集地“后海”来表演。这里近百家的酒吧里的歌手，形形色色，却又藏龙卧虎。

【同期镜头】：遥遥演出演唱同期

【采访遥遥】：好多都是特别厉害的人，但却在后海能看见他们，特别低调地还在那儿演出，我问他们为什么，你为什么还要来这儿演，他说，哎呀，你还小，他说当你发现，音乐这个它拗不过你生活的时候，你这梦想拗不过你这个现实生活的时候，你还是得回到生活的那个轨道上去。

【旁白】：在酒吧演出一晚，遥遥能挣300块钱左右，由于演出的缘故，遥遥总是很晚才能回家，母亲放心不下，从沈阳来到了北京。

【同期镜头】：遥遥同母亲一起观看演出视频的同期

【旁白】：北京所经历的一切，让遥遥变得更加坚定，也更加成熟。让她对生活、对音乐都有了新的理解和感悟。

【采访遥遥】：现在再参与肯定跟那个时候心态不一样了，已经经历过之前那些了，比赛不会那么看得重了，不会觉得它是我唯一能在北京生活下去的一条路，它是一个人生的回忆，能让我平静一点吧，我觉得。

【旁白】："北漂"艺术青年这个群体思想活跃，处于艺术前沿，是推动中国艺术发展的生力军。他们的生计和发展受市场变化影响最大，然而，他们坚守自己的艺术梦想，渴望成长、成名，舍弃一切地在北京为自己下一段人生汲取无穷的养料。

林　智

【旁白】：林智从中央美院雕塑系毕业后选择留下，成为了一名"北漂"艺术青年。

【采访林智】：受不了那种就是，就是每天差不多一样的事，然后听别人安排，就是受不了，你想自己突破一下，自己做点东西痛快一点。

【旁白】：今天林智请来了雕塑系的梁老师来看看他的新作。去年他的毕业作品《怕水》被德国的一家画廊看中，以15万元的价格收藏，这也让他有一定资本留在成本高昂的北京潜心创作。

【同期镜头】：林智与老师探讨以及一些作品的展示

【林智同期】：现在不想做这种效果，就是特别光的，想做这种糙中带光的。糙中带光，好像，这个更像。更像一点对吧，我觉得效果更强一点。那个，现在感觉有点腻人了。可以。

【旁白】：林智住在黑桥艺术区。这里是青年艺术家群体的聚集地。梁老师留京的弟子，80%以上都住在黑桥艺术区周围，形成一个亲密而自由的艺术圈。

【采访梁老师】：其实全靠这些各种人聚在一起，然后就是能有理解你的人，不管你是多奇怪的或者怎么样，到这儿可能都有人能找到朋友，这就是北京的一个优点，所以我们现在还在这儿混，也是这个，对对对。

【旁白】：调查显示，"北漂"艺术青年按行业聚集明显，有各自的职业圈，聚集区规律分布。像林智这样的画家雕塑家多在郊区聚集，多是工作居住相结合的生活方式。晚上三五好友，一起喝酒讨论艺术，互相评判，可以说都是彼此的老师。

【同期镜头】：林智与好友聚餐的同期

【旁白】：每一个“北漂”艺术青年必须面对的问题，就是如何在北京生存下来。同样，对于林智来说，15万的老本并不能在北京支撑太久。所以每周他除了继续自己的艺术创作之外，也会接一些私活，以赚取生活费。这是一位雕塑老师的工作室，最近他要协助老师完成一些商业性质的雕塑作品。

【采访林智】：估计这个应该是给私人做的吧，那种老板，这个出手没谱，这个都不好说。几万块钱，十几万、几十万都有，这我没谱。对。

【旁白】：这两座佛雕像，林智已经做了将近两个月的时间，他估计老师将会付给他五六千元的报酬。

【采访林智】：这个很正常呀，你本身也是，你也是在向老师学习，对吧，当然你要从那方面想也是，就是你这个廉价劳动力嘛。但是从另外一方面说，你现在以我这个状况，我只能是慢慢来，我要学，更多的是要学，就是经验包括人脉。对吧？！

【采访林智】：先得生存，总之一个，先得生存，吃饱饭。再想别的，不能老问家里要，都那么大了，还没找女朋友，找女朋友估计消费更大。

【旁白】：“北漂”艺术青年群体为生存而战，他们是漂泊的自由职业者，生活压力大，租房人数占总人数的85%以上，收入来源不稳定，社保比例低，绝大多数人每月支出占收入的近九成。尽管如此，还有很多曾经的“体制内”青年，源源不断地加入“北漂”的行列。

刘　正

【旁白】：刘正是河北人，从小就练习舞蹈，之后进入海南武警文工团当兵。2005年刘正来到北京闯荡。

【采访刘正】：当时来到北京，其实也没得选择，因为你去其他城市基本上也就没有什么可发展的，所以就来北京，然后先这么闯，其实也特别简单，就没有想得这么多，然后来就来了，然后朋友也多，就在这边待着。

【同期镜头】：刘正热身活动的同期

【采访刘正】：你不知道该要去做什么。就是有什么可以去做的呢，然后除了跳舞，别的也不知道，然后就开始四处地就找事情做，当过老师，然后跳跳舞，也就是这样子。当老师的那一段，其实是特别短的一段日子，两个月的时间，在一个礼仪学校，然后给他们去代课，基本上（那个）礼仪学校，也是一个骗人的学校。

【同期镜头】：刘正练习舞蹈的同期

【采访刘正】：那个时候基本上还得需要再去家里贴补一些。茫然肯定是有，担心也肯定会有，然后不知道自己下一步该要去干什么。然后跟一些经纪公司去打交道，就特别地乱。环境并不是特别的，很嘈杂，受不了。

【旁白】：2009年，刘正误打误撞地进入了现代舞的领域。从此世界仿佛为他打开了另一扇门。

【同期镜头】：刘正指导舞台剧的同期

【采访刘正】：一次，田沁鑫导演她要做一个作品，跟北京现代舞团的合作，然后朋友推荐他们要招聘舞者，然后在这样一次的机缘巧合下，然后进入了他们的剧组，进入了之后，就开始了整个，就发现这样环境，是我非常喜欢的。

【同期镜头】：刘正指导舞台剧的同期

【采访刘正】：以前学习舞蹈的时候就认为，舞蹈是有年龄限制的，跳到三十岁可能不要再跳了，再跳就跳不动了。那么当我从事了现代舞之后，就会觉得，哦，原来现代舞是这样的，哪怕你往那儿一坐，你的手往这儿一扶，你的状态往这儿一出，你也可以把它称之为一种现代舞的表演，它没有那么多的局限性，这就是我觉得现代舞所带给我的这种魅力吧。

【采访刘正】：那么，我现在可能更多关注的，都是一些，我们人本身生活在的这个社会环境下，所受到的一些，对于我们心里的一些情感的影响，然后它都是一种，对我们情感的一种波动，它会让我们心里面总会产生悲观、不快、忧愁，这样的东西能让我产生很多的思考。

【同期镜头】：刘正表演现代舞的同期

【旁白】：刘正从现代舞中，感受到了身体的自由、感觉的自由和心灵的自由。“北漂”艺术青年群体，面对艺术理想的坚定与对精神世界的关注，使得他们在不断的学习和适应中，找到了自我的力量和艺术的方向。

【尾声】

【旁白】：每天北京火车站依然人潮涌动，“北漂”艺术青年中有近60%的人，从未想过离开北京。北京，这个充满压力，也魅力四射的城市，能满足他们个性化的梦想。即使漂泊不定，也可安放青春。

【采访刘正】：当然有机会的话一定要多往国外去走一走，多跟国外的一些编导乐团去合作，这是我一直期望的，现在我们这个环境做作品越来越开放，很多的一些国外的编导都会到中国来做一些项目，这样的话我们就会有很多机会可以在一起合作。

【旁白】：独立歌手遥遥正在学习创作

【采访遥遥】：我会积攒自己的经历中的一些故事，如果有能力的话我想自己给自己发一张唱片。

【旁白】：姬斌考上了德云社。两年的时间中一点一点地坚持，越来越接近他的相声梦。

【采访姬斌】：我这么想说相声说好点，我能攒个20多万，就能在我们老家买套房子，我就知足了，买套房子好娶个对象，娶个媳妇。

【旁白】：陈天田依然在寻找着自我，以努力获取回家的资格。

【旁白】：林智正在准备考研，继续深造。两年后，希望以交换生的方式出国学习。

【旁白】：北京吸引了无数人投入梦想，从追逐到迷茫，再从坚持到绽放。尽管生活艰辛动荡，却又心甘情愿。不管未来他们走向何方，只要城市还在。他们就会生生不息。这就是北京，有梦想的起点，有成长的养分，有坚持的理由，有绽放的空间，给你前行的方向。每一个人都背负着自己的使命，努力地完成自我的超越。因为他们相信世界这么辽阔，梦想总能实现。

脚下的土地

《中国式奋斗——北京青年1%抽样调查》
之农业青年单集纪录片配音脚本

【开篇】

【旁白】：农业，衣食之源，生命之本。农民，面朝黄土，脊背朝天。北京，作为国际化大都市，这里还有人在从事农业吗？北京的青年人，还愿意从事农业吗？团北京市委开展的北京青年1%抽样调查显示，北京共有从事农业生产的青年9.11万人。这究竟是怎样的一群青年？在繁华的都市旁，坚守着黄土地，辛勤耕耘劳作，收获春华秋实。年轻的调查者们，走进了北京的110个乡镇，213个村庄，在那里，他们访问了2 574名北京青年农民。在那里，他们发现，北京农业青年，依托着脚下的土地，找到了自己的方向。

标题：脚下的土地

第一章 赵红敏

【旁白】：北京延庆区四海镇是北京著名的花海，这里的地理环境很适合种植菊花，每年的七八月份，当菊花盛开的时候，总吸引大量的外来游客。赵红敏带领四海镇的农民，在这里种植了2 000亩的茶菊。

【采访赵红敏】：北京对于我来说，一直是一个梦，至少我依然沉浸在这个梦里。

【同期镜头】：嘿！赵红敏，加油！

【采访赵红敏】：在我上小学一年级的时候曾经来过天安门，站在天安门广场上，看着高楼大厦，宽阔的长安街，忙碌的人群，当时我突然有一种感觉，感觉这儿就是我梦寐以求一直想要找的地方。可是当我来到四海镇的时候，心里的落差感非常大。

【旁白】：赵红敏的父母是土生土长的农民，经济来源主要靠种果树，他们用微薄的收入供赵红敏读完大学。大学毕业之后，赵红敏为了尽早解决家庭经济问题，自食其力，最终选择来到延庆区四海镇农村合作社进行实习。

【同期镜头】：赵红敏家人及家庭环境拍摄

【旁白】：北京四海种植专业合作社成立于2005年，最初成立时只有12名农户，到现在已经增长到208户。四海种植专业合作社主要带动农户种植菊花、玫瑰花，为农户统一提供种苗、有机肥料，聘请专家组织农户进行培训，统一收购农户种植产品进行加工、销售。

【同期镜头】：赵红敏家人及家庭环境拍摄

【旁白】：北京青年1%抽样调查显示，尽管大多来自农村家庭，但像赵红敏一样，今天的农业青年早已远离传统农业生产技能。赵红敏一来到四海镇，就要从头学习茶菊种植。9月份，村里大规模采收茶菊，赵红敏和村里的农民一起，从早上6点起床下地摘菊花，一直忙到晚上12点才睡觉。

【同期镜头】：赵红敏种地或采摘的同期

【旁白】：作为合作社的员工，除了种植茶菊以外，赵红敏还要负责菊花的销售工作。

【采访赵红敏】：当时为了把种植的菊花推销出去，我一家一家去跑。

【同期镜头】：赵红敏给客户送菊花

【采访赵红敏】：让我最难忘的就是跑张一元，他们的总公司在通州，往返路程非常地艰辛。有一次印象特别地深刻，那天晚上9点多，我开着面包车在回四海的路上，车爆胎了，那种孤独感到现在我还记忆犹新。有的时候工作压力很大，心里也会觉得很委屈，每次觉得委屈的时候，我就去延庆区夏都公园，找一个没人的地方偷偷地哭，哭完了再回来工作。

【旁白】：刚来到四海的时候，合作社给赵红敏的工资是每月1 000块钱，管吃住。这些钱能解决她的大部分生活开支。而且她觉得四海镇的资源有待开发，在这里坚持下来可能会打造自己的一片天空，抱着这样的想法，她在这里，一直坚持了5年。而社员们也非常信任这个合作社里唯一的大学生，选她担任合作社的经理。

【同期镜头】：赵红敏给社员结账、看茶菊等

【旁白】：北京青年1%抽样调查显示，北京农业青年收入不高，年均收入3.4万元。但由于相对简单的生活，自有住房的比例达到56.1%，所以农业青年住房支出不大。他们的开支大部分集中在吃饭、抚养子女和水电气等日常开销，生活压力不大。在本次调查中，农业青年对生活状况表示满意的占92.6%，是所有从业青年群体中最高的。

【同期镜头】：四海镇农村环境镜头

【旁白】：赵红敏选择了农民合作社，在这里，她找到了自己的奋斗方向，这五年来，从实习生到负责人，在这个过程中，她从来没有放弃过自己，在辛勤的劳动中努力着。而现在，她的目标是带领四海镇全镇农民共同致富。正如她自己所说的那样，信念是最重要的。

【采访赵红敏】：我感觉冥冥之中，有一股力量一直牵引着我来到北京，来到延庆，来到四海。奋斗的青春最美丽，没有伞的孩子更要学会努力地奔跑，我一直坚信，未来的一切都将是美好的。

第二章　韩森

【同期镜头】：韩森的养鸽场

【采访韩森】：我叫韩森，大兴区小黑垡村人，土生土长的北京农民。在肉

1 2
5
6
3 4

鸽养殖之前我是做汽车修理的，说心里话，那才是我真正想干的，对这肉鸽养殖，当时的想法，不太喜欢。十五六岁的时候特别叛逆，有一次我跟我爸吵架，我跟我爸说，你再说我我就把自己烧了，不活了，我爸啪一大耳刮子扇过来，就把我给扇倒了。

【旁白】：韩森，跟父亲一起经营大兴区长子营镇泰丰肉鸽养殖场。少年时叛逆的性格使韩森和父亲的关系非常僵化。

【采访韩森】：有这么两年的时间，我觉得自己不能再这么混下去了。在2007年的时候，当时我父母亲就一直在家里养鸽子，那两年市场效益也不是特别好，鸽子也卖不出去，而且家里欠人家很多债，又还不上，我妈这一着急，就急出病了。

【旁白】：也许，一个人只有经历一些困难的时候，才能真正地成长，母亲的病倒，父亲对事业的气馁，这些家庭的变化让韩森开始重新审视自己的人生。

【采访韩森】：一个人从山上掉下来，再往山上爬，确实挺难的，尤其在农村。回家做事的动力来源，主要是因为我爸和我妈，怎么算？就算是对我爸和我妈，养儿子嘛，还是为他们扛点分量，人这一生，总会要做这么一次两次的决定，而这就是第一次影响我一生的决定。我的决定就是回家，地地道道做一个郊区的农民。

【旁白】：韩森为了回报父母，最终放弃出国学习的机会，选择留在农村养鸽子。

【采访韩森】：以前的养鸽子都是人工去喂的，从2011年开始用自动化喂养的方法，做好这个补食器，全是电脑编程，15秒钟走个一米五，每对鸽子吃食时间只给它排至15秒，鸽子的这个习性它是抢食，它不喜欢吃那种堆积的食物或者过夜的粮食，都是有它们自己的生活习惯的。然后我也不想把鸽子的这个，这种的体系和它的习惯还有它的功能给它破坏。不喂这些饲料，只喂咱们鸽子吃的原粮。

【旁白】：韩森的这种养鸽理念，曾经和父亲发生过巨大的冲突，为此父子闹过多次矛盾。父辈的养鸽理念立足的是赚钱，而韩森的养鸽理念看重的是未来的发展。就在父子争执不休的时候，更大的考验降临了。

【采访韩森】：2006年禽流感那段时间，活得很难，因为鸽子卖不出去。达到了就是3 000对鸽子，3 000对鸽子一天吃粮食吃两吨。当时我也说过那什么打破灯芯的话吧，就是我说不行别干了，赔了就赔了。我爸说，不干咱就什么都没有了，什么都没有了。

【同期镜头】：韩森与村民开会

【采访韩森】：没粮食就到处借，大部分都是借的本村的农民手里的这个玉米啊麦子的。最后总算是把这段时间挺过来了，没有村里的这帮人，就没有我现在了，所以我现在要感恩。

【采访韩森】：出生就我这一代农村的孩子，都有着这么一点先天的弱点。就是你出去了，就给人的感觉就不能再回来了。农村的意识就这样。回来了你就被那些街坊四邻的人笑话。你说你出去了，混不下去了，又回家种地来了。农村人最大的缺点我觉得就是这张脸，住在市里，住在小区里边，有可能谁都不认识谁。农村不一样，祖祖代代都在这。

【旁白】：韩森道出了今天北京农业青年的真实感受。调查显示，虽然与国际化大都市近在咫尺，但他们还是生活在一个“熟人”的圈子里，这熟人的圈子支持着、评价着、约束着每一个身处其中的年轻人。小黑垡村地处大兴区长子营镇东边一个偏僻的角落里，全村有380户居民，属于低收入村。作为村里的一名青年党员，韩森也有着他的担忧。

【采访韩森】：这几年，农村人懒了，随着北京的政策下来，各地区拆迁问题，在我们镇周边，09年的时候，拆了十三个村，作为一个土生土长的老百姓来说，可能在土里刨一辈子，都见不着这么多钱。所以现在的老百姓都起了惰性，自己不去干实体了，也不愿意去干实体了，不愿意去承担了，都想跟着政策走，都想混着拆迁打个擦边球，人要学会知足常乐，指望拆迁发财，你这钱来得，来得容易，去得也快。

【同期镜头】：农村劳动画面

【旁白】：北京青年1%抽样调查显示，像韩森一样的青年党员在北京35岁以下的农业青年中占19%，他们大多是在上学或当兵期间入党的。近年来农村也注意把年轻的、接受过良好教育的农业青年吸收到党组织中来。

【同期镜头】：韩森与村民采摘万寿菊

【采访韩森】：这段时间，在这个平原造林的基础上，在村里头搞林下经济，种这个万寿菊，一种能提炼黄色素的一种菊花，一亩地哪怕它增收200块钱，这1 000亩地万寿菊增收20万，对于村里来说呢，能帮助到村民能解决就业问题，也能让老百姓呢，能参与这个劳动吧，能得到一些实惠。通过自己的劳动能挣到钱，他的生活也可以得到一种安逸吧。

【旁白】：韩森很好地运用了自己了解掌握的相关农业政策来为村民增产创收。他带动周边农民成立专业合作社，从事肉鸽养殖，栽种经济作物，社员们年收入多增1万元以上。

【采访韩森】：小黑垡村帮过我们家，我就利用好这些好的政策呀方法呀，这种想法去回馈他们，用一颗感恩的心去做，失败了呢，我总结经验，成功了呢，我就继续做下去。可能几年后的小黑垡，就有一个质的变化。人活着，太快了，看着身边的人一个个老人的走去，老的，生病的，你觉得那一刹那的时候，哎呀，人活着真的要好好珍惜自己，活着，就要体现自己的价值。

【旁白】：在调查过程中我们发现农业青年的一个共性：青年农民的文化程度越高，愿意继续从事农业生产的比例就越低，青年农民大部分人选择外出打工，虽然每个月只有两三千的微薄收入，但他们依然不愿意回到农村。这就是出生在农村的青年内心深处的矛盾。但是总有一些人，他们却选择了北京，选择了农村，选择了这片黄色的土地。

第三章　邱国远

【旁白】：邱国远，33岁，顺义区南彩镇前薛各庄村农民，19岁便外出打工，谈起自己的打工岁月，邱国远，感慨万千。

【采访邱国远】：高中毕业以后我就开始上班了，第一份工作是做空调销售员，后来又做过电子商品销售、人事、手机销售、水泥销售、饲料销售等很多行业。行业跨度很大，当时我真的很茫然，那时我就在一直想，自己到底可以做什么？什么是我该做的？在外面打工，居无定所，感觉没有根，人都处于一种茫然、漂着的状态。整天不知道自己在做什么，就觉得不能一辈子就这么下去。

【旁白】：多年的打工生涯饱含艰辛，打工岁月不稳定的生活状态使邱国远开始思考自己未来的出路。

【采访邱国远】：真正改变我，让我回来从事养殖行业的是我表哥。这个选择改变了我的人生轨迹。

【旁白】：在家人的鼓励下，邱国远辞去工作，回到农村当上了“养猪郎”。

【采访邱国远】：大概98年的时候开始由十几头母猪养起，赚到钱了就投到猪场，慢慢发展，但是在零几年的时候遇到了些麻烦，当时猪肉价格特别低，你养就赔，要么便宜处理掉，关门，要么去借钱，那时候没人能借你那么多钱，也没有贷款，最后我哥把新建的婚房卖掉了，把这个钱放进猪场里，这样坚持下去。

【旁白】：邱国远的养猪生涯一直是摸着石头过河，猪也从最初的十几头，到今天的四个养殖场区，一万多头，养殖技术从最初的人工喂养，发展到现在的半自动化养殖。调查显示，与老一代农民依靠经验并固守传统的生产方式不同，农业青年表现出更多的创新意识，对现代农业生产技术也有更浓厚的兴趣。

【采访邱国远】：养殖业确实很脏，猪场又是封闭式管理，很枯燥，而且生存环境气味也不好，对外说干吗的，做什么工作的，养猪的，在现在这个社会不会带来什么认可。但他们看到是未来中国农业的发展变化，中国农业现在这几年就是在洗牌，肯定要改变。看未来的发展趋势，养猪在中国必然要自动化、机械化。

【旁白】：邱国远从事养猪业四年，这四年来，他慢慢地开始喜欢这个行业，我们去他家里采访他时，看到他家里摆设和装饰都是猪，他告诉我们，养猪也是一种乐趣，就像养小猫小狗一个道理。

【旁白】：民以食为天，食以安为先。近几年，食品安全问题从未离开过人们的视线，食品安全事件不仅刺痛着我们脆弱的神经，更拷问着生产企业的道德底线。

【采访邱国远】：我一直记得我父亲说过的话，人活一辈子，要对得起自己的良心。

【采访邱国远】：我的梦想很简单，未来中国的养殖业都应该走到一个很高的高度，技术更先进，管理水平更高，生产出来的产品更健康，让大家可以放放心心地吃。养猪这行业，不容易，想干好，更不容易，里边有苦有泪，但养猪也给我带来了很多的快乐，既然选择了它，就要干好，要把养猪做成一辈子的事业。

【旁白】：空闲的时候，邱国远会在乡村的马路上骑摩托车，或许当风从耳边呼啸而过的时候，他才能感受到那触手可及的梦想。

第四章　李佳雪

【旁白】：改变，是很多人时常挂在嘴边的话，但又有多少人真正改变过自己的观念。中国农业正在发生着翻天覆地的变化，这已经是不可更改的事实。既然农业的生产结构在改变，那我们的思想观念也要随之改变。李佳雪，便是在农业中寻求改变的一位代表。

【采访李佳雪】：我一开始做生态农场的时候，是本着享受田园生活这种心态来做这个农场的。后来我就意识到，如果作为商业模式来运营的时候，我就遇到了很多的问题，走了很多的弯路。

【同期镜头】：李佳雪操作电脑、管理农场、举办活动等镜头

【旁白】：李佳雪，30岁，2004年毕业于中国传媒大学影视艺术学院，走出校门后，李佳雪如愿成了一名职业的影视化妆师。李佳雪的父母一直在经营农场，她从小便受到熏陶，2012年3月份，在父母的支持下，李佳雪开始创建自己的农场。

【采访李佳雪】：对于大自然和农村，我的情感来源于我的童年。因为小的时候父母都在外地比较忙，然后那段时间就无暇照顾我，就把我放在农村的爷爷奶奶家里面，那段日子在我后来回想起来，就等于是在大自然里面成长起来，非常开心。我还是喜欢，可能是因为喜欢自然的东西，然后就包括我小的时候记忆里面的一些食物的味道。

【采访李佳雪】：那么现在我们的农场主要的理念就是归原和原生态，那么我们又把亲子教育融入到我们这个，和我们的原生态农场相结合。我现在在教育自己的孩子的时候有一种反思，就是现在的孩子不缺少很奢华的娱乐场所，还有很多多元化的娱乐和教育的项目，那么恰恰其实他们缺少的是一个和大自然接触的这样一个机会。

【旁白】：回归自然，一直在李佳雪心灵深处激荡着，她也把“自然”的理念运用到她的农场中。

【采访李佳雪】：我们家亲戚就是我姑姑做手工的馒头特别好，其实我后来总结为什么好，就是因为她对传统的这种烹饪技术的坚持，就是现在很多家庭已经都不再用自己去蒸馒头，首先很麻烦，从市场上买来就吃了，然后她还是用最原始的方式去发酵，然后整个一个流程做下来，然后这个馒头就非常地好吃。我当时就非常受启发，我就觉得，是不是很多人都像我一样，能够期待去吃到食物最原始的本身的味道，和我们小的时候的一些记忆里的味道。

【采访李佳雪】：所以我当时就有一个想法，也是我下一个工作的，一个计划当中的工作的一块，我们想在我们的园区里做一个民俗美食街，我们这条街里面融入的可能是我们餐桌上最普通的一些食物，比如说，手工馒头、窝头，然后可能是吃的烙饼等等。但是它就是没有现代化加工的痕迹，都是些传统的，然后来展示出来。

【采访李佳雪】：其实有的时候我就觉得，如果要是吃着窝窝头看风景，我觉得，也是一种情怀。

【旁白】：北京青年1%抽样调查显示，与农业的季候性有关，北京农业青年每年平均用于农业劳动的时间是143天，这使得他们有充足的时间去思考如何延展传统的农业经营方式。他们学历较高，接受过大专以上教育的占总人数的一半。

【同期镜头】李佳雪带领亲子团参观

【旁白】：在做农场的这些年，李佳雪运用自己独特的思维，将生态农场和亲子教育相结合。

【采访李佳雪】：其实在原生态的这样一个环境里面生长和长大，对于孩子来讲，可能对于身心和性格都有非常大的影响。后来我就觉得现在的孩子其实对于现代化多元化的这些教育模式，这些资源他们是不缺乏的，往往缺乏的是对生态的这种自然环境的接触，其实在整个活动里面，包括一些竞技的活动里面，孩子们和家长们那种真情的流露。

【同期镜头】：孩子们在李佳雪的农村参加亲子活动

【旁白】李佳雪的小孩8岁，她并没有要二胎的打算。调查显示，北京农业青年的生育观念也发生了很大的变化，63%的人表示只想生一个孩子。与祖辈们的多子多福的想法不同，他们更加追求青春现代的生活方式。

【旁白】：快节奏纷繁的城市生活让居住在城市的人们对于情感的表达越来越漠然。闲暇的时候，远离喧嚣的城市，到野外，到农村走一走，寻找另一种生活空间。

第五章　张庆

【旁白】：也许，只有热爱才能化腐朽为神奇。也许，只有坚持，我们才能找准自己的位置。天刚亮，张庆便起床了，开始了一天的工作。

【采访张庆】：生命对于我来说，是一个不断超越自我，不断进取的过程。很多的时候，我就连做梦都在想着工作上的事，有时候想一件事能想到大概晚上一两点钟。

【旁白】：张庆，27岁，大学毕业以后，张庆没有选择繁华的城市，而是回到了自己的家乡北京市房山区大石窝镇，做了一名农业种植技术指导员。

【采访张庆】：刚进公司的时候，那时候比较年轻，也比较有闯劲，比较有激情，就想到在学校里边学了这么多东西，然后应该在社会上也能用到，然后就跟公司的这个主管领导上级领导申请，想去最艰苦的这个原料部门。然后呢公司当时派我去固安，去找一家新的供货商，当时比较年轻么，二话没说，就背起包然后就去了固安。刚开始前几天，然后一无所获，但是经费所剩也不多了，接下来的日子就比较苦了，每天几乎就天天吃泡面，最后呢几乎连吃泡面的这个钱都没有了。

【采访张庆】：当时我突然很迷茫，发现以前在学校对将来美好的想法和愿望，现在一想都是一个梦。

【旁白】：张庆进入这个农产品加工企业之后，从车间员工做到质检员、销售员，最后做到经理，这样一路走来，张庆也在慢慢成长。在做销售员的时候，张庆为了扩展公司的销路，每天在其他公司门口等四五个小时，就是这种执着，才使企业最终成为了北京吉野家、麦当劳这样大型餐饮企业的供应商，企业也一天天扩大。

【采访张庆】：在我印象中，就是在农业种植方面，我们还是有一定的优势，因为我们处在农村，祖祖辈辈也都是农民，周边有很多的蔬菜基地，大家在技术方面还是有一定的领先的一方面。但是说到加工，我觉得我们可能就是比较欠缺，不管是从产品的质量、产品的追溯，到产品的加工过程中，还是有一定的差距。

【采访张庆】：当初看到蔬菜成品的时候，就感觉特别简单，就感觉好像就是跟咱家做饭一样，就简单地洗洗切切，然后装到盒子里，但是后来通过去外边的企业去学习，发现这个产品不是这么简单，还需要经过脱水、消毒，然后还有一些控水环节，就感觉跟当初想象的这个差距比较大，然后有一定的技术含量在里面。

【旁白】：虽说张庆小的时候是农民，但他现在的户口是房山良乡的“城里人”。调查显示，今天在北京从事农业的青年中，43%具有城镇户口，他们多数是在上学期间完成从农民向市民的转变的。与此同时，也有40万左右具有北京农村户籍的青年，他们不从事农业工作，而选择了城市的就业方式。这种职业和户籍交叉多元的现象，正说明在北京，户籍已经不是横亘在城乡之间的绝对藩篱，这也正是一个城市化快速发展大都市的真实写照。张庆，如今已经是这家成功农业企业的负责人。

【采访张庆】：当企业从三四十人发展到三四百人的规模，就是员工的收入也越来越多，我感觉心里有一种莫名的成就感。这种成就感，也不是说我赚了多少钱，坐着什么样的车，住着什么样的房。这种成就感是证明了我自己一种价值的体现，证明企业从困难的时候，逐渐发展到现在的规模，有一种成就感在推动着我向前来进步。

【旁白】：张庆的企业员工，大部分来自于本村和附近村的村民，是那些从小一起成长起来的“新农民”。

【采访张庆】：我觉得人活着是一个不断修行的过程，在你没有成功的时候，是别人在度你，在当你成功了的时候，是你再去想办法去度别人。我现在的想法，就是想办法去度人，度我身边的人，度我的员工，然后想办法去成就他们，其实这个也很简单，成就他们，我觉得他们反过来也会成就我。这样成功就水到渠成了。

【结尾】

【旁白】：远离城市的纷扰，他们的血液里依然保留着中国农民那种特有的淳朴和知足常乐的心态。一缕微风，一抔黄土，一面砖墙，一张笑脸，今天的北京农业青年，用新时代的思维从事着最古老的职业，用智慧体现着自我的价值。面对脚下的这片土地，他们寻找着自己追求的方向，探知着生命的意义。

“光环”的背后

《中国式奋斗——北京青年1%抽样调查》
之机关事业单位青年单集纪录片脚本

【开篇】

【旁白】日复一日，日子像一条橡皮筋，时而平静，时而紧张。那是觉悟的节点，是一条必经的路径。在社会大众眼中，公务员是一个既十分熟悉，又非常陌生的群体。在大众的视野中，他们头顶着让人钦羡的“光环”。但在现实之中，他们也面临着如千千万万青年一样的压力与坚持，他们也有着自己平凡的世界。

团北京市委开展的北京青年1%抽样调查，对全市市级、区县、街乡镇的165个单位的4 712名机关事业青年进行了抽样调查和访谈。让我们能够走近他们，去看他们真实的人生，感受他们真实的生活。

标题：“光环”的背后

张　鑫

【画面】：张鑫上车开车，警笛

【采访张鑫】：我叫张鑫，在北京市公安局刑事侦查总队工作。

【旁白】：张鑫，是北京市公安局刑事侦查总队的一名法医。15年的法医职业生涯，让张鑫对法医的职责有了更深刻的认识。

【采访张鑫】：第一个五年，就跟大家对我们专业认识差不多，特别新奇和刺激，特别是出现场的时候，我拿着包往警戒线里面走，大家都围在外面，我觉得特别骄傲刺激。

【画面】：出现场警戒线等的一组画面剪辑

【采访张鑫】：到了第二个五年，我觉得刺激越来越少，反而思考的时间就越多，特别是在现场的时候，大家都等着你拿主意，我当时总是在想，我这个对还是不对，我老是觉得太年轻，经验太少。

【旁白】：调查显示，很多青年公务员都有类似张鑫的这种感觉，工作时间越长越觉得自己的差距还很大。

【采访张鑫】：到了第三个五年，我的工作重点倾向于人际损伤程度鉴定这块，同时还要处理全市的重特大敏感案件、爆炸案件还有群死群伤案件，这时候面对的嫌疑人，也就由从一个两个打架的那种嫌疑人变成了危害社会公共安全的嫌疑人，所以我觉得我的工作成绩可能会影响整个社会的安定，所以我就觉得我身上的责任感和使命感就越来越重。

【旁白】：15年的法医职业生涯，带给张鑫的不仅有责任，还有越来越繁忙的工作，她一个月三分之一的时间要住在单位。北京青年1%抽样调查显示，与很多人对公务员“喝茶看报纸”的认识不同，青年公务员每日的工作时长平均为8.7小时，政法系统是在所有工作单位类型中工作时间最长的，有的人每天要工作10小时以上。

【采访张鑫】：因为我的工作性质比较特殊，就经常加值班，一到周末我一赶上值班，孩子连周末都是要自己跟着爷爷奶奶或者姥姥姥爷。上个学期吧，我儿子有一个家庭作业，就是要写一封信，他就是以信的形式慰问我。

【画面】：张鑫读儿子写的信件

	3
1	4
2	5

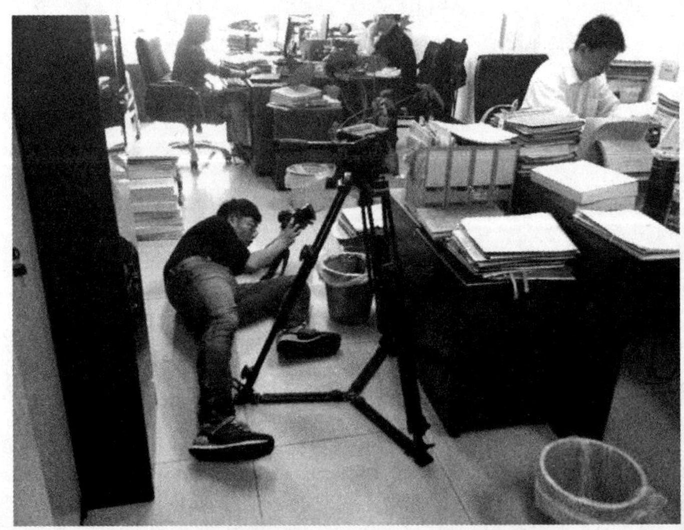

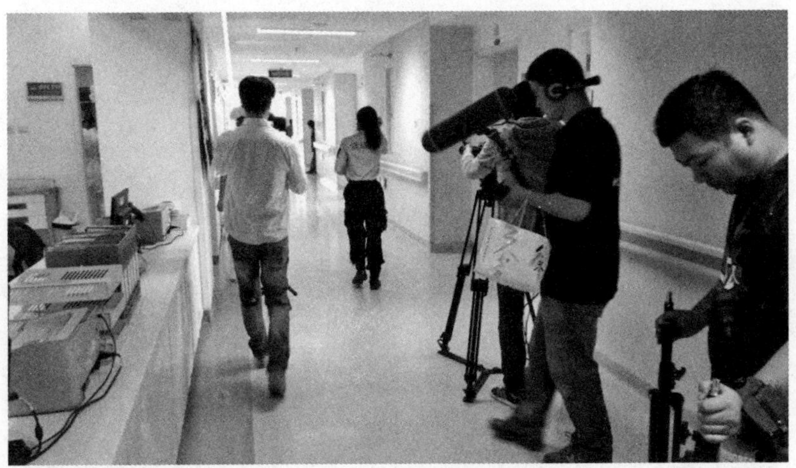

2014-09-15 13:08

【张鑫读信】：我怕我读不出来。“爷爷奶奶年纪大了，我也长大了，照顾爷爷奶奶的事情交给我吧。您不在家时，我会做到认真地写作业，听英语，听音阶，弹钢琴。您的脸好了吗，还用吃那苦苦的草药吗？您还要注意休息，多喝水，多锻炼，好好工作，最后祝您身体健康，工作顺利。”

【旁白】：作为一位妈妈，张鑫把自己的所有的业余时间全部奉献给了自己的儿子，然而在这繁忙的工作之余，这点业余时间也显得弥足珍贵。

【采访张鑫】：其实我们这职业不像外人看着带着“光环”那么神圣，那么骄傲。在我感觉时间对于我来说是特别重要的，因为当妈妈，我觉得我更希望我多一点时间来陪孩子。

【采访张鑫】：能够了解我的朋友都说，哎呀，你能坚持下来太不容易了，

【采访张鑫】：我觉得如果生活在北京，大家觉得生活得很安定，我认为这就是我们当人民警察的最大的成功。这身制服给我的不仅是责任而更多是荣誉。

【旁白】：身为警察的荣誉感是张鑫最大的精神支柱，像张鑫一样的数以万计的青年警察，每天在这座城市里高强度地工作着，他们努力守候着这座城市的安宁。

刘新华

【旁白】：刘新华，32岁，研究生学的是交通信息及控制专业。

【采访刘新华】：四年的本科加三年的硕士，然后现在呢是就职在咱们这个北京市交通委规划设计处，主要负责是这个交评审查，还有一些规划的编制推进相关的一些工作。

【旁白】：调查显示，北京35岁以下的青年公务员中，将近90%拥有本科或研究生学历，绝大部分来自法律、管理、电子信息、工程技术和经济学等与政府工作紧密相关的专业领域。

【采访刘新华】：目前北京城市交通的总体情况其实大家都有直观的感受，总体来说道路还是比较拥堵，公交地铁也比较拥挤，咱们通常说的大城市病，可能城市发展到一定的阶段，那么它可能有很难逾越的这么一个过程。

【旁白】：2005年，北京正在紧张地筹备2008年的奥运会，交通问题成为北京当时的一个难题，为了获得更多的学习机会，正在就读研究生二年级的刘新华独自一个人乘火车

从江西南昌老家来到北京，最终留在北京交通发展研究中心做了一名实习生。

【旁白】：调查显示，北京的青年公务员中44.2%的人并不出生在北京，大多是上大学或毕业后来到北京。这种"迁入型户籍"的比例在市级机关青年中甚至超过了50%。从江西来到北京，对于北京，刘新华有着独特的情感。

【采访刘新华】：北京可能跟别的城市比起来，表现比较突出的一点的就是它的包容，这个实际上跟别的城市相比可能表现得比较明显。

【旁白】：这一天，刘新华参加一个多部门的会议，就北京市即将出台的一项交通管理措施进行研究。

【采访刘新华】：打一个比方来说，比如说咱们盖一个住宅楼，那么这个住宅楼盖完之后，那么它肯定会对周边的交通产生一些影响，会增加人也会增加车，盖完之后周边的交通到底行不行，需要在建设阶段就要对它进行一个评估。那么如果说可以，其他的方面可以接受的话那么这个项目是可行的，如果说评估完了不可行，那么这样的话，这个项目可能需要做一些调整。

【旁白】：作为规划工作者，刘新华参与过很多重大政策的论证和制定工作。

【采访刘新华】：对于公务员来说，实际上在这个工作场合里面，我们会特别注意我们的言行，可能我们每说一句话，我们都会在想，那么这句话说完之后会不会有什么其他的影响。

【旁白】：来自于社会的各种压力，是在深入访谈机关事业单位青年时最常听到的话语。对于承受着北京交通拥堵巨大压力的刘新华来说，这种感受尤为突出。

【采访刘新华】：这样的话实际在我们的心里边，始终是有根弦，所以在很大的程度上，这一点对我们工作也会产生一些不利的影响。你比方说对于同一件事情，发生在其他人身上跟发生在公务员身上，那么社会大众对它的这种接受和认识，可能完全是两种状况。

【旁白】：在他看来，公务员只是一种职业，就像我们每个人所从事的职业一样。只是社会大众过分的关注，造成了公务员群体内心深处的矛盾：想寻求改变而又害怕失败，想追求创新而又难于发声。北京青年1%抽样调查显示，有68.5%的受访青年认为社会舆论对公务员"批评比赞扬多"，鉴于此，尽管近90%的青年公务员都经常使用微信、微博，但这一群体在网上"集体失语"的现象十分突出。

【旁白】：刘新华和他的妻子是大学同班同学，毕业之后一起来的北京，在北京这座现代化大都市里，他们构建了属于他们自己的家。简朴的生活并没有影响刘新华和妻子的感情，相反，他们的生活反而更加和睦温馨。调查显示，青年公务员已经建立了稳定家庭的比例为65%，在各个从业青年群体中最高，这与公务员职业对从业者成熟稳健的要求不无关系。

【采访刘新华爱人】：就是从结婚到现在，然后从生孩子，然后觉得都很幸福。

【采访刘新华】：我对生活最大的希望就是能够平平静静，那么同时家里人能够健健康康地生活。

【旁白】：在幸福观上，这一代机关事业单位青年更注重的是内心的安静和拥有美满的家庭，他们努力经营着属于自己的“小幸福”，追求着尽管不富足却平和温馨的生活。

袁　伟

【旁白】：袁伟是北京市第一中级人民法院知识产权审判二厅的一名法官。此时，他正在审理一桩关于文化侵权的案件，今天这已经是他审理的第四个案件。

【采访袁伟】：我爸爸妈妈每天去遛弯去，跟街坊聊天的时候，说的最让他们能自豪的就是说我儿子在法院工作，一些有影响的案件有报道的时候，给我打电话说，看电视看见你了。报纸上有个小角有你半张脸。

【旁白】：袁伟本科学的是计算机专业，后来兴趣发生转移，开始辅修法律课程。袁伟谈起自己对法律的热爱，总是充满了激情。

【采访袁伟】：我上学的时候也在法院实习过，那个时候好像就觉得当法官挺威风的，开庭的时候让谁说话谁就说话，不让他说话他就得闭嘴。

【采访袁伟】：我在法院工作已经是第九个年头了，前三年维系着我这个工作动力的还是兴趣，我就是喜欢法律，但是从工作到第四个年头的时候，可能稍微有点变化，可能支撑着我的更多的就是这个职业的荣誉感。因为你在社会上得到了很多尊重，而且你的一些工作会对这个社会产生很大的影响，这里面就有一个很重要的责任感，很重要的一个社会荣誉感吧。

【旁白】：奇虎360和百度那场案件，是袁伟目前职业生涯审理的影响最大的案件，原告提供了几百本诉讼材料。

【采访袁伟】：这么多的辛苦在宣判的那一天，当我的这个判决书在所有的人的面前读出来的时候，我觉得这些辛苦没有白费。

【旁白】：随着知识经济和经济全球化的深入发展，人们对知识产权的重视越来越高，这也直接导致了每年关于知识产权案件数量的上升。

【采访袁伟】：像我刚上班的时候06年，我们知识产厅的法官一年可能平均要审50多件案件，但是去年，我在我们厅里可能结案数排第一，已经到140多件了，翻了一倍多。

【旁白】：案件的增多，给当今的知识产权法官带来了前所未有的压力，袁伟每天的生活被阅卷、开庭、调查、撰写法律文书填充得几乎没有缝隙。

【采访袁伟】：压力大的时候，那就只能找几个朋友在一块聊聊天，吃饭的时候稍微喝两瓶啤酒，然后吐个槽，实在是难受了也骂两句街，但是呢晚上回去睡一觉，第二天还得认认真真地干活。

【旁白】：袁伟每月的收入是5 800元左右，对一个学法律的硕士研究生来说，在北京工作和生活，这样的薪金报酬并不高。至今，袁伟仍和父母一起住在62平米的楼房里，月租金是2 500元。北京青年1%抽样调查显示，机关事业单位青年整体收入不高，受访者平均每月到手的收入是4 350元，停止福利分房后，住房支出成为他们支出的最重要部分。六成的受访者认为，与同学朋友相比，自己是低收入群体，29.4%的人表示经常得到父母在经济上的帮助。迫于生活的压力和外界的诱惑，法官的流失也时有发生。

【采访袁伟】：我们一些年轻的法官，实事求是地讲，真是非常优秀，通过了公务员考试、司法考试、预备法官考试，很多的案件锻炼出来，经验很丰富，但是，那个歌词是怎么说的，说生活的压力和生命的尊严哪个更重要啊，从制度设计上来讲，我真是希望做一下调整，不要让这样的问题再困扰着年轻的法官。

【旁白】：而对于袁伟来说，在工作认同与职业发展上，他现在正面临着一项挑战。

【采访袁伟】：我们现在面临很重要的一个司法改革这么一个事情，可能你们这个片子播出来的时候，因为法官员额制的问题，我是不是可能要退一步去做法官助理？所以说实事求是地讲，现在面临着一个很大的挑战。我真希望自己除了用脚投票以外，还有一些其他充满正能量的应对方式。

【旁白】：31岁的袁伟，还是单身一人，希望找到完美伴侣的想法，让他在几十次的相亲生涯中都以失败告终，但这些相亲经历反而让袁伟对相亲总结出了一套自己独有的相亲心得。在一中院院刊发表了一篇名为《相亲注意事项》的文章，这篇文章，一度让袁伟成为一中院同事们关注的焦点。

【采访袁伟】：我觉得这个可能还是重感觉吧，这个跟80后的这一代都很有关系，就是很典型的80后找感觉的那一类人，就也许在哪个拐角赶紧找到那个生命中的那个另一半。幸福是要靠自己的路途上自己去探索的，我觉得至少充满希望。

【采访袁伟】：我最喜欢的一句话也算是我的座右铭吧：沧海横流，方显英雄本色。

林　燕

【旁白】：作为一名北京市新闻出版广电局的公务员，林燕为了不断地充实自己，利用晚上和星期天的闲暇时间，报名参加五六个不同的学习班，把自己的空闲时间全部用来学习。

【采访林燕】：可能也是想丰富一下自己的业余生活吧，而且觉得随着自己年龄的长大，可能学习这些培训班的机会也不是很多了，所以尽量在课后的时候让自己过得更充实一些，然后也让自己的生活更丰富一些。

【旁白】：大学生活，对于很多人来说，都是在玩乐中度过的，但对于林燕却是努力拼搏的时光，为的是毕业后能够进入法院做一名法官，实现她从小的梦想，但公务员考试前夜的一场高烧，让她与梦寐中的法院失之交臂。

【采访林燕】：研究生毕业的时候我是考了公务员，但是那次正好身体状态不太好，就是（考）公务员发挥得不太好，我记得当时出成绩的时候，可能是在愚人节，我就觉得老天爷是否给我开了个玩笑，当时差了0.25分。

【旁白】：公务员考试失利后，林燕进入了北京《法制日报》社做了一名记者。三年之后，为了再一次挑战自己，报名参加2013年的公务员考试，最终以第一名的成绩顺利考入了北京市新闻出版广电局成了国家公务员队伍中的一员。

【采访林燕】：因为我是发自内心地觉得，中国现在需要很重视这个版权的保护，像在美国，为什么？在美国你看大家想到美国能想到美国的微软，它们的版权行业相当于是它们的一个支柱型的行业，在整个经济社会发展中占有很大的比例，而且通过这个版权的行业已经在潜移默化地影响着世界，但是中国现在更多能给人的印象是一个制造型的国家，而不是一个创作型的国家。

【采访林燕】：而且前段时候我们也做了一个关于音乐版权保护方面的，很多的作词作曲家包括歌手，其实对他们的收益的回馈是非常少的，很需要对这块进行进一步的重视，包括音乐、影视、软件，还有文字方面的版权的保护。只有这个版权的保护加强了，才能激发更多的这些作者去创作，只有创作提高了，整个民族的创新性才能增强，才有整个国家的软实力，所以我是发自内心地觉得这个事情很有意义，我很热爱它。

【旁白】：2002年，林燕孤身一人来到北京上大学，到现在已经十二年。忙碌的工作让林燕无暇顾及自己的个人生活，至今，她依然独自一个人生活。

【采访林燕】：然后这一路走来。每当我碰到什么困难问题，第一个想到的就是自己的父母，打电话总是能给我最大的安慰和帮助。就包括前段时间我妈突然就给我打了个电话，当时听着电话我就想哭，她就告诉我说，你也三十多岁了，你现在真的应该想想自己的生活，想想自己的人生，然后让自己生活更加充实一些，而不是……

【采访林燕】：我妈妈就是特别能够体现，她的有些衣服真的是，毛衣吧，可能这领子都穿得都发白了，但她还在穿，有的时候也说给她买一些，她总是说，这个衣服最舒服了。穿来穿去还是它最舒服，你不要给我买这些东西，我这什么都有，什么都不缺，每年回去看她也都是那些衣服，也没怎么换，觉得也挺心疼的。

【旁白】：林燕的父母为了让林燕在北京能更好地生活，他们花光了自己一辈子的积蓄，帮助林燕在北京的东五环外买了一个小房子，而他们自己的生活却过得十分简单。

【旁白】：林燕每个月的收入是5 000元，每个月要还3 000元的房贷，除去吃饭和平时的花销，几乎所剩无几。调查显示，机关事业单位青年群体居住方式上选择买房而非租房的公务员占55.5%，一半的人住房较为稳定，但他们也为此付出了很高的代价，这就是极大的还贷压力。

【采访林燕】：真的不像大家所说的，（公务员）福利有多好，其实很多人真的是在很不容易地生活着，但其实生活中的各种艰苦，酸甜苦辣只有自己知道。

【旁白】：现实世界中，青年这一公务员群体并不是社会大众所认为的那样，他们的内心，也有着自己的矛盾。

冯小宇

【旁白】：面对高薪的诱惑，我们每个人或许都会做出自己的选择。冯小宇也曾面临过这样的抉择。

【采访冯小宇】：11年的时候吧，猎头公司找到我，想聘请我到他们公司做这个项目主管，年薪可能税后30万吧，当时也动心，觉得挣得工资比自己现在多了好几倍了。

【旁白】：34岁的冯小宇，是在北京市动物疫病预防控制中心专业进行动物疫病检测、监测、诊断的一名兽医。

【采访冯小宇】：帮人诊断一个病例之后，老百姓可能没有什么钱，他也不会说给你送红包，但他可能会给你弄两条鱼，给你弄两只鸡，虽然说你可能你会不收他这个礼，但是你心里就觉得特别痛快。我帮人解决这个问题，确实给人解决了实际生产问题，给人带来了效益，让人家老百姓心里就觉得这个人对我们帮助很大，这可能就是一种成就感。所以也是坚持的一个信念吧。

【旁白】：职业的荣誉感使冯小宇放弃了年薪30万的高薪诱惑，他依然坚持在自己的岗位上拿着一个月4 000多块钱的工资。北京青年1%抽样调查显示，尽管工作压力大，待遇普通，机关事业单位青年总体上心态积极，有2/3的人表示从事这种实现社会价值的工作十分愉快。1998年，冯晓宇考上中国农业大学动物医学系，从此，他便从贵州省德江县来到北京，随后进入北京市动物疫病预防控制中心，每天忙碌着。2005年10月，在中国内地开始出现感染高致病性禽流感疫情的患者，并有扩展趋势。

【采访冯小宇】：好像是2005年的时候也是有禽流感疫情，因为当时我们人员相对比较少，只有两个人同时进行实验，那么你面临的就是说你可能一个礼拜之内，能合眼睡觉的时间都很短，今天从这采了样本，就需要赶紧把这个做出来。

【采访冯小宇】：在2006年的时候发生，亚洲Ⅰ型口蹄疫，当时领导要求及时地把这个结果要准确报送给他们。然后我们是连续工作了应该是15天，每天我们是两个人轮班倒，去做这个实验，从早上七点到晚上十二点，这样连续做了半个月时间，晚上做梦，当时还住在我们单位宿舍，同事都说你做梦都说什么做实验，说一会加样一会加什么鼎雾什么的。

【采访冯小宇】：有的时候感觉压力还是挺大的，尤其是面对紧急疫情出现的情况下，因为这种情况下你首先要保证高效率、高准确度地出具检测结果，像这个你要说出错了，你再去重做可能就会浪费很多时间，那么会延误相关的防治措施的制定。那么可能会导致很大的经济损失，或者有的时候可能会导致人有感染这种相关的情况。

【旁白】：在2009年的时候，冯小宇因为高强度的工作，身体开始出现不适，被确诊患有急性脊髓炎，突然下肢没有任何知觉，瘫痪在床。休养半年后，冯小宇在身体还没完全恢复的情况下坚持回单位上班。

【采访冯小宇】：当时我这个脸型比我现在可能胖两三圈，那可能是吃激素导致的。好多人看见我都没认出我来，用了将近半年多的时间吧，才能正常地走路。

【旁白】：也许，选择一种职业，大部分人是为了金钱，但总有一些人，他们却是为了传递一种希望，坚持一种信念。

缪尚洁

【旁白】：在中国政府机构的架构里，街道乡镇是十分特别的。他们层级虽低，却事无巨细地每天跟普通百姓打交道。在很多人看来，他们，就是老百姓心目中政府最真实的代表。

【画面】：开篇北京胡同大景别空镜，之后缪尚洁骑着自行车出场。走访住户

【旁白】：星期天的早上，当大部分人都在计划着外出游玩的时候，缪尚洁却骑着自行车挨家挨户地走访天坛地区的那些贫困住户。

【采访缪尚洁】：在我很小的时候也看过一个电影《美丽的大脚》，讲的就是一个支教的故事。当时虽然我很小。但是我觉得这个事情在我的心里还是留下了一些，对我今后产生了一些影响。

【旁白】：缪尚洁，28岁，东城区天坛街道办事处民政科公务员，专职负责低保的审核和发放，08年大学毕业以后，参加中国青年志愿者扶贫接力计划，赴新疆支教一年。

【采访缪尚洁】：我觉得能够给人去传播一种，就像在电影里似的给人传播一种希望，给人们带去生活的改变，觉得是特别美好的一件事情。

【旁白】：天坛地区有七百户的低保户，将近一半是老人，缪尚洁，除了每天完成烦

琐的统计、文案、拨付等日常工作以外，就是去看望这些低保户的老人。

【采访缪尚洁】：就像我当时刚刚上班的时候我就遇到一位老人，现在生活得很困难也没有退休金，老两口就在北京一个小平房里生活，每个月只有低保金作为自己的唯一的收入来源，我觉得像这种还是很让人同情的。

【旁白】：刚忙完了一天的工作，缪尚洁就匆忙地去医院看望一位老人。临走的时候，缪尚洁躲过我们的镜头，偷偷地拿钱给这位老人。

【采访缪尚洁】：可能我的力量还是十分有限的，那位老人也是一位比较感性的老人，我觉得我可能就是……当时的行为只是一个有感而发。

【旁白】：关爱空巢老人也是缪尚洁工作的重点。这一天，缪尚洁与同事一起到空巢老人家里，去看望他们。

【采访缪尚洁】：现在空巢老人的这个比例也比较高，因为大家可能像年轻人工作很忙，社区也好，街道也好，经常会组织一些空巢老人的活动。我觉得可能对于空巢老人来说，我们所做的工作是一方面，对于真的自己的孩子来说，孩子的关爱可能远远比我们做的可能更重要，所以我觉得如果说我能在这里做一个呼吁的话，让大家都多回去看看父母，这可能我觉得也是我工作的一部分。

【旁白】：和老一辈的社区工作人员相比，缪尚洁展现出更多青年人的活力和热情，按北京市规定，进入市级机关的青年公务员，一般应具有两年以上乡镇、街道、社区等基层工作经历，这样的举措正是希望有更多的青年公务员，能像缪尚洁一样能够深入体会普通百姓的生活，这一举措，也正在从整体上改变着青年公务员这一群体。

【采访缪尚洁】：尤其做基层工作，做民生工作，要心怀感恩，就是你站在他们的角度去想一想，来找这些的要不然就是老年，年老无依的，要不然就是老弱病残，大概都是这一类的，所以确实每个人有每个人的困难，如果能稍微站在他们的角度想一想，这样他们的行为也能理解了。

【旁白】：调查显示，86.4%的受访者认为能够胜任自己的本职工作，当被问及在国家治理能力现代化改革中，最需要加强什么能力时，78%的人选择沟通协调能力，72%的人选择执行能力，55%的人选择创新能力。他们希望在改革大潮中能成为国家治理的尖兵。从赴新疆支教到成为民政科的专职工作人员，缪尚洁一直都在为基层群众服务，“要在平凡的岗位上做出不平凡的事情”是她的人生格言。

【结语】

【旁白】：机关事业单位青年，他们身处城市治理工作一线，肩负着社会责任，他们期待在平凡的岗位做出不平凡的事情。“光环”背后的平凡世界，这才是机关事业单位青年的真实人生写照，随着越来越多的在基层一线直接做过服务百姓工作的青年公务员成长起来，中国国家治理的未来，一定能够向着现代化的目标迈进。

守护的价值

《中国式奋斗——北京青年1%抽样调查》大型社会学纪录片之媒体青年单集纪录片配音脚本

【开篇】

【旁白】：北京，作为中国的首都，承载着许多人的希望和梦想，他们在这里拼搏，实现着各自的追求与成功。有4.5万从事着新闻媒体及出版工作的青年人，每天在忙碌在北京的3 910家新闻媒体出版单位中，他们当中有记者、编辑、播音员、主持人。他们用青春去担当，先一步去感知这个世界的林林总总。他们守护主流价值观，发掘社会进步力量。他们用手中的笔、话筒和热血推动时代的发展，他们勇敢地踏上那些人们想了解却无法亲身涉足的土地。这个故事讲的是一群普通又平凡的北京媒体青年，他们的梦想与生活！

标题：守护的价值

【旁白】：在团北京市委开展的北京青年1%抽样调查活动中，在被问及为什么从事新闻工作时，有50.1%的青年表示“实现新闻理想，推动社会进步”是他们最初的动机，有17.6%的人表示是为了薪酬。事实上，也只有那些心怀有理想的人才能在这个行业坚持更久。

武文娟

【旁白】：武文娟，山西人，今年27岁，目前就职于《法制晚报》本市版组，大学的一次偶然经历让她下定决心去成为一名新闻工作者。

【采访武文娟】：大一有一次暑假实习，然后我就跟着我们当地报纸的一个记者就去采访，也是去一个比较贫困的家里，他们家基本上就是3口人，只有一个爸爸还有两个孩子，两个孩子其实都已经40多岁了，兄妹两个都瘫痪在床，一个70多岁的父亲在照顾他们，家里破败不堪。当时我去的时候是自己内心比较感动，然后等回来我就看到带我的那个老师的一篇稿子，简单的七八百字，就招来了各方的爱心，然后救助包括志愿者，包括一些专业机构的帮助。

【旁白】：这段经历为武文娟打开了一扇崭新的大门，也许做这样的行业可以帮到许多人，或许这才是自己想做的事情，想到这里，一种使命感在武文娟心中油然而生，最终，她选择了从事媒体这个行业。

【旁白】：北京青年1%抽样调查显示，媒体从业青年是北京青年中学历最高的群体之一，本科学历占60%，研究生以上学历占36%。2013年6月，刚刚从天津师范大学研究生毕业的武文娟只身来到北京，开始了她的北漂生活。

【采访武文娟】：来北京其实也比较偶然，这边媒体环境会比较好一些，对于作为新闻人来讲，就是刚工作人来讲，会觉得诱惑会比较大，氛围好，机会多。

【旁白】：像武文娟这样的职场新人，在毕业后需要花费3个月的时间去做卧底暗访，然后做出一篇深度报道后才能正式加入实习记者的行列，一番挑选下武文娟选择了去一家商场的小店当售货员。

【采访武文娟】：包括吃，包括你所有的活动，都是在一个不到20平米的房间里，然后老板和你就像亲戚一样的关系，他虽然在做一些你认为良心上、道德上过不去的事情，但是他对你的这样的一个照顾可以说，那是会让你感觉到有一丝温暖

1 2 | 4
5
3 | 6 | 7

中国之声

的。我确实看到了很多，也拍到了很多，后来也写出了这样的一个报道，比如说修改日期，比如说以次充好，比如说违背道德违背良心这样的一些事情，老板对我来说，他是真的把我当家人来看待的。

【旁白】：面对老板的真诚相待，武文娟也曾产生过犹豫，是否真的要报道，应该怎么报，这算不算是一种背叛？让她思考了很久。

【采访武文娟】：当下真的想到了，但是一种很强烈的责任心，我觉得应该报出来。

【旁白】：武文娟的报道出来以后，产生了极大的社会反响，工商部门迅速做出了反应，对整个商场进行了集中的大整顿，武文娟暗访的那家小店也被清除出了市场。而就在这个时候武文娟接到了一通威胁电话。

【采访武文娟】：之后也是因为，他好像看到了那份报纸说是暗访组做的，他就说你肯定是暗访记者，他就说你为什么要这么做，我们对你这么好，他们就一直追，就是从过年，包括到五六月份，我都当时政记者了他还在给我打电话，所以那个经历其实挺特别的。

【旁白】：媒体青年用自己的方式影响着公众的行为方式和社会认知。新闻媒体工作一般以个人或小团队为单位，工作环境复杂，调查显示，20%的媒体从业青年在工作中曾经遭受恐吓或威胁，10%的人因为工作遇到过法律纠纷。

【采访武文娟】：我有一个和我们一起来的我们同一天签约的一个同事，他就是一直都在坚守做暗访，他有时候会后怕，他经常会自己说，我还这么年轻，万一有一天被打了怎么办，被打坏了怎么办。像我们那个老师我就会比较佩服，因为50多岁了，一直都在做暗访，他说我被打无数次，他说我们经历的多了，这是非常习惯的事情，把电话卡扔掉好了。至少我从我们老师身上、同行身之上看到了这种说不出来的信念。

【旁白】：目前，武文娟和男友一起居住在鼓楼大街附近的一个20多平米的合租房里。

【采访武文娟】：刚来的时候可能会面临着租房子（的问题），漂泊感会比较强一些。生活我觉得还可以，但是一考虑买房，未来的比如说一些很多的这样的考虑的话，也许压力会很大。

【旁白】：面对曾经的威胁和报复，以及生活的压力，武文娟依然不改初衷，探求真相的信念越发地坚定。

【采访武文娟】：我对报纸是有感情的，就感觉报纸这种东西有它承载的这种文化，对我的影响是比较大的，所以我应该会选择在报纸这个地方，除非有一天它比如说以另外一种形式存在，但是如果它存在一天我可能就会在这儿待一天。

【旁白】：梦想，是初入职场的武文娟继续前行的动力。但梦想毕竟只是生活的一面，在现实的一面中他们也必须考虑自身的生存发展，承担来自生活和工作的多重压力。李佳，便是一位在传统媒体行业打拼十余年的一名老记者。

李 佳

【采访李佳】：这些年来，一当有人听说我是记者，第一反应就是“哇！记者呀”什么的，就会流露出这种很羡慕，或者说有一点小崇拜的这种眼神，但实际上我们并没有沾沾自喜，我们觉得有的时候去新闻一线就是一份责任。

【旁白】：李佳，北京人，今年30多岁，她所工作的《北京青年报》报社，位于北京朝阳区的“传媒走廊”，这片东西长15公里的地带，聚集了《人民日报》、中央电视台总部大楼、北京电视台、凤凰卫视以及众多国际知名新闻机构，还有更多的新闻出版、影视、动漫、新媒体等媒体机构，这里聚集着数以万计的追求社会价值的年轻人。

【采访李佳】：我自己可能是一个挺喜欢往前冲的这么一个人，然后喜欢从工作中得到一些成就感，看到自己的文章印在纸面上，落成铅字，还是挺有满足感的。

【旁白】：新闻理想的实现，让李佳对这个行业产生了更多的认同。调查发现，受访者对自身职业的工作稳定性满意程度最高，选择“很满意”和“非常满意”的人数共占55.3%。

【采访李佳】：印象特别深的是曾经救助过一个白血病的小孩，他的名字叫留留，之所以叫留留是因为，他是为了让妈妈留存他的脐带血才来到这个世界上的。他哥哥当时7岁的时候就被诊断出为白血病，他也在他四五岁的时候，也被查出来患有白血病，就是特别不幸的一个家庭。当时做了挺大篇幅的报道，也吸引到了社会各界的关注。最后是濮存昕，然后和中国青少年发展基金会他们也伸出了援手，然后帮助留留一家渡过了难关，然后后来这个小孩就活下来了。然后连续两年他的妈妈在春节的时候都会给我发一条短信，称呼我为救命恩人，但其实我根本担当不起这个称呼，但是能帮到这样的家庭，我还是挺高兴挺幸福的。

【旁白】：媒体青年从事的是高强度的脑力与体力相结合的劳动。在大多数媒体中超时加班已经成为一种常态。很多人因为采访任务和赶稿任务不得不加班。如果赶上重大事件则工作压力更大。北京青年1%抽样调查显示，媒体从业青年中每天能在8小时以内完成工作的仅占不到三分之一，多数人要每天要工作10小时以上，表示媒体工作很疲惫和比较疲惫的接近总人数的一半。

【采访李佳】：每天早上要看一下京城所有媒体的相关报道，中午的时候就要跟单位报选题，还要做自己的选题，就是每周要报一次大选题。

【采访李佳】：三四点钟的时候要出去跑一个焦点类的报道。

【同期镜头】：李佳新闻发布会采访提问的同期

【采访李佳】：有时候领导还会派过来一个新的选题，然后当天晚上八点左右就要截稿，有时候十二点还会接到编辑的一个电话，来询问一个很小的信息。

【采访李佳】：我们必须要问出所有事情的真相，所有的受访对象必须要接受我们采访，然后要告诉我们真心话。

【同期镜头】：李佳商店采访遭受拒绝的同期

【采访李佳】：太多的受访者不把媒体当回事儿，人家可以很生硬地挂断你的电话，说我不接受你采访。它拼的就是第二天见报了你采到了没有，别人采到了没有。

【旁白】：繁重的工作让李佳的压力与日俱增。调查结果表明，媒体从业青年总体承受着很大的压力，49.6%的人感到自己目前“压力较大”或“压力非常大”，认为“没有压力”或“压力很小”的仅占12.6%。

【旁白】：李佳和爱人购买的房子在北京南六环外，每月要还4 000元的月供，由于离单位和每天的采访地点都很遥远，所以目前他们和2岁的孩子仍与父母一起居住。

【采访李佳】：经常吃饭是为了填饱肚子，不是为了吃饭，不是像别人说吃饭是一特享受的事，我是为了赶紧吃一口，然后马上，你看位置有多近，就扑过去继续写稿。

【采访李佳妈妈】：她都不愿意把她一天的疲劳、这个疲惫和在外面受到的这些冷言冷语，在我们面前袒露，因为什么？她也怕我们担心。能不担心么你想？她很少交流这些，她不说，我们也理解，所以也很少问。我们就尽我们的努力帮她把孩子带起来。

【旁白】：尽管媒体青年对职业本身认可程度较高，但他们对经济收入的满意程度却不容乐观。受访者中对经济收入“很满意”和“非常满意”的仅仅占17.7%。目前，大多数记者的收入来源主要是“低底薪加稿费”，只有按工作年限才有底薪的区别，所以想要提高收入就要想方设法地多发稿，无形中加大了工作压力。

【采访李佳】：我觉得每一个刚出校门的大学生，他可能都会对新闻满怀热情，然后但是对新闻到底是什么也都是懵懵懂懂的。然后实际上我这两年是觉得说这个，应该给自己一个很深厚的一个积累，然后积累人生阅历，工作经验，包括生活经验，我觉得记者这份工作都给自己带来了很丰富的一个阅历。

【同期镜头】：李佳照顾孩子的同期

【采访李佳】：最大的愿望肯定希望能工作和生活两不误吧，然后希望能兼顾好家庭兼顾好一个母亲的角色吧。

【旁白】：在工作与现实的重重压力下，李佳依然选择继续坚持前行，而与此同时，面对未知的前路，肯定会有人迷茫有人犹豫，有人开始思索脚下的路。

张　晶

【采访张晶】：我叫张晶，是04年毕业的，之前一直学的就是新闻专业，打算尝试一下当时还是属于一个新媒体状态的网站，然后去尝试一下，能在网站里面实现这个自己所学的专业和所谓的这种新闻理想。

【旁白】：到了网站以后张晶才发现，网络媒体并不是像传统媒体一样，会拘泥于某一篇稿件，某一个深度，它更大的特点在于它的传播面广和及时性强。

【采访张晶】：我们现在包括现在也在尝试一些App的开发，它的第一要素还是快速，第一时间把这个东西传递给受众。但是你可能在你传播的过程中会引起受众对这件事情的一个歪曲理解。因为这个事件你没有完全了解之前，你就已经先把这个新闻点已经曝出来，但它的真正事实是什么样的，你可能还没有去做深度的挖掘。

【旁白】：新媒体从业青年成为媒体青年的新生力量，尽管在网络媒体工作多年，面对瞬息万变的网络世界，张晶还是在不停地思考着。

【采访张晶】：网络媒体来讲，可能更注重效率，它的一些对事件深度的把握点不是特别地准确，它可能为了一时地博眼球，或者是可以吸引大家迅速地关注，可能会有一些对这件事情的一些歪曲，可能更关注这个事件的一些吸引眼球的点，而不是它对受众的引导和真正新闻价值的体现。

【旁白】：张晶，今年33岁，至今未婚，每月收入在七八千块钱左右，每个月工资中的近1/2要用于偿还房贷。同其他行业的青年人一样，媒体青年目前也承受着巨大的住房压力。调查显示，媒体从业青年锻炼健身的意识比较模糊，受访者中仅有39.2%的人认为自己“比较健康”或“非常健康”。

【采访张晶】：因为我虽然只是第十个年头，但是感觉身体上的压力还是确实也比较大，比如有一些比较着急的事件，我们可能要很早就赶飞机，一天之内可能就要穿梭两到三个城市。

【采访张晶】：肯定是在工作上有一点点的这种迷茫和疲惫，就是觉得干了这么久这个行业到底自己是继续走下去，还是说再寻找一个新的发展平台或者空间，可能现在这是更多困扰我的一个地方。

【旁白】：像张晶这样有职业转型期待的媒体青年不在少数，这在被调查的各个群体中也是比较突出的。调查显示，有64.2%的媒体从业青年有过转行的想法，其中36.6%想当大学教师，只有19.6%坚定地表示愿意继续从事新闻媒体这个行业。

【采访张晶】：目前还没有一个明确的方向，说是要转到一个什么行业里边，但是这个方向肯定还是跟传媒相关的行业，只是说可能会尝试一个不同的平台，或者一个比如说像App这种更新颖的产品形态这种。因为现在整个的媒体环境，大家对真正的有质量、有品质的这些新闻内容又开始慢慢地重视了，所以网络媒体也在调整。

【旁白】：就在张晶还在为前途何去何从进行思考的时候，有的人已经抛开所有的顾虑，担当起新的重任，开始了一天紧张的工作。

涂　艳

【同期镜头】：涂艳早晨采访前化妆的同期

【旁白】：涂艳，现在是北京电视台新闻中心要闻部的一名外景记者，与数千名每天活跃在北京的青年记者一样，今天她要赶去延庆录制一场世界葡萄大会的现场直播。

【采访涂艳】：北京台有一次大规模的招聘，然后我参加考试，进了北京电视台，但当时考试其实是以主持人的身份考进来的。进来之后其实干的就是外景记者的这个岗位。然后干了新闻这一行我现在才真正了解到，其实我真的适合做一个记者，其实不适合做一个主持人。

【采访涂艳】：怎么讲，主持人就是台前的工作多吧，可能记者更接地气，我觉得像我这种性格，其实在采访中我觉得我挺有优势的。比如说遇到一个很难公关的采访对象，他不愿说或者他拒绝采访，或者他有什么顾虑，那我就会想尽一切办法，创造很多条件我都要达到这个采访的目的。

【采访涂艳】：这么多年，14年的记者生涯，我参加过国庆60周年的报道、建党90周年的报道，我也参加过党的十八大的报道，包括北京的京交会等等一些重大的政治性的报道，一些重大的新闻事件的报道都参加过，包括一些突发事件。比如说汶川地震，比如说4·20雅安地震，比如说11·3北京暴雪。

【旁白】：强烈的责任心让涂艳无法将工作假手于人，事无巨细她都要亲力亲为，将工作做到尽善尽美，涂艳的工作充实而又繁忙。涂艳是一名常年工作在北京的“媒体北漂”，和爱人常常两地分居，一家人很少能够真正团聚，今天涂艳的父母爱人和孩子从重庆返回北京和涂艳团圆。

【旁白】：北京青年1%抽样调查显示，北京的媒体从业青年中只有35%的人拥有传统意义上媒体人所拥有的事业编制，更多采用的是人事代理、劳务派遣等多种聘用形式。这种巨大的工作和生活的压力和高度市场化的现实，也在不断叩问着媒体从业青年的新闻价值取向和职业道德底线。

【采访涂艳】：记者其实就是一个责任担当，作为一个电视记者，你手中的这个话筒其实你传递的声音很大，它真是一个放大器，比如说一件事情如果你的报道你的视角不对，报道视角可能有偏差，那会造成极大的社会反响。通过我们的报道每一年都有很多的问题得到了解决，这个其实就是一种成就感。

白　宇

【旁白】：担当，是成为一个优秀媒体人的前提，而坚守则是媒体人另一种难能可贵的精神。白宇，就是一个在不断的挑战和考验当中坚守下来的媒体人。

【采访白宇】：小的时候，听广播，就觉得有一天要是能成为盒子里边的能发出声音的那个人，也是一件挺有意思的事，在这之后一直想做这行。

【旁白】：白宇，今年36岁，北京人，目前是中央人民广播电台中国之声节目年轻的首席记者。但白宇却并非媒体专业出身，大学刚毕业，白宇因为找不到合适的工作，出于生计的考虑，他选择在城乡结合部当一名黑车司机，后来也曾自己创业，事业上几经波折，但现实的残酷，却依然无法改变白宇想要成为媒体人的初衷。一次偶然的机会，白宇跨入了媒体这个行当，他开始在桂林电视台当兼职的主持人和记者，因为工作表现优异，白宇被挑选进入了海南台做广播。

【采访白宇】：真正进入中国之声是在2008年，当时是北京奥运会，我负责从三亚到北京的火炬传递的全程的直播报道，从那儿以后从2009年初开始进入到中国之声的特别报道部。

【采访白宇】：很多人说我特别适合干这行，我自己不知道，到现在为止我没有答案，但是我觉得我是一个喜欢刨根问底，喜欢较真的人。因为我们知道在做舆论监督或者调查报道的时候，最重要是对证据链的挖掘，我们不仅仅要一个一个的证据，还要让我们证据链条闭合完整。

【采访白宇】：因为我想知道真相是什么，而且不仅我个人想知道，很多人我们的受众，向我们反映问题的这些听众，社会各个层面的人，大家都有理由知道事件的真相到底是什么。

【旁白】：对白宇而言，很多时候获取证据的机会只有一次，如果没有把握住的话，整个报道就再也不可能完成，遇到这样的纠结时，白宇常常彻夜难眠。

【采访白宇】：可能这一个晚上满脑子都在想，我第二天接触的这个人，我的第一句话应该怎么说，我要说一句什么样的话才能让他真正地告诉我这个事情的来龙去脉是怎么回事儿。

【采访白宇】：甚至我们可以做很多的判断，我们会知道在一个大厅里面吃饭的人，会看一看他的穿着，看一看他的言谈。

【旁白】：在一次舆论监督报道中，白宇就曾被抢夺采访设备，被跟踪，被限制人身自由，但这些威胁都丝毫没有动摇白宇将报道进行到底的决心。

【采访白宇】：当我们的这个工作推动了社会矛盾的解决，推动了人民群众的这种需求的解决的时候，你说我们能够获得这样的认可，获得这样的尊重，其实觉得是非常有价值的。

【旁白】：正是因为这种强烈的社会责任感，白宇在重大突发事件、自然灾害、深度调查与舆论监督等众多报道中屡次出色完成任务，被同事誉为“具有冒险精神的圣斗士”，但想要达到这样的理想，有时确实需要付出超强的体力，甚至是承担巨大的风险。

【采访白宇】：但是确实是有让自己害怕的时候，我今年年初做的一组报道让我自己都觉得，第一次觉得，做了这几年过来以后依然觉得有一点害怕。5个人同一辆车，在高速公路上面去追查走私的时候发生了交通事故全部死亡。死者当中这5个人也并不“干净”，他们和边境上面走私的团伙也是有各种关系，所以去调查的时候身边每一个人其实都要设防的，甚至到最后当我所有的证据都保存好，在酒店房间的时候，我甚至不敢离开酒店房间，因为我太担心这些证据材料被丢失了。

【采访白宇】：其实人最开始的时候，就包括我们最开始做广播做电视都会觉得是不是我以后能出名，我干这行以后我还能多挣点钱，但是慢慢地你会发现，如果你一直抱着这个念头你去走的话，这条路一定走不远，甚至会出很大的问题。

【旁白】：理想与现实之间，物质诱惑与职业理想的博弈之中，媒体青年体会着职业行为趋利化带给他们的困惑与抉择。

【采访白宇】：很容易不干净，你比如说我们自己出去的时候就是一个人出去，对方“啪”一摞钱就摆在你这儿，不管它几万块钱往这一摆，你收还是不收？收了没有人知道就很简单。但是如果你收了的话，你后面的报道怎么做？这个责任我们觉得我们是担不起的。

【旁白】：勿躁，这是一个年轻新闻人的自勉，也是他们得以在社会闯荡的基石。

【采访白宇】：如果我们有一些能力去做一些实实在在的事，比如说通过一篇报道去帮助了哪怕一个人，我觉得自己良心上会很舒服，如果通过一篇报道去帮助了一群人，我觉得就算不愧对记者的这个名号，如果真的是通过我们的报道能够去帮助一国人，那这样的话，我觉得作为一个国家电台的新闻记者，我们是做了我们真正应该做的事。

【采访白宇】：有一个老记者在我刚入台的时候跟我说了一句话，他说你知道你拿的麦克风是谁的吗，停顿了几秒之后他告诉我，他说这个不是你的，不是咱们中央台的，是13亿中国人的，你拿着这个麦克风你就要用好这支话筒，我到现在为止我这句话记得特别清楚。

【结尾】

【旁白】：安稳而宁静的世界，是绝大多数人所渴求的，但媒体工作者却有着比以往更忙碌的身影。他们是真实的守护者，他们是怀有理想主义的前行者。当社会赋予媒体青年更多发言权利的时候，也意味着他们将担负起更多的社会责任。从他们选择新闻媒体作为职业之日起，一路走来道路崎岖而坎坷，也曾热爱而坚持，也曾挣扎与困惑，更重要的是担当与坚守，他们拥有的不光是勇气，如何让媒体青年拥有更好的生存条件，更有效地发挥他们的社会职责，需要你我和全社会的关心与呵护，因为他们是实现中国梦的推动者。

燃烧的火炬

《中国式奋斗——北京青年1%抽样调查》

之教师青年单集纪录片脚本

【开篇】

【解说】往往故事的最初，只想成为自己记忆对面，曾经有过的那个人。

一直到全身而入，日复一日的讲台前，他们，把自己站成了岸。

也许，在我们每个人成长的记忆里，都有一位不能抹去的，令自己毕生难忘的老师。

在北京，生活着七万五千名青年教师，在繁华的都市里高等学府中，在偏远的山区小学课堂里。

不同地区的青年教师，他们是否有着相同的梦想？

学高为师，身正为范，他们，有怎样的压力与诉求？

他们的生活和上一代教师相比，又有着怎样的变化？

在团北京市委开展的北京青年1%抽样调查中，首次用数据化的方式呈现出北京教师

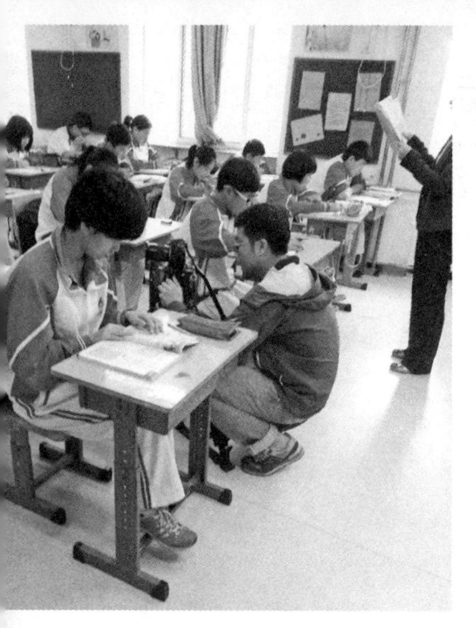

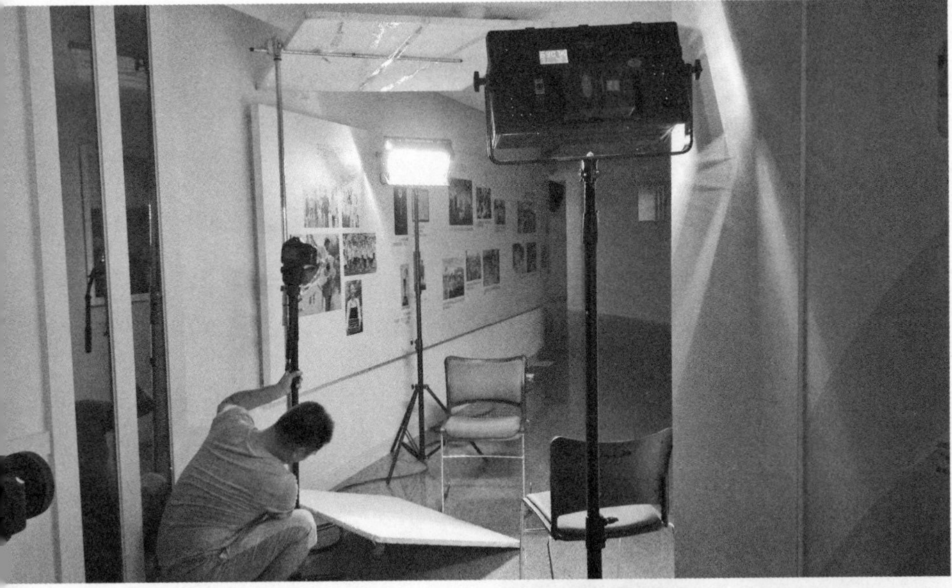

1 2 3 | 4
5 6
7

青年群体的特征。

让我们把镜头对准他们，用我们的视角，去感受他们的故事。

标题：燃烧的火炬

刁荣春

【解说】：2014年12月24日平安夜，当白昼悄然淡去，落日的余晖染红北京这座古老而年轻的城市的时候，在北京市东北部一所偏远的山区小学里，六年级一班的学生，正在精心地准备着一场联欢会。

【采访刁荣春】：我记得我刚参加工作的时候，应该是19岁吧。就那个时候讲那个小壁虎借尾巴，讲着讲着就跟他们一块玩，做书中的那个描写的那种小游戏，就是觉得自己是孩子。

【解说】：刁荣春，35岁，密云区太师屯镇人，19岁师范毕业后回到自己的家乡，在密云区太师屯镇中心小学做了一名语文老师。北京青年1%抽样调查显示，在北京的1 700多所中小学中，4.8万名青年教师在日复一日默默地耕耘着。像刁荣春一样没有本科学历的，几乎都努力继续深造，目前，全市中小学青年教师中97%都具有本科或研究生学历。这群以启迪心灵为天职的青年，是北京所有从业青年中学历最高的群体之一。

【采访刁荣春】：当一名语文老师真的不容易，比如我要上古诗课，比如以前我没有读过刘禹锡，我为了上好这节课，我就得把这个诗人去读懂，去读透了，我就得去了解这个时代。

【解说】：这届学生，刁荣春完整地把他们从三年级带到六年级毕业的学生，倾注了她全部的时间和精力。

【采访刁荣春】：就带他们毕业那一天，我给他们深深地鞠了一躬，我说你们成长起来了，也是我成长起来了，是你们成就了我。

【采访刁荣春】：我记得当时走的时候，孩子们唱的一首班歌，是他们自己写的。就是孩子们走的时候，还是在唱着那首班歌，就是当时教室里边就哭成一片。反正，回忆起就是跟他们在一块儿，真的特别特别幸福。

【解说】：16年的教学生涯，刁荣春遇到很多家庭特殊的孩子。

【采访刁荣春】：记得有一个小孩就是，五年级的时候，我突然间接到他舅舅打来的电话，说他父母在一夜之间煤气中毒，全都没了。他一个星期没来上学，当他来了之后吧，也是我每天都和他待会儿，就是让他有自信，然后让他就从老师身上吧，找到温暖。

【采访刁荣春】：我就想多给他们更多的爱，让他们在学校里边能找到这种爱，然后他们才能更好地学习。

【解说】：2013年的五月份，一次偶然的机会，刁荣春正在给学生讲一节古诗课，被前来检查的北京市教研老师无意听到，在这位教研老师的极力推荐下，刁荣春代表密云区参加北京市语文阅读教学观摩大赛。

【采访刁荣春】：虽然说上一节课四十分钟吧，展现在别人面前的确实是四十分钟，但是老师背后要付出的确实太多太多了，那个时候就是为了上好一节课嘛，每天都得试讲。

【采访刁荣春的丈夫】：尤其是赛前的这段时间里头，几乎都很少说十二点之前睡觉，都在琢磨每一句话，或者我这句话学生会是什么反应。

【解说】：这次的北京市语文阅读教学观摩大赛，刁荣春精彩生动的讲课风格让她荣获一等奖。但在第二次在贵州省参加的那场全国性的语文教学比赛中，刁荣春获得二等奖。这次比赛的失利，让她长时间陷入深深地自责之中。

【采访刁荣春】：其实也没想过什么，非得拿什么一等奖怎么怎么样，其实我就觉得我既然作为密云区的老师出去，我就不能给他们丢脸，我就想让人看看我们山区的老师，也不一般，我们不比城区的老师差。

【解说】：由于教学和比赛的压力过大，2013年的大半年时间里，刁荣春一直都被神经性头疼折磨着。

【采访刁荣春】：当时疼得就受不了了，然后她就给我往头上打针，对我来讲，没起啥作用。只能说实在受不了了，有时候就在宿舍里边，去躺会儿去。

【解说】：北京青年1%抽样调查显示，尽管有57%的受访者表示工作压力较大或非常大，但横向比较而言，中小学青年教师仍是职业满意度最高的群体之一。

【解说】：每天晚上下班，刁荣春一家人都会在公公婆婆家吃晚饭。刁荣春的公公曾经是一名小学的体育老师，4年前的一场交通事故，不仅夺走了他的双脚，并且头部也受到重创，生活不能自理。

【采访刁荣春】：我公公出了车祸之后吧，就当时都说不行了，就下通牒了，但是没想到还能活过来。然后虽然说现在生活不能自理，但是我们觉得特别知足，因为我们觉得他人还在。

【解说】：突如其来的交通意外，并没有让刁荣春一家丧失生活的希望，每天下班，她们一家人总是搀扶着老人到室外走一走，希望老人有一天能够重新站起来，重新燃起生命的热情。

【采访刁荣春】：参加工作到现在16年了，就觉得自己也在这16年当中吧，也成长起来了，但是最大的感受吧，还是越来越喜欢孩子，就是觉得每天和那些孩子们在一起，确实挺快乐的，而且也挺幸福的。

【解说】：刁荣春的月工资是5 800元，在北京的周边，像刁荣春这样的山区教师还有很多，从他们的言谈举止中，感受到他们的淳朴与无私，或许，只有走近北京的青年教师，才能真正体会他们无限荣耀那背后的故事，感受到他们生命的活力。

高 佳

【解说】：高佳，北京人，2006年北京体育大学毕业以后来到自己的母校——北京第五十四中学做了一名体育老师。

【采访高佳】：现在在中学教体育，我觉得只是一种让他们学会如何这个养成终身体育的这么一个习惯。

【解说】：2006年，国家开始组建中国沙滩足球国家队，高佳被选入进入国家队任队长。在2006年对伊朗的比赛中，高佳打进了中国队在世界杯亚洲区预选赛中历史上的第一个进球，最终以2比1赢了伊朗。退役后的高佳，原本准备做教练员，却因受到了孩子们的影响，留在了学校。

【采访高佳】：其实身边的孩子们，他们影响了我，也就是说现在我一直在工作当中延伸的就是生命影响生命，我觉得在我跟他们相处，教育他们的过程当中，其实他们的一点一滴的言行也在影响着我，也在教育着我，所以我是越来越喜欢教师这个行业。后来也就下定决心。一定要把教师这个职业做好。

【解说】：北京第五十四中学是市级足球传统学校，近两年，校园足球正在如火如荼地进行着，高佳希望把自己的这种足球理念传递给学生。

【采访高佳】：其实你在参与这项活动当中你就会感觉一种团队，感觉到一种责任，感觉到一种信任，感觉到一种受挫能力的培养。

【采访高佳】：我觉得能够把我自己更多的东西更好的平台来传授给他们，让更多的孩子去享受足球的快乐。

【解说】：2014年接近尾声，北京第五十四中学的全体师生，都在为新年联欢会忙碌着，身兼学生活动指导中心主任等职务的高佳，作为这次晚会的总导演，为了能办一个别开生面的新年联欢会，已经连续几个晚上没有睡好觉。

【采访高佳】：五十四中学是有人情味的地方，从我当学生到我当老师，我觉得这种人情味始终在我的这个老师到我当老师这么一个过程当中去传递很多正能量的东西。

【解说】：北京青年1%抽样调查显示，中小学青年教师是职业定型最早的群体。像高佳一样，多数受访者在大学甚至更早，就将为人师表作为终生的职业追求。今天是高佳父亲的59岁生日，晚上下班回家，高佳特意买了鲜花和蛋糕，给父亲庆生。

【采访高佳的母亲】：老是不回来，一个礼拜吃饭跟家也就是顶多了一次，吃一次，完了以后都不在家吃饭。就在学校里忙呗。他是该他管的事他也管，不该他管的事他也得管，他就是爱操心。

【解说】：31岁的高佳一直忙于工作，至今依然单身一人。

【采访高佳】：我同事也说，说不要每天都在学校忙啦，说你也要考虑考虑自己的事情了，考虑考虑自己的生活了。

【采访高佳】：我觉得宁缺毋滥吧，因为我觉得这个事情还是得寻找到一个自己满意自己又深爱的这么一个人。

【解说】：调查显示，在择偶时，60.8%的受访教师表示最看重品行，22.1%的表示最看重感情，11.8%的表示最看重能力。这三者压倒性地占据了选择的前三名。

【采访高佳】：我觉得从一开始，我像个学生，我在学生堆里也像个学生，到慢慢地，过渡到我像个哥哥，但现在慢慢呢，这个有孩子也就是说像个叔叔。昨天他们在给我拍照片的时候，他们还在说，说这个你现在就剩这个慈祥的笑了，已经不是那种能够就很酷的样子了，后来我觉得这也是一种变化吧。

【解说】：从事教师职业8年，从23岁的大哥哥，到现在学生口中的“叔叔”，高佳说，他将会把这份职业一直坚持下去。

徐 杨

【解说】：用生命影响生命，是高佳坚持教师这份职业的理由，而把爱传递下去，却是徐杨坚持做一名教师的信念。

【采访徐杨】：小时候想当主持人，现在想不太理解说做主持人应该做什么，后来觉得讲台跟舞台其实就差一个字，但是讲台可能更有意义一点。

【解说】：徐杨，27岁，北京市三家店铁路中学英语老师兼小学五年级班主任。

【采访徐杨】：学英语对我来讲是一件特别容易的事，我最开始想当老师就是想改变这个状况，我希望通过我的方法，就是让学英语不再那么难吧。

【解说】：对于大多数的中国学生，曾经都有一段“惨痛”的英语学习经历。

【采访徐杨】：教小孩又不一样，就是在小学阶段就是让他培养他的兴趣，让那个小孩起码到六年级毕业的时候问他爱学英语吗，他说：我爱学，就特别成功了。

【解说】：北京市三家店铁路中学位于北京市门头沟区，学校学生大都是外来务工子女。

【采访徐杨】：我的改变从认识这些学生开始，了解他们的家庭状况，了解他们的生活状况。然后，就是每一次家访都有不同的感受，如果不去家访的话，我永远想象不到，这个现在就是还有学生生活在这样的环境当中。

【解说】：2014年12月11日，我们沿永定河岸徒步六里，跟随徐杨去这些孩子家里家访。

【采访徐杨】：就像我们班有一个孩子，他爸妈都是在朝阳那儿收废品，然后呢，他跟爷爷奶奶住这儿，他们家3个孩子，就住在五六平米那么一个房子里，没有桌子写作业。

【解说】：这位老奶奶已经70岁了，靠在周围收废品来养活几个孩子，徐杨常常抽出时间来看望她。她们的父母在朝阳收废品，虽然同在北京，但他们已经将近半年，没有见过自己的爸爸妈妈。

【采访老人家的小孩】：我就是想爸爸妈妈经常来这儿，他们能多抽些空陪陪我们。

【采访老人家的小孩】：**你想见他们吗现在？**想。

【同期采访】：老人：我们就是没人辅导。徐杨：孩子自己写。老人：我们孩子就是靠她自己。

【采访徐杨】：我觉得他们，有时候在学校不好的表现，我通过家访能找到那个原因，就是越不可爱的孩子，其实越需要得到爱。

【解说】：在这个小小的院子里，还有几个徐杨的学生，他们的生存环境也是如此。从他们父母的眼睛里，我们看到的更多是生活的艰辛与不易。从这些孩子的眼睛里，我们能看到稚气未脱和对求知的渴望。

【采访徐杨】：我在当老师之前，我同学跟我说别太把自己当回事儿，然后我在当老师以后呢，我就觉得可能是因为，有很多人真的不太把自己当回事儿了，所以出现了那么多不太好的老师。对于这些小孩来讲，他们每天都在学校里，就是老师就是他的全部。

【解说】：这两年徐杨在英语教学上取得一些成绩之后，北京市里的一些中小学的老师，时常会来找徐杨，让她到北京市区的学校教书，可每一次徐杨都婉言拒绝。

【采访徐杨】：之前一个宿舍的那个同事就说，我到北京来不是为了在门头沟的，不是为了到在这样一个学校里。可能在更好的学校里有更多的好老师，可是我觉得这儿更需要我，我愿意在这儿。

【解说】：北京青年1%抽样调查显示，尽管城乡学校在条件和环境上存在着显而易见的差别，但在1%青年调查中，当我们询问每一个城里学校的青年教师你是否愿意调动到农村学校去工作时，调查者欣喜地看到，有近40%的受访教师表示愿意。在对“奋斗成就人生”，“人生的价值在于奉献”等价值观念的选择中，青年教师选择同意或非常同意的都在80%以上。

【采访徐杨】：就像我们最常说的最俗气的话，就是学生最需要的是老师的爱嘛，我愿意把我能有的，我所能给他们的爱都给他们。

程　晓

【解说】：徐扬身体力行地将爱传递给自己的学生，而扎根极地研究的程晓，希望通过教书育人，用学生来延续科研的生命。

【解说】：2014年12月30日，中国进行第31次南极考察，程晓再一次送学生踏上“雪龙号”极地考察船，赴南极进行科学考察。

【采访程晓】：我现在研究的方向是一个比较冷门的方向，极地遥感，就是用这个卫星遥感的这个技术，去研究南极和北极的这个变化。

【解说】：程晓，北京师范大学全球变化与地球系统科学研究院教授，副院长。程晓曾带学生三次赴南极，两次赴北极进行科学考察。

【解说】：南极，世界第七大陆，被人们称为白色沙漠，是地球上唯一没有人员定居的大陆。

【采访程晓】：有一次我们是遇到了危险，我们有一辆车在这个出去考察工作的过程中，车这个丧失动力，大概当时离我们大本营100公里，有5个队员在一辆车里就遇险了，然后咱们这个留在大本营的几个人就制订了这个详细的援救的这个方案，我们花了大概20多个小时，才把这辆车给安全地救回来了。

【解说】：国家基于程晓及其队友的这次绘测成果，于2009年初建立了世界上第一个在南极冰盖最高点的科考站——昆仑站。

【解说】：北京，无疑是中国高校最集中的城市，近90所高等学府中，像程晓一样的青年教师有2.7万人，他们在教学科研管理的一线岗位上，努力完成着社会的职责，也在其中体会着自身的价值。

【解说】：2009年，程晓从中国科学院来到北京师范大学，带研究生和博士生一起做极地研究。

【采访程晓】：对于父母来说，孩子是他生命的这个延续，对于老师来说，学生就是我们这个科研生命的延续。

【采访程晓】：我认为比较成功的一个经验或者方法就是，我会给他们更多这种实践的机会。

【解说】：2002年，程晓为研究南极格罗夫山地区复杂的冰流速监测，在中国科学院的支持下，获得了20万元的“知识创新课题”经费，从而开启了他日后的科研之路。为了能给学生更多的实践机会，程晓除申请项目科研经费外，还从自己每月不足万元的工资中，拿出部分来购买科研设备。

【解说】：由于常年赴南极做科学考察，程晓的身体状况一直不好。

【采访程晓】：去南极内陆的人，多数回来都有高血压这种情况。现在，我已经吃药吃了差不多快十年了。

【解说】：程晓的老家在南京的农村，父母都是农民，来北京工作已经十年，但依然是租房生活，一家人租了一套60平米的房子生活，女儿6岁。尽管北京的高校青年教师受教育时间长，四分之三拥有硕士、博士学历，70%都毕业于985和211等国家重点高校，但面对北京高昂的房价和消费，生活条件并不比其他群体明显优越。北京青年1%抽样调查显示，35岁以下的高校青年教师，仅有34.4%购买了自己的住房，一半以上的年轻教师像程晓一样租房生活，被访者中在两年内搬过家的人数达35.4%。

【采访程晓】：幸福看你怎么去理解。觉得你做的是自己喜欢做的工作，家里头一切都挺平安的，我觉得就挺幸福的。

【解说】：尽管身体和生活状况都不如意，程晓对教师职业依然充满热情。

【采访程晓的学生】：我觉得程老师工作很勤奋的，然后比如说有的时候我晚上十一点多然后走的时候，然后会看到程老师依旧在机房里在特别认真地工作。真的是牺牲了很多自己的其他时间，然后来进行一些研究什么的。

【采访程晓】：实际上对于咱们人类来说，未来的资源一定在深海和极地。

【采访程晓】：我的梦想就是能指挥着雪龙船，上南极上北极做自己想做的事儿。

【解说】：踏上开往极地的轮船，在地球上最寒冷的地方，却有着程晓最炙热的梦想。与程晓相同，王博也在为中国的未来的资源开发，贡献自己力量。

王　博

【解说】：王博，陕西人，北京理工大学化学学院教授博士生导师。

【采访王博】：我觉得如果我做的事情，对社会有一点点影响和改变，除了我做技术对社会有影响改变以外，如果做老师能够至少对一个，一个人，对一个学生，对一个家庭有所影响，有所帮助，这也是善莫大焉的事情。

【解说】：刚刚32岁的王博，荣获英国皇家化学会“2008年度十大前沿化学技术奖”。至今，王博已经荣获11项国际发明专利，其中两项实现了大规模工业化生产。在科研领域取得斐然成绩的同时，王博在三尺讲台上同样也收获了年轻同学的认可，曾被评为北京理工大学“我爱我师”的他，是同学们心目中的“男神”。

【采访王博】：当时我们那个年代，过年的时候都要用明星画贴家里，我是要贴牛顿和爱因斯坦的，当时是对这些物理学家产生了极大的崇拜。

【解说】：王博先后在美国密歇根大学和美国加州大学获化学材料学硕士和博士学位，在美国读博士期间他创造出来一个材料。

【采访王博】：拿着这个材料以后呢，我当时自己都不觉得有多重要，但是他（王博的老师）指着我给我们的师弟师妹说，一帮美国人说，他说Bow is creating history right now。他（王博）正在创造历史。我当时就觉得热血沸腾对吧。就是做我们做一些东西的话，最终能够对这个社会，对人类有一些贡献，有些帮助。

【解说】：王博创造出这个材料以后，被美国Wired杂志评为“十大绿色科学技术”。2011年9月份，在美国学习工作了8年的王博，放弃掉美国绿卡，放弃掉美国公司的股份，放弃掉在美国的所有，回国从事教学科研。

【采访王博】：决定回来的时候跑去跟我们公司的（老板）辞职，公司（老板）很不高兴，肯定了，他说对方给你多少钱我们可以给你双倍，我当时说了一个我说可能不到1 000美金，他说一天是吧，他说一天我们也可以考虑给你比这高，我说不是一天，我说是一个月。

【采访王博】：很多人说，你怎么从美国那么好的地方回来了，你已经可以在那边移民了，可以待在那边了，为什么要回来。我说，生于此，长于此，希望老于此。

【解说】：这就是王博朴素的选择。回国之后的王博在学校的支持下慢慢建起了实验室。曾经几次在微博上关于食品化学物质的讨论中，王博曾被部分不了解化学的大众群起攻击。这才让王博对“老师”的意义，有了更深的认识。

【采访王博】：所以经历了这些事情以后，我就更觉得有必要作为一个老师，大学的老师，怎么给这些本科生传递一个正确的价值观，传递的一个正确的世界观和人生观。

【采访王博的学生】：他是一个非常富有激情并且很有想法的老师，就是把我整个人生观可以说都改变了。可能想的东西更远一点，就是不再仅仅只是纯粹停留在科研这个阶段，而是以整个人生理想角度规划一生，可以说碰到他可能人生轨迹可以这么说都已经发生改变了。

【采访王博】：提倡学生把自己的脑子，用在一些想别人之不敢想，做别人之不敢做，往前多冲一步，不要去拘泥于你现在学的这些东西。

【解说】：如今，王博已经是两个孩子的父亲，大的六岁，小的两岁，王博的父母也从陕西老家来到北京和他们一起生活。当被问及生活中最大的渴望时，话题自然而然地又一次回到了“房子”上。王博一家六口人，现在租住在北京理工大学的校园里。

【采访王博】：租了一套五几年的房子，七十平米的三居，然后呢租金是七千多，这个租金已经赶上美国的一些大城市的一些比较好的公寓的租金了。

【解说】：调查显示，高校青年教师群体工作稳定，社会地位高，收入较好，但也难以支撑高企的房价。长期不能解决稳定的住房，成为他们奋斗中“漂泊感”最主要的来源。

【解说】：尽管如此，王博们仍然在他所热爱的实验室里，和面对年轻学生的讲台上，辛勤地努力着。

【采访王博】：我们不要去抱怨这个社会的不公，你梗着脖子做一个正直的人，正正直直地活一辈子，让这个社会变得更美好一点点。

【尾声】

【解说】：今天的北京青年教师，他们不再倾向于管束学生，而是尽量给学生更大的思想空间。他们不再吝啬自己的笑容，而是把更多的笑容带给学生。他们不再隐藏自己的爱，而是倾注于学生更多的爱。无论是在偏远寂静的郊区，还是繁华喧闹的市区。他们都默默地在教师的岗位上，奉献着自己的青春。如果说书籍是人类希望的明灯，那青年教师就是人类生命的火炬，让人类的智慧得以无限地延续。

创造的人生

《中国式奋斗——北京青年1%抽样调查》
之在京创业青年单集纪录片脚本

【开篇】

【旁白】：时间不能回溯，有一些东西无法丈量。最大的历史和最小的自己，在城市的洪流与激情中浑然一体。青年，作为一个朝气蓬勃、勇于创新的群体，承担着社会的未来和希望。首都北京，经济社会发达，发展环境优越，是青年创业的肥沃土壤。团北京市委开展的北京青年1%抽样调查显示，全市共有创业青年57万人。他们当中，有的因为生活中遇到的某个事情而触发了创业灵感；有的在经历了十年的职业磨炼后选择了创业；有的在所创企业的发展期遭遇到了管理危机；有的扎根农村，做北京的“新农人”，打造心目中最美的农村；更有人跟随内心的愿望，放弃已有的成功，重新出发，再次投入到未知的创业风险之中。他们是如何在经济的大潮中挥洒才华，实现梦想的？他们的成长道路上，又有着什么样的艰辛与收获？

今天，我们将用摄影机的镜头，向您讲述一群青年人是如何用心，去创造自己的人生。

标题：创造的人生

孔令博

【采访孔令博】：我是孔令博，我现在的公司主要从事的就是餐饮行业的信息化服务，主要为连锁餐饮企业提供整体的解决方案，我们之前曾经是国内第一家电子菜谱的发明者，我和我的几个合伙人都是北大的研究生，同学。

【旁白】其实，在进入北大伊始，孔令博就与今天的几个创业伙伴经常在一起谈论创业的话题，有时甚至通宵达旦。直到多年以后的2006年，四个人才一致决定把当年谈论许久的创业话题付诸实践，当时，没有社会关注，没有风险投资，有的只是每人出的8 000元启动资金。

【采访孔令博】：我们几个创始人呢，其实当时的工作背景还是很好的，在很多人看来，我们当时辞职出来创业的时候大家都不理解，像我原来在这个学校里面，就在北大里面做院系的团委书记，我另外合伙人都在IBM、国家控制中心工作，所以我们其实迈出去创业，真的不是为了自己生存或者什么之类的，还是有很多自己的想法的。那时候我们也经常讲一句话，就是创业最大的好处是什么呢，我哪怕去要饭，我也可以决定我是在海淀区要饭，还是在朝阳区要饭，但往往你在一个体制里面去工作呢，可能很难做到这一点。

【采访孔令博】：当然了我并不是说每个人都适合去创业，因为创业里面有一个最大的特征就是有不确定性，你根本就不知道第二天会发生什么，你也不知道会有哪些人去找你，你也不知道你要去找那些人，甚至有的时候你都不知道你公司下一年会发生什么样子，有的人你的性格里面属于那种忍辱负重型的，可能在一个既定的体制里面去工作，更容易发挥你的价值。如果有的人性格可能属于那种比较张扬型的，或者喜欢追求一种酣畅淋漓的生活状态的，那可能你就比较适合自己去创造一种规则，这里面没有高和低之分，也没有好和坏之分，这恰恰就是社会的多样性。

【旁白】：北京青年1%抽样调查显示，绝大多数北京创业青年，都不是为解决基本

世纪佳缘
jiayuan.com

1		
2	4	6
3	5	

生存问题而开始创业的，像孔令博一样，希望“把握自己的命运”以及“追求个人财富积累”，“证明自己的能力”是大家创业的最主要动因。这，是这个时代青年人的特点。孔令博和他的同伴们研发出的多媒体点菜终端，在当时，是国内餐饮行业稀缺的电子设备，市场很大。

【采访孔令博】：前几年的企业发展也有点快，然后那个时候我们从一个人，然后经过两三年的时间里公司做到了一百四十多个人，然后我们也从投资机构里融到两千多万的资金。

【旁白】：孔令博的公司得到了快速地发展，但创业的道路，没有一帆风顺的，公司也逐渐出现了管理危机。

【采访孔令博】：但因为我们自身对企业创业没有太多的经验，包括对企业内部的管理。所以我们很快因为内部人员的扩张和管理效率的低下，包括很多制度也不完善，导致我们一年多的时间里面，就把这个两千多万都给亏掉了。

【旁白】：失败，是每一个青年创业者必经的磨炼，重要的是，我们能从失败的经历中反思什么？

【采访孔令博】：我之前在高中的时候经常喜欢和一些朋友看录像，看武侠小说，大家就比较注重这种情谊上的这些东西，会比较感性一点，但这种兄弟之间的感情，是很难在一个公司的团队达到一两百人以后，靠这个东西来运作维系的。

【旁白】：2011年孔令博的创业团队聘请了一位职业经理人负责公司日常运营，并把全部的希望都寄托在这次管理改革上。

【采访孔令博】：但当时那个时候呢，我们也想得比较简单，既然我们不懂，就尽快去请一个职业经理人进来帮助我们打理内部日常工作的运营和日常的管理。但实际上可能后来所出现的事实跟我们想象的大相径庭，比如我们可能放权过多，对职业经理人本身的背景调查也不够深入，然后在前期一起合作的时候也没有设定很清晰的一个考核指标，从而导致我们在日常的管理过程当中不仅仅没有解决原有的问题，相反还因为这个职业经理人的出现，使我们公司的管理问题更加地突出，所以以至于到了后来，我们不得不把这个职业经理人辞退。还是由我们创始人自己来去抓这个管理的问题。

【旁白】：经历过挫败的孔令博在创业道路上再次起航时步伐更加稳重。目前，孔令博的电子菜单的研发已经进入到第四代，北京已有近百家餐饮企业使用了这套电子菜单系统。

【采访孔令博】：像后来在我们总结的过程当中，其实还是当时自己的心态发生了一些问题，所以才导致出现很多一些管理的问题。因为那个时候会觉得自己手里的钱也多了，人也多了，肯定很多事应该做得更好，但是这种恰恰是可能这种看起来是自信的心态，实际上很有可能是一种自负的表现。

【采访孔令博】：我们大约用了一年多的时间，公司就开始呈现了这种新的面貌，在这个过程当中我们几个创始人真的就是有那种死而后生的感觉。从一个零起步，然后有一个好的资产条件，然后又把它亏损掉，然后找方向，重新建立管理机制，然后再重新起航，对我们来讲，我相信这都是一种很重要的人生的财富。

【旁白】：调查显示，今天在北京，像孔令博这样的青年科技创新型企业，尚未盈利的占31%，仅能保持收支基本平衡的占40%，已经盈利的只占20%。能否在创新的道路上咬牙坚持，不断进取，决定着孔令博能否最终把握自己的命运。

胡　迪

【旁白】：毕业于北京城市学院法律系的胡迪，是土生土长的北京人。2007年大学毕业之后，年轻的胡迪对未来的路该怎么走充满了疑惑。

【旁白】：2008年，家中老人病重，需要得到专业的护理才能恢复得更快。于是，胡迪就到家政公司找家政服务人员，然而，这次经历却成为胡迪另一段人生的开始。

【采访胡迪】：当时家里老人生病，家里人都挺忙，让我帮忙找个保姆。在那时候发现城南没有一个相对正规的家政公司，一个小房子，算是黑中介吧，往那就一坐，一个大妈，你把钱交给她了，转头她跑了，你根本就找不着她人。

【旁白】：寻找正规家政公司与合格家政人员的种种磨难，让胡迪看到家政行业巨大的市场缺口，胡迪决定成立一家家政服务公司。调查显示，与社会普遍认为的创业青年主要集中在高精尖领域不同，在京创业青年选择在批发零售和商业、服务业领域创业的最多，接近总人数的60%，只有那些具有较高学历的创业者才会涉足科技研发类的创业项目。

【同期镜头】：胡迪货场搬运的画面

【采访胡迪】：我大学是学市场营销的，当时毕业的时候，并没有流行毕业就失业，可是我们那时候真的差不多了。通过家里关系去了一个酒厂，当时认为，做销售你就靠自己的本事能挣钱。师傅带着你，他手里有客户，可是这是他的饭碗，不会给你，市场又很饱和，说是做销售，其实就是个搬运工，在那一搬就是半年。

【旁白】：然而，即使是开办一家社会服务类的公司，对于胡迪来说，也绝非易事。

【采访胡迪】：那年正好发现这个市场是比较可观的，正好看见了电视里说国家要支持家政行业，这么着呢跟家里商量了一下，也是比较支持我吧，然后借了家里十万块钱，这么着把第一家店面算是开起来了。

【旁白】：调查显示，56%的北京创业青年启动资金来自家庭支持，其次是来自朋友集资，占总人数的28%。这种家庭支持创业的现象，也是中国式创业的重要文化特征。2008年12月，北京凤尾竹家政服务有限责任公司正式成立。

【旁白】：在获得政府帮助方面，胡迪是无疑是幸运的。被调查者中，曾经获得过各种形式的政府创业帮扶的人，不到创业者的10%。在妇联的帮助下，招人、培训、上岗，胡迪的家政公司慢慢地步入正轨，形成了良性循环。

【采访胡迪】：那一年我的公司第一次接到了一个保洁的项目，是一个台球厅，当时跟那个老板约的是晚上六点给他做保洁，因为人家白天要营业，到下午的时候我们想准备一下工具，我自己就去修一个生锈的铲刀，有点较劲，不小心把手划了一点，当时条件简陋了一点，找了块抹布把手一裹就往医院跑了。

【旁白】：就在当天下午准备工具的时候，胡迪不小心把手划破了，但面对公司的第一单保洁生意，他并没有及时赶去医院，而是选择了亲自上阵。

【同期镜头】：胡迪带领员工做保洁

【采访胡迪】：因为要洗地毯，用一个单刷机，第一次接我也不太熟练，保洁员呢更不会了，所以只能全程自己来做，两个小时的时间，就像两只手扶着一台手扶拖拉机，震了两个小时。不过结账的时候老板挺痛快，认为我们干得还是比较尽心的，也守了时间，一共这活，总共才给了1 000多块钱。到了医院大夫说别给你缝了，直接把那块肉给你切了吧，反正已经连不上了，我说那就切了吧。不过呢要放在现在，我想我还会去，因为这是一个诚信的问题，而不是钱的问题。答应人的事就要去做。

【旁白】：经过六年的苦心经营，胡迪已经成立了六家公司，现如今，胡迪每年提供3 000多个就业岗位，直接和间接地为7 000多人带来了就业机会。

【采访胡迪】：创业对我来说，已经不是改变物质的一个方式了。能够把一件事从没有，到你有这个想法，到你去做，到你把它完成，是一件很高兴的事。它很有成就感。

房　军

【旁白】：房军，安徽阜阳人，上世纪90年代，高考失利后的房军，只身来北京闯荡，希望能继续他的求学之路。

【采访房军】：当年说是来北京打工，其实是瞒着家里人来北京参加成人高考。我同时也是一个落榜生，但是仔细想一下，还是有点遗憾，一直没有读完一个完整的大学，一直是一边打工一边上学。

【旁白】：来到北京的第二年，房军参加了成人高考，成功地考入了中国科学院职工科技大学计算机专业。大专毕业之后，房军进入了中关村一家计算机公司，用了10年时间，从技术员晋升为公司副总。

【旁白】：然而，就在房军踌躇满志的时候，远在千里之外的安徽老家却传来了不幸的消息。2006年，房军的父亲因病医治无效，永远地离开了他们。

【采访房军】：父亲的去世一夜之间让我成熟了很多，我也学会了承担，我也知道我身上的责任有多重，那个时候我也知道我自己应该去做一件事情。

【旁白】在经济上改变自身与家庭，是当年的房军最迫切需要做的事情。2009年，房军注册成立了北京中博视讯科技有限公司。

【旁白】北京青年1%抽样调查显示，北京创业青年的起始创业年龄平均为27.8岁，也就是说，绝大多数创业者都是像房军一样，从学校毕业并有5年以上的职场经验和社会积累后，才开始走上创业道路的。比起在校大学生而言，多年的工作磨砺和对公司和社会更深刻的理解，使他们在创业的道路上走得更加稳健。房军当年的公司落户在昌平的北京青年创业示范园，回忆当初园区给予的帮助，房军至今还颇为感慨。

【采访房军】：别人有可能根本想象不到当时是什么样的帮助，什么样的情况让我坚持下来，但是当时的园区确实提供了一个很好的帮助。园区有个食堂，每餐是八块钱，政府给补贴50%。为什么，其实道理非常简单，你想，一个人在身无分文的时候，只要他还能吃上饭，他就能坚持下去。除此之外，房租当时也是非常便宜，再加上退税，我们当时又获得了小额贷款。当时真是雪中送炭。非常简单，却非常实用。

【旁白】：短短几年的时间，房军的公司已实现了规模上的快速跨越和全方位成长，带动近200人就业。现在，房军刚搬到了自己新装修的办公地点，业务量趋于稳定发展。与此同时，房军不断追求学业上的进步，如今已经考取了硕士研究生。调查显示，在各个行业的创业青年中，具有大专以上学历的青年的创业企业盈利情况，是大专以下创业者的1.5倍。良好的教育经历，正成为创业青年快速向上流动的不竭动力。

【旁白】：企业蒸蒸日上，生活条件转好，但谈及父亲，他依旧不能自已。

【采访房军】：当时家庭的经济是非常地困难，因为我的父亲当时生病，我呢，每天就想着家里经济能好一点，但是父亲没有等到我，家里经济能好，他就走了。

【旁白】：房军把对生活的热爱都融入到他对别人的帮助以及对北京这座城市的感恩中。

【采访房军】：从2009年到现在创业，也很感恩这座城市，感恩我身边的人。我想，别人帮我，那我再去帮别人，这也算是一种报答吧。

【旁白】：房军的公司，每年都会向北京青年创业基金会捐一部分钱，从而能够帮助到更多心怀理想的年轻人。

【采访房军】：对于一个创业者来说，有可能几千块钱就能让他缓一步，有可能最困难的这个坎就过去了。

【采访房军】：一直到现在我不认为我是成功的，我只不过比别人比其他创业者多走了一步。创业是创造一种自己生活，把握命运的一种活法，也是我们的一种生活的态度。

龚海燕

【旁白】：就在房军忙于优化公司经营模式之时，在这座城市的另一端，一个上市公司的CEO却辞去了她的职务，转身进入一个她从未涉足过的领域，成为了一名创业“新人”，她就是龚海燕。

【旁白】：龚海燕为人所知，是因为她创立了在美国纳斯达克上市的严肃婚恋网站——世纪佳缘，在网络上昵称“小龙女”的她，被外界誉为中国的“网络第一红娘”。

【采访龚海燕】：2003年的10月为了给自己找对象，我在复旦的宿舍里创办了世纪佳缘。

【旁白】：走入大学以前的龚海燕有着曲折的求学经历。龚海燕曾经因为家贫和车祸辍学打工三年。她开过小卖部，做过打工妹，可龚海燕心里最渴望的还是重回课堂，接受教育。

【采访龚海燕】：整整有三年零一个月的时间，曾经有一段时间我是在流水线上做打工妹，那后来受到一些刺激，觉得还是要有文化有知识，所以又回去读了一年零七个月，最后以全县第一的成绩考上了北京大学，别人是十八岁上大学我是二十二岁，我才去上大学。

【旁白】：由北大本科生到复旦研究生，一次网络征婚受骗的经历，让她在研二期间创办了世纪佳缘婚恋网站。

【旁白】：投资1 000元，一个简单的静态网页，世纪佳缘就这样开张了。凭借会员制注册、提交真实身份证明、提倡健康婚恋观等“严肃婚恋”的定位和严格身份鉴定的制度，很快为世纪佳缘赢得了市场。

【旁白】：调查显示，女性创业者在北京创业青年中约占40%，她们以其独特的女性视角和耐心细致的风格辛勤耕耘着。2011年5月11日晚，世纪佳缘登陆美国纳斯达克全球精选市场。世纪佳缘的成功，不仅让龚海燕找了自己的终身伴侣，更脱离了贫困。

【采访龚海燕】：对我而言，其实没有太多的物质方面的欲望，其实我的家人也是这样的。第一次创业我就已经解决了自己，还有家人的温饱的问题，也算是衣食无忧了，如果说为了更多的财富的话，我觉得我也没有这么大的动力，再去把自己搞得这么累。

【旁白】：就在世纪佳缘已经成功上市，独占国内婚恋网站头把交椅的时候，龚海燕却突然辞去世纪佳缘CEO的职务。

【采访龚海燕】：上市一年半之后呢，我又想再去挑战一些新的东西，那么在2012年的12月24号，我就辞去了世纪佳缘的CEO，放下过去的一切，重新起身，再次出发。

【旁白】：二次创业，懂互联网却不懂教育的龚海燕投入到风险极大的在线教育领域，面对极有可能的失败，她仍然选择继续，推动龚海燕不断追寻梦想的动力，或许就是源于她曲折的求学经历中始终伴随的教育情结。

【采访龚海燕】：所以对我而言，其实就是一个被教育改变了命运的人，我内心深处是有很深厚的教育的情结，为什么说要做在线教育领域呢，确实是希望，通过互联网的手段，在这个领域帮助更多人，用教育去改变命运。

【采访龚海燕】：如果当时不这样返乡求学的话，我现在可能还是珠海的一个打工妹，中国的基础教育领域，有一个很大的问题，就是优质的教育资源，分布不均衡，每个人接受教育的机会，并不是很公平的，那我觉得通过互联网的手段，我们可以把有限的名师，把最优质的教育资源，远在千里之外的，数以万计的人，同一时间去共享，我觉得是可以在一定程度上去解决这个问题的，希望通过我的努力，让更多的人能够接受到更公平的，更好的教育机会。

【旁白】：北京青年1%抽样调查显示，像龚海燕一样的创业青年群体，价值观和生活态度正向积极。他们对生活充满希望，对“奋斗成就人生”非常认可，是对中国一定会走向强大最有信心的从业青年群体。

【采访龚海燕】：我现在确实有一种使命感，创业确实可以改变这个社会，我个人觉得中国梦也是创业梦。

丁瑞永

【同期镜头】：用丁瑞永的同期声进入，在家里与家人一起吃饭

【采访丁瑞永】：我叫丁瑞永，北京土著，农民。我毕业工作没多久然后就没再工作了，而是选择了和父母去务农。我的所有同学里，我是唯一一个回来务农的，可能大家觉得回来代表没出息吧，但是我其实不这么认为，其实我觉得广阔的农村有很广大的空间，很广大的舞台。2008年，也就是在奥运会那年，我们决定说创业了。

【旁白】：北京的创业青年，并不都集中在繁华都市的高楼大厦里。调查显示，有5万多名创业青年，在北京幅员辽阔的郊区生态涵养带里，努力为梦想拼搏着，约占创业青年总数的10%。

【同期镜头】：丁瑞永在田地间行走

【采访丁瑞永】：第一年我们租种了大概有100亩地，种了100亩毛豆，借着奥运这种大的环境，我们挣了有差不多18万吧。然后我们第二年种了大概有600亩，由

于我们对市场的不了解，再加上营销知识的匮乏，我们可能认为说，所谓的发展其实就是规模化的发展，但是第二年很不幸，基本上可以说把第一年挣的钱基本都赔进去了，唯一得到就是一个安慰，就是获得一个绰号丁毛豆。

【旁白】：作为13亿人的国家的首都，北京的农业应该何去何从，专家学者和管理部门一直在思考，丁瑞勇，也在为此纠结着。

【采访丁瑞永】：2009年我们失败之后呢，我们就一直在思考，在北京在首都如何做好农业？归根结底来分析其实就是个定位的问题。到底价值是什么，怎么才能创造价值，以及方向到底在哪里？通过我们的这种市场反馈，还有问卷调查，以及我们对客户的这种走访。其实我们发现，就是老百姓由于食品安全造成的一些恐惧心，更需要的是什么呢？安全的蔬菜，放心的禽、蛋、肉等等这些东西。而市场上对这块，其实是有所空缺的，OK，我们来做。想明白了呢，我们就重新开始。

【同期镜头】：大家一起品尝丁瑞永农场中的有机蔬菜，丁瑞勇去推销等画面

【采访丁瑞永】：现在基本上属于两头忙，一方面呢在农场，一方面呢是在外面做销售，其实大家对有机蔬菜的这种认识是相当浅薄的。但是我可以告诉大家，就是一吃就能吃出来，差异化非常地明显。想象一下，清晨你打开门，你收到一箱新鲜蔬菜，它带着泥土的芬芳和新鲜的露珠，就像刚从后花园采收的一样，你是一个什么样的感觉。

【旁白】：新时代的农村创业青年，他们接受过系统教育，对城市生活有着自己的理解和感悟，所以他们眼中的农业，与以往的注定是不同的。

【采访丁瑞永】：我们其实在努力打造一个梦，每一个人心中的田园梦。老百姓生活压力大，缺少自然生活方式，这个我们也来做。这些人每周末过来，带着孩子爸妈，一起种种菜养养猪做做游戏，妈妈为全家做一顿健康的好饭，看着孩子吃得很香，也就安心也就幸福了。大家的关系都很好，与其说是客户其实不如说是朋友。

【同期镜头】：家人一起在丁瑞永的农场劳动的画面

【采访丁瑞永】：下一步我们也要做一些最时髦的众筹，把我们一些志同道合的人凝聚起来，打造一个我们心目中最美的农场。我们不需要所有人都知道我们，我们只需要抓住一部分人，把农场做一个小而美，有一定品牌的农场就足够了，这就是我们对于市场营销的理解。

【同期镜头】：丁瑞永前去洽谈众筹事宜、与同事一起开会等

【采访丁瑞永】：我们这批做农业的人有些特点，以80后为主，有些学历，有些理想，有一定的市场开拓能力，特别还要强调一点呢，有点责任感，这点很重要，因为从事农业其实是很苦很枯燥，需要坚持的一个行业，我愿意叫自己为“新农人”。

【同期镜头】：丁瑞永这批“新农人”的劳动耕作画面

【采访丁瑞永】：我的父母呢是非常传统的农民，他们种了一辈子地，而我的同学都在城里，也有着很不错的工作，我呢既不想走父亲的路，然后也不想走同学的路，我想走自己的路。

【尾声】

【旁白】：路就在脚下。创业者，在努力奋斗中寻找着自己的人生价值。时光之下，他们轰轰烈烈地向前奔去。在实现自己梦想的同时，悄然改变着世界。他们每天打拼着，为自己的理想，也为那些跟随他们一起打拼的奋斗者，为我们这个社会提供生生不息的潜能和活力。就像龚海燕所说，他们的创业梦，也是大家的中国梦。

梦想的起点

《中国式奋斗——北京青年1%抽样调查》

之外籍青年单集纪录片脚本

【开篇】

【解说】中国，外国人眼中的神秘国度。改革开放，让中国变得开放、自由和包容，越来越多外籍青年陆续走进中国，落脚北京。

三里屯的酒吧里，“老外”们推杯换盏；南锣鼓巷，三三两两的外国青年熟练地走街串巷。在北京，他们的存在早已不再是个新鲜的话题。然而，我们可能真的不了解他们从哪里来，为何要来，来做什么。我们也不知道他们对于中国的现在和明天，有着怎样的态度与思考。团北京市委开展的北京青年1%抽样调查，第一次运用数据化的方式，呈现出在京外籍青年群体的显著特征。

让我们走进他们的世界，去感受他们的故事。

标题：梦想的起点

1

2 4 5

3 6 7

第一章　于中美

【解说】：开朗的性格、动情的舞姿，20岁的美国女孩于中美从一出生，就与中国结下了不解之缘。于中美出生于中国辽宁省大连市，六岁的时候跟随父母返回美国。

【采访于中美】：我在美国待了10年以后我真的一直都想回到中国来学习，因为我也是从小就学舞蹈的，学中国民族民间舞这样，然后呢特别想真正地感受一下就是在中国学校学的民族民间舞。

【解说】：虽然六岁之前的记忆都停留在中国，但时隔多年之后重回中国，于中美还是有很多不适应的地方。

【采访于中美】：我自己觉得至少我们的学校课程特别特别多，比美国多一半的课程，然后呢我们经常就在课上坐得很端正，然后上的课互动会少一些，我觉得有的时候我也不太适应。

【解说】：面对历史悠久的中国民族舞蹈，于中美有着自己的理解。

【采访于中美】：比如说汉朝的舞蹈，就像跳一首诗，比如《诗经》里面的这个《子衿》，我能想象到想着自己喜欢的人他又不能来，还没有来，然后又一直盼望着他的一种状态。

【解说】：调查显示，该群体中47.9%的人对中国文化比较感兴趣，31.8%对中国文化非常感兴趣。

【解说】：中国民族民间舞并不像其他流行的舞蹈那样易于学习，即使是中国人也很难将其全部掌握，对于于中美来说中国文化上的难以理解是她学习中国舞蹈的一大考验，对此于中美不仅要了解中国的历史同时也要理解中国的文学。

【采访于中美】：我特别喜欢李白，我们有一次上过读诗的这种课，然后呢我记得老师说李白提剑比提笔要多，所以他其实是以前经常提剑才能想到他的非常优美的诗吧，所以我在想就是用舞蹈表现出来。

【解说】：于中美喜欢看报纸和新闻，关注中国的新政策，调查显示，外籍青年群体密切关注中国政府与中国时政。能从多角度、多层次认识评价中国政府，并且关注政府信息。刚到中国时，由于于中美在美国所处文化的不同，并不太习惯中国人之间的相处方式。

【采访于中美】：总体来说中国人会比较害羞一些，不会那么大方地去说，哎呀。你直接见到一个人，你不能说我喜欢你，跟你做朋友吧，美国其实可以，见到一个人，我们特别投缘，来，玩吧，一起出去，玩儿还是怎么着，但是中国人还要慢慢来，先一起去吃饭啊，一起去读书啊，慢慢地变成特别好的朋友。

【解说】：现在，年轻优美的于中美已经结交到了很多中国朋友，然而是否会交中国男友，她还有待考量。

【采访于中美】：我听说就是中国人可能觉得去外国什么的，去别的国家还是去别的地方去居住，还会觉得在家里更好，能跟家人离得近更好，那我就不知道像这种观念，能不能就是改变一下，跟我一起去闯。

【采访于中美】：过了11年我在美国的时候，我回到北京我觉得北京变得越来越现代化。

【解说】：对于北京未来的发展，于中美充满信心，据调查显示，外籍青年对于中国未来发展表示“比较有信心”和“非常有信心”的，分别占比为53.7%、26.3%；认为“一般”的，占17.2%。

【采访于中美】：有的时候我会想，中国舞在中国能做一个我梦想中的一个舞蹈家的话多好啊，对吧，但也会想象如果能把舞蹈带给美国人，把中国舞把亚洲舞，因为我也喜欢跳印度舞，把亚洲舞带给美国人，会对世界我觉得用舞蹈做的贡献可能会更大，所以我觉得哪里能做出更多的贡献来，能让中国人更了解美国，让美国人更了解中国。

【解说】：在北京学习舞蹈的这些年，于中美也越来越了解中国。

【采访于中美】：我从小的梦想就是能够做一个非常出色的舞蹈家，然后呢我知道这个梦其实很难实现，因为有很多人都跳舞蹈跳得很好，但是我一定会坚持下去。

【解说】：舞蹈无国界，梦想无止境，希望于中美能在中国舞出自己的精彩。

第二章　沙西里

【解说】：今天是周六，原本可以休息的沙西里反而更忙了。最近几年，想学波斯语的中国学生越来越多，来自伊朗的沙西里决定牺牲周末的时间，教他们学习波斯语。

【采访沙西里】：来北京的时候在民大开始教波斯语，我发现有的学生他们非常喜欢说波斯语，另外一个角度看，中国人也需要学波斯语，因为他们也要和伊朗人做生意，和谐文化。

【解说】：沙西里，伊朗人，35岁。2011年他成为北京中央民族大学的博士生，来中国以前在伊朗的地方大学教书。

【采访沙西里】：在伊朗的时候我在一个大学是教授，过了8年我发现我没有进步，我发现有一个机会我能拿到奖学金，我报名了一个大学，但是报名的时候我打错了。

【解说】：因语言不通而报名失误，沙西里只能在长春学习了一年汉语之后，才来到北京的中央民族大学学习。

【解说】：作为留学生的沙西里每月有2 000元的奖学金。

【采访沙西里】：那时候我在伊朗有房子，有收入，有汽车，我觉得如果我卖我的汽车，那个生活费够了，来中国的时候发现，根本不够。

【解说】：沙西里的妻子是伊朗人，也在这里学习汉语，他们5岁的儿子正在上幼儿园，每月2 000元的收入，对于携妻带子的沙西里来说，显然在经济上是有一定困难的。

【解说】：经朋友介绍，沙西里在南口租了一套房子，房租是1 400元的，但却距离他上课的地方十分遥远。

【采访沙西里】：我每天早上从家出发，然后晚上11点才能回到家。

【解说】：尽管条件不尽如人意，生活较为艰苦，但沙西里依旧想坚持下去。提到父母，他想起了几个月前的一次手机视频通话。

【采访沙西里】：他看着我，我头发都白了，还有我老了，他惊讶，哇，他发现我的生活特别困难，他说你应该放弃了，你来这里，过来吧，随时过来，你来这里，可以跟我们住在一起。因为我个人是这样，如果遇到困难我会更加努力，不会在这个时间这个情况放弃我的梦想。

【解说】：离别了家乡的亲人，放弃了优厚的生活条件，留在这里学习中文的沙西里有着自己的梦想。

【采访沙西里】：我的梦想真的是提高我的汉语，然后能将来把一些中文翻译成波斯语，然后把一些波斯语翻译成中文，（做一个）桥梁，对中国文化和伊朗文化。所以我不会放弃，我知道一步一步会往前走。

【解说】：因为中国的波斯语教学资源欠缺，于是，沙西里开始自己编写教材，并找来几个伊朗哲学家跟他一起帮助中国学生学习波斯语。连续三年，他每天都会拿出两个小时的时间来教授波斯语。虽然生活拮据，但这三年中，他没有收学生任何的费用。

【采访沙西里】：昨天我的学生他们说，我们从这个学期想给你钱，我说不要，你们好好学习，这些对我来说比钱更重要。

【解说】：沙西里的汉语不是很流利，因此他每天晚上11点到家后，还会抽出一个多小时复习汉语，他希望自己能尽快学好汉语，更好地融入中国。

【采访沙西里】：我已经不能说爱上了中国，但是我已经特别喜欢中国，我已经习惯了。

【采访沙西里】：我来中国的时候过了一段时间，我没有感觉我是外国人，我自己觉得我跟他们一样我也是中国人，很多时候别的人问过我的儿子你是哪个国，他说我是中国人。

【解说】：说到自己的孩子时，沙西里的表情出现了欣慰的笑容，他说儿子的汉语水平甚至比他还高，他们经常一起讨论一些汉语拼音和他听不懂的口语，儿子似乎早已把中国看成自己的家乡。

【采访沙西里】：今年暑假回国了，然后他每天说爸爸我们回家吧，说爸爸我们下次再来这里，我们在伊朗立即他要回中国，他来中国说，这是我们家，好，好多了。

【解说】：谈到未来，沙西里说他很想留在中国，在中国工作，为中国的建设出力。

【采访沙西里】：也希望很多中国人去伊朗学习波斯语，和交流和伊朗情况，另外很多伊朗年轻人、教授、学生，他们来中国学汉语还有交流，中国文化中国现在的情况，当然做这种工作对于我来说有很多困难，但是我坚信，这里是我梦想开始的地方。

【解说】：和大多数来京的外籍青年相比，沙西里虽然没有很高的收入，但依然有着自己的梦想。或许，他与梦想的距离远比他回到伊朗的距离更加遥远，但他选择了在追梦的路上继续前行。

第三章　朱亨镇

【解说】：相比于沙西里回到伊朗的遥远，朱亨镇从北京飞回韩国最快仅需要1个多小时的时间，他与沙西里一样选择了北京作为探索事业发展的梦想之地。

【采访朱亨镇】：首先到青岛大学读了一个学期的语言班，学中文。对我来说，接触一个新的文化，我觉得特别感兴趣。

【解说】：朱亨镇，韩国人，父亲在青岛管理工厂，朱亨镇16岁便跟着父亲来到青岛。在青岛学习了一年汉语之后，朱亨镇为了以后事业的发展，最后选择来到北京上大学。

【采访朱亨镇】：我当时只有知道一个大学就是北京大学，来国外我愿意就是上那个国家的最好的大学。

【解说】：经历了两次北大的考试，朱亨镇最终进入了北大哲学系学习哲学。

【采访朱亨镇】：因为哲学有中国的传统文化、思想什么都有，所以我就选择哲学，但是后来哲学嘛没有答案，对我性格不是特别适合，然后我就退学了。

【解说】：退学后，朱亨镇留学澳大利亚，学习了一年英语。之后便再次回到了中国。

【采访朱亨镇】：我到底在中国能学到的东西是什么？中医，我可以学到中国的全部，里面有哲学，什么文化、思想、语言，什么都有，包括融合在一起，所以我选择上中医。

【解说】：朱亨镇在中医药大学学习了三年，实习了两年半。现在朱亨镇在中关村的一个法企公司做培训。在京因公工作人员集中分布在朝阳区建国门、三里屯、外交公寓一带；留学生群体集中分布在海淀区各高校；外籍居民主要集中在望京、麦子店、五道口等地区，比如仅望京地区，外籍人数就有约3万人，其中韩国人占八成以上。朱亨镇常常到望京地区的餐馆中与朋友们小聚。

【采访朱亨镇】：因为我来中国我不想依靠我的父母，因为我想要自己要挣钱还有自己交学费，我不想给我父母负担，所以我想一想，我在这边在中国能做什么，就是开始辅导吧，给学生辅导，所以2009年开始到现在一直走这个行业，就一边挣钱一边上学吧。

【解说】：在事业上几经波折的朱亨镇，却在感情上找到了自己的另一半，他与中国女友交往了近一年，打算在不久的将来举行婚礼。

【采访朱亨镇】：我们来自不同的国家，还有文化不同，因为我们可以两个人互相理解，了解一下自己的文化，习惯什么的。

【解说】：近几年，在中国掀起了一股“韩流”，而在韩国也吹起了习习“汉风”，中韩文化交流不断加强。2014年习近平主席就曾说过，中韩是比邻而居、并肩而行的好邻居、好伙伴。未来，朱亨镇希望一直生活在这里。

【采访朱亨镇】：我的黄金时期，就是高中还有我的“20代”全部在中国，因为现在我一半成中国人了嘛，所以我反正死在韩国，但是生活在中国吧。

【采访朱亨镇】：中国是很大的舞台，我现在打算定在中国生活吧，所以什么创业啊工作啊，反正中国是我的梦开始的地方。

【解说】：未来永远是未知的，世界正在全球化，出生在韩国的朱亨镇在北京开始了自己的梦想，而曾经身处在德国的安娜，也因为在不经意间听到对中国的谈论，而触发了她来到中国，生活在中国的选择。

第四章　安娜

【采访安娜】：当时在德国学习经济的时候，我的很多经济教授，他们一直会讲中国的发展会怎么怎么样，很快，会发展得很好，然后速度巨快，然后谁以后跟中国有关系，他生活水平会提高什么什么，所以我就先开始学中文。

【解说】：安娜，33岁，希腊人。2006年，在郑州学习了两个月的安娜由老师介绍，来到首都师范大学学习中文。

【采访安娜】：我想学习学习然后回去用，但是呢你一到中国的话，或者你不想离开，或者你一到就想回去，所以我是离不开中国的一个人。

【解说】：调查中显示，很多外籍青年学习中文，并不是把中文作为一种谋生的手段或者交流工具，而是因为喜欢中国文化，才想更好地学习中文。在学习中文的过程中，安娜就被中国的哲学深深地吸引。

【采访安娜】：于丹教授讲孔子，我觉得那个片子非常影响我，了解孔子，（他）是我第一个哲学家。

【解说】：2008年安娜回到了希腊，但在席卷全球的金融经济危机中，希腊也受到了极大的冲击。安娜却因为掌握了中文，并没有遭受损失。

【采访安娜】：08年刚开始有人失去工作，但是我能找工作的原因是我会说中文，我来到中国的两年对我非常有利，其实金融危机中我挣的钱不少。

【解说】：2012年，安娜再次回到中国继续读研究生。2014年6月，安娜从对外经济贸易大学的国际经济贸易专业毕业，取得了硕士学位。随后，安娜被希腊商务部推荐去一家塞浦路斯公司工作。

【采访安娜】：六月底一毕业就在那（里）正式地开始工作，现在的话我负责那个办公室，就在国贸，环境也非常不错，然后跟塞浦路斯那边交流，都是非常好的，都是让我感觉我的运气非常好，给我这么好的一个机会。

【解说】：进入塞浦路斯的公司工作，安娜凭借着自己的努力做到了公司的管理层。调查显示，外籍青年在京的职业分层呈金字塔分布，在京就业外籍青年群体高层管理人员占3.9%，中层管理人员占20.3%，办事员占36.4%，其他工作人员一共占39.4%。

【采访安娜】：中国人可能觉得外国人都会说英语，但是不是这样的，所以呢比如从希腊或者从德国来了一些旅游的或者一些商人，他可能不会说英语，跟中国人交流也很难，还是需要会说本地语言的一些人。

【解说】：语言给了安娜许多工作的机会，同时也使安娜交到许多中国朋友。谈到与中国人交朋友，安娜觉得语言不通是最大的交友障碍。

【采访安娜】：但是呢我也发现我的中文越好，我的中国朋友越多，中国人需要跟你交流，需要信你，什么时候信你？你跟他们说同一个语言（他）才能信你。

【解说】：外籍青年群体社交意愿强烈，愿意与中国人交朋友，参加社会活动，融入北京生活。调研中，“非常愿意或者比较愿意”与中国人交朋友的外籍青年占到总体的87.0%。

【解说】：安娜虽然现在已经在北京工作生活，但在希腊，还有一个交往11年的男朋友。

【采访安娜】：然后本来就打算固定下来，或者在希腊或者在中国，现在我觉得这个时间还是住在中国好一些，现在世界变小了，我觉得住世界什么地方都一样。

【解说】：虽然决定要暂时住在中国，但是是否要在北京买房，安娜有她自己的看法。

【采访安娜】：没有房子也可以结婚，我们结婚很少看钱包，结婚要看感情，虽然我爱人有房子，但是我跟他在一起不是房子的原因。

【采访安娜】：北京，有很多好的，你想做什么，北京都有。

【解说】：北京，传统又现代，不仅安娜，很多外籍青年对此也深有感触，保持着本国的传统文化又能走向国际，这是北京的魅力所在。

第五章　高洪满

【采访高洪满】：我叫Romain，这是我的法语名字，可是我的中文名字是高洪满。

【解说】：高洪满，21岁，来自法国。2013年初到北京，高洪满就在一次修理生活设施的过程中，体验了中国人的友善。

【采访高洪满】：我刚刚到北京的时候就找到了一个房子，有一天我的卫生间的马桶坏了，然后师傅修了我的马桶，然后那个（同我合租的）中国人他想付那个师傅费（用），所以我肯定说了不用不用，我自己付就是我的马桶，这个我觉得中国人比较好，比法国好。

【解说】：调查显示，外籍青年中绝大部分人认为北京人对外国人很友好，“比较友好”和“非常友好”的比例分别为45.5%、20.9%，可以看出，该群体对北京友好程度比较高，有利于增强外籍青年在京归属感。

【采访高洪满】：就是我在法国学了两年的国际贸易。然后，发现了中国的经济发展都很快，所以我就，我已经对亚洲的文化感兴趣，然后我觉得中国特别有意思，应该有很多机会，所以选择中国。

【解说】：课业之余，高洪满和中国朋友一起成立了中法文化商会，希望能借此促进中法之间的文化交流和商贸往来。

【采访高洪满】：我们的中法社团是安排活动，学习法语的中国朋友和学习中文的法国朋友，可以参加他们就来交流交流，在一起玩儿和互相辅导。

【解说】：业余时间高洪满喜欢去酒吧，三里屯、五道口的酒吧他都去过。调查显示，在京的外籍青年的休闲娱乐高度集中，他们以后海、三里屯、南锣鼓巷、798艺术区为主要休闲娱乐目的地，购物则喜欢去秀水、虹桥市场、雅宝路等地，既有文化气息又比较便宜，能够淘到喜欢的物品。

【解说】：喜欢读书的高洪满经常到经贸大学附近的咖啡馆去看书。调查显示，外籍青年群体比较注重学习，职场人员工作之余每天学习1个小时以上的达78.7%，留学生群体94.6%的人课余每天学习时间达到2个小时以上。

【解说】：除了去咖啡馆看书学习，高洪满也经常去健身房锻炼身体。

【采访高洪满】：那我喜欢运动，所以我报名了这一个健身房，所以我在法国习惯了每个星期跑步2次或者3次。

【解说】：外籍青年普遍比较喜欢健身，健康状况较好，比较健康和非常健康的占比为60.6%，每周锻炼一次以上（每次半小时）的人员占到86.0%。来北京之前，高洪满曾在中国旅游了两个星期，去了南京、上海和北京，相比较而言他更喜欢北京。

【采访高洪满】：我的感觉是北京很传统，就是比上海比其他的城市比香港还传统，也有很多外国人，所以我特别喜欢这个城市，因为有传统有发展的，有很多各种各样的国家（的人），所以我特别喜欢。

【解说】：高洪满和另外两个朋友一起在大学的附近租了一套100平米左右的房子，他一个月租金是2 500元。在这里居住了一年，高洪满已经渐渐熟悉了中文，习惯了中国菜，甚至喜欢上了北京的二锅头。

【采访高洪满】：中国菜喜欢，我特别喜欢吃老干妈炒饭，还有那个宫保鸡丁、饺子，特别喜欢，冬至的时候我就吃了。

【解说】：调查显示，外籍青年对于北京的文化认同感高，有61.7%的人比较喜欢北京，兴趣点聚焦在北京市的餐饮美食、民俗节日、戏曲文艺等方面，大部分人员熟悉并适应北京的生活。

【采访高洪满】：现在我是法国人，我有法国的国籍，我想申请一个工作签证在中国。

【尾声】

【解说】：无论谁离开熟悉的朋友家人，来到异国他乡，都预示着他将面临许多未知与挑战，勇于去接触新的人群，熟悉不同的文化，掌握新的语言是外籍青年们令人敬佩的地方。在京的外籍青年，与其他千千万万的青年一样，坚守着自己的人生梦想。他们虽身处不同语言、不同文化、不同生活方式的国家，但他们却同样走进北京，面对两种文化的交融与碰撞，他们越来越能融入北京的生活，在学习理解中国文化的同时，他们也在这里追寻着自己的梦想。他们相信，北京，是他们梦想开始的地方。

图书在版编目（CIP）数据

中国式奋斗/共青团北京市委员会编．— 北京：中国人民大学出版社，2016.9
ISBN 978-7-300-22779-5

Ⅰ．①中… Ⅱ．①共… Ⅲ．①青年－生活状况－北京市 Ⅳ．①D432.7

中国版本图书馆CIP数据核字（2016）第079806号

中国式奋斗
共青团北京市委员会　编
Zhongguoshi Fendou

出版发行	中国人民大学出版社		
社　　址	北京中关村大街31号	**邮政编码**	100080
电　　话	010－62511242（总编室）		010－62511770（质管部）
	010－82501766（邮购部）		010－62514148（门市部）
	010－62515195（发行公司）		010－62515275（盗版举报）
网　　址	http://www.crup.com.cn		
	http://www.ttrnet.com（人大教研网）		
经　　销	新华书店		
印　　刷	北京中印联印务有限公司		
规　　格	170mm×230mm　16开本	**版　　次**	2016年9月第1版
印　　张	18.5	**印　　次**	2016年10月第2次印刷
字　　数	290 000	**定　　价**	38.00元